主编：余俊生

副主编：边建　严崴

指导单位

北京市委宣传部　北京市委政法委

合作单位

中国法学会民法学研究会

北京市司法局

北京市法学会

北京市高级人民法院

北京市人民检察院

中国人民大学法学院

北京市律师协会

民法典通解通读系列
“典”亮美好生活

民法典
通解通读
以典判案

北京广播电视台《民法典通解通读》栏目 编著

主　编：余俊生
副主编：边　建
　　　　严　崴

中国法制出版社
CHINA LEGAL PUBLISHING HOUSE

序言一

2020年5月28日，新中国第一部以“法典”命名的法律《中华人民共和国民法典》正式颁布，并于2021年1月1日起正式施行。这部法典被誉为“社会生活的百科全书”，为人民群众提供了坚实的法律保障。习近平总书记强调：“要广泛开展民法典普法工作，将其作为‘十四五’时期普法工作的重点来抓，引导群众认识到民法典既是保护自身权益的法典，也是全体社会成员都必须遵循的规范，养成自觉守法的意识，形成遇事找法的习惯，培养解决问题靠法的意识和能力。”

以习近平法治思想为指导，为了进一步开创普法新局面，使人民群众充分认识到学法、用法、守法的重要性。2021年5月28日，在北京市委宣传部、北京市委政法委的指导下，在《中华人民共和国民法典》颁布一周年之际，北京广播电视台推出了大型日播普法栏目《民法典通解通读》，开创了国内首档逐条讲解民法典电视节目之先河。该节目同时被列入北京市“八五”普法规划中。

节目开播一年来，栏目组制作了超过三百期的节目，邀请到了国内法学界、法律界上百位专家学者、法官、检察官、律师等，参与到节目录制之中，其中包括多位参与编纂民法典的专家，中国人民大学王轶副校长、龙翼飞教授、中国社会科学院谢鸿飞教授等。令栏目组欣慰的是，《民法典通解通读》节目受到了广大电视观众的喜爱，不少观众通过北京广播电视台96168热线等渠道，向栏目组咨询法律问题，并希望栏目组将节目内容结集成册。

基于以上的考虑，在《中华人民共和国民法典》颁布两周年之际，《民法典通解通读》栏目组推出本书，详细解读民法典，助力普法宣传。本书内容均取材自《民法典通解通读》栏目周末版“以典判案”，“以典判案”是栏目组与北京市高级人民法院合作，针对法院依据《中华人民共和国民法典》审理的案件，通过邀请主审法官、法学专家、资深律师、心理专家等作为嘉宾，对案件涉及的法律问题进行解读的专题版块，对人们在日常生活中遇到的民事法律问题有很好的指导作用。需要特别说明的是，考虑到电视节目和图书的不同，我们对书中的文字进行了适当的润色，使其表达更为通顺、准确，阅读效果更佳。

栏目以落实媒体公益普法责任为目标，探索践行为人民服务的宗旨，希望通过本书将法律服务送到群众手中，从司法实践层面树立起群众办事依法、遇事找法、解决问题用法、化解矛盾靠法，以实际行动践行全面依法治国的国家方略。

北京广播电视台

科教频道中心《民法典通解通读》栏目

序言二

作为新中国成立以来第一部以法典命名的法律，具有鲜明中国特色、实践特色、时代特色的《中华人民共和国民法典》备受关注，广受好评。2020年5月29日下午，习近平总书记在主持十九届中共中央政治局第二十次集体学习时发表重要讲话，指出民法典要实施好，就必须让民法典走到群众身边、走进群众心里。北京广播电视台《民法典通解通读》栏目组别具匠心，经过认真筹备和细致工作，将这部法典搬到了电视屏幕上，以逐条讲解、案例分析等形式进行生动、翔实的展现，是一次有益的尝试。

记得2021年5月28日，民法典颁布一周年之际，《民法典通解通读》栏目开播，栏目组举行了盛大的开播仪式，我有幸受邀出席，见到了很多法学界、法律界的朋友，大家对这个栏目都寄予了很高的期待。事实证明，这个栏目确实受到了广大观众的欢迎。《民法典通解通读》栏目组不仅在电视端、新媒体端制作播出节目，还将一年来节目的精华浓缩到一本普法书里，这又是一次有益的尝试。作为一名从事民法学教学与研究工作的高校教师，看到《民法典通解通读——以典判案》的出版，很是欣慰。

向北京广播电视台《民法典通解通读》栏目组致敬，向所有为民法典普及宣传做出贡献的人们致敬！

中国人民大学副校长　王轶教授

目录／Contents

第一章　婚姻家庭

第二章　继　　承

第三章　人 格 权

第四章 合　　同

第五章 侵权责任

第一章

婚姻家庭

以典判案 01

以诚相待的婚姻

热点聚焦[①]

1. 哪些婚姻可以不算数？
2. 生过病就没有结婚权了吗？
3. 如果要强制说出患病的经历，个人的隐私权如何得到保障？
4. 《民法典》规定在什么情况下可以撤销婚姻？

要点提示

幸福的婚姻应该建立在相互信任和忠诚的基础上，所以要坦诚相告，对于自己身患疾病的一些情形，要如实向对方做出告知，让对方在充分知情的情况下做出一个愿意结婚的真实的意思表示。《民法典》保护了夫妻关系之间的这种知情权，给予了可撤销的权利，但是我们知道即便撤销了，对二人的关系、家庭的和谐也造成了影响。所以在选择进入婚姻关系之前，我们一定要了解好对方的健康状况、婚姻状况，不要因为一时的冲动而选择步入婚礼的殿堂。

以案说典

本期嘉宾：

付瑞洁：北京市朝阳区人民法院法官

朱巍：中国政法大学副教授，中国政法大学传播法研究中心副主任，硕士生导师

---

① 为方便阅读，每个案例下设五个板块，分别是【热点聚焦】【要点提示】【以案说典】【嘉宾点评与解读】【普法问答】。考虑到电视节目与图书的不同，在尽量保持电视节目原有的表述下，对部分文字的措辞进行了提炼和润色。另，每个案例标题右侧的二维码为本案例的电视节目链接，便于读者观看。

案例 1 婚前隐瞒重大疾病

【案情简介】

2020 年 1 月原告张某与被告林某登记结婚，婚后仅一个多月，林某便向妻子张某坦白，称其在婚前便患有梅毒，张某得知此事后陪同林某进行治疗，但至今未能治愈，且医生表示该疾病可能对生育后代存在一定影响，张某考虑再三，决意起诉撤销这段谎言下的婚姻。2021 年 1 月 5 日，法院依据《民法典》第一千零五十三条规定，一审判决撤销张某与林某的婚姻关系。

【嘉宾点评与解读】

主持人：撤销婚姻、离婚看起来结果是一样的，《民法典》中有具体的规定，撤销婚姻和离婚的区别是什么？

付瑞洁：可撤销婚姻是在法律规定的条件下，有撤销权的当事人行使撤销权，让已经生效的婚姻关系归于无效，这种无效是自始无效，当事人之间自始不存在有效的婚姻关系。而双方共同生活期间的关系，可定性为一种同居关系，相互之间的人身、财产法律关系，可比照同居的法律关系来进行确认。

旁白表述：《民法典》婚姻家庭编第一千零五十四条第一款规定，无效的或者被撤销的婚姻自始没有法律约束力，当事人不具有夫妻的权利和义务。同居期间所得的财产，由当事人协议处理；协议不成的，由人民法院根据照顾无过错方的原则判决。对重婚导致的无效婚姻的财产处理，不得侵害合法婚姻当事人的财产权益。当事人所生的子女，适用本法关于父母子女的规定。

付瑞洁：我们通常所说的离婚，无论是通过法院判决离婚，还是去民政局协议离婚，它都是针对有效的婚姻关系来说的。只是说因为双方之间可能发生了一些矛盾冲突，导致夫妻感情破裂，选择去结束和终止这段婚姻关系。

朱巍：从法律角度来说，一旦婚姻撤销，就算你没结过婚，根据《民法典》的规定，自始至终不发生婚姻效力，没有夫妻之间的权利义务关系，既不能继承，也不需要相互的扶养，所有的义务都没了。

主持人：针对上述案件，付法官能不能讲一讲这起案件背后的故事？

付瑞洁：这个案件双方当事人都是年轻的 90 后，原告是女孩，其诉讼请求也非常的简单，只有一项，就是要求撤销与被告的婚姻关系。他们两位是在 2020 年年初登记结婚的，结婚后仅一个月，被告就告诉了原告一个让人惊讶的消息，表示自己患有梅毒，而且是在结婚之前就已经患有这个疾病，但是在结婚登记之前对原告选择了隐瞒。庭审中原告也曾表示，经历过最初的这种惊讶、气愤还有纠结之后，最终还是选择陪同被告进行治疗，在短短半年的时间里，他们就进行了三次重新的检测。我想如果这个疾病最终被治愈的话，原告有可能会选择继续这段婚姻关系。但遗憾的是截至法庭辩论终结，被告也没有治愈，尤为重要的是，医生也明确告知他们说梅毒这种疾病对于生育后代，还是会有一定影响的，而这一点原告是无法接受的。庭审中原告也说，本来她是想选择离婚去结束这段婚姻关系的，但随着《民法典》的普及还有施行，原告了解到这种情况属于《民法典》规定的一种可撤销事由，最终就选择起诉到法院，请求撤销这段婚姻关系。

旁白表述：《民法典》婚姻家庭编第一千零五十三条规定，一方患有重大疾病的，应当在结婚登记前如实告知另一方；不如实告知的，另一方可以向人民法院请求撤销婚姻。请求撤销婚姻的，应当自知道或者应当知道撤销事由之日起一年内提出。

案例 2　上海首例撤销婚姻案

【案情简介】

2021 年第一个工作日，上海某法院也宣判了上海首例适用《民法典》新规撤销婚姻关系案件。被告姜某婚前患有艾滋病，但未告知妻子李某，李某得知后向法院起诉要求撤销婚姻，法院经审理并依据《民法典》依法判决撤销原被告的婚姻关系。

【嘉宾点评与解读】

主持人：《民法典》在此处修改和完善的意义是什么？之前是怎样规定的呢？

付瑞洁：此前我国《婚姻法》规定的这种情形属于无效情形，无效婚姻和可撤销婚姻有一个很大的区别就是无效婚姻是公权力直接对婚姻效力作出的一个否定性评价，它不以当事人的意志为转移；但是可撤销婚姻，它最重要的是体现了对当事人婚姻自由意志的一种尊重，赋予当事人一个选择撤销的权利，当事人可以选择撤销婚姻或者是不撤销婚姻。本案中，如果原告选择继续维持这段婚姻关系，她只要不起诉撤销婚姻，那这段婚姻就仍然是一段有效婚姻。

主持人：朱老师我想问一下，为什么法律要做这方面的修改，以前法律是有针对某些疾病禁止结婚的规定，现在《民法典》针对有一些疾病，如果对方知晓情况的话是允许结婚的，这样的修改体现了什么样的法律精神？

朱巍：最初我们国家制定《婚姻法》的时候，认为《婚姻法》不属于民商法，所以当时是本着优生优育的态度的，后来《婚姻法》经多次修改，有关《婚姻法》司法解释也多次出台，最后到《民法典》就会发现真的是分开了，家庭的民事自由范围回归到平等主体间的民事关系中，政府行政权力不再介入了，国家不管，只要两个人都愿意，那就可以。但如果有一个不愿意，法律就必须支持弱者、被骗的人，所以这套思维体系和这种立法模式非常之先进。

主持人：很多网友在网上给我们留言，也发表了他们的看法，我们归纳了一下。

问题1：无效婚姻和可撤销婚姻有什么不同？

问题2：是什么样的疾病要告知？

问题3：这样的行为算不算骗婚，怎么叫如实告知？

问题4：婚检是否应该强制？

付瑞洁：对于重大疾病的范围，考虑到科学技术的进步，包括一些新型疾病的变化，《民法典》对于重大疾病的范围没有做出一个更为具体的规定。我们认为在审判实践之中，对于重大疾病的认定还是应该保持一个审慎的态度，考虑到这种疾病是否足以影响另一方做出结婚这样的一个自由意志，或者说对于双方婚后的生活造成重大的影响，还是应该参照这个标准来做出一个认定。

具体而言，我们可以参考一下我国《母婴保健法》对于婚前检查中必须涉及的一些疾病类型，比如严重的遗传性疾病、指定传染病以及有关的精神病，我认为上述这些疾病类型是可以认定为符合咱们这条规定的重大疾病的情形的，至于其他的疾病类型，就参照刚才说的标准来进行具体情况的个案分析。

主持人：朱老师，您怎么理解重大疾病的范围？

朱巍：从几个角度某说，因为两人相处你看不到他有什么疾病，这是一个核心隐私，所以有可能一定要做一个全面的体检。

付瑞洁：我觉得对于重大疾病的认识，法院包括司法审判实践，可以比照朱老师说的这种标准去进行判断，但是对于当事人个人来讲，我觉得本人不需要去判断什么是重大疾病，你需要坦诚相告。

主持人：一个网友建议，如果把法律法规做一个调整，强制进行婚前检查，是不是能够避免很多问题的出现？

旁白表述：1995 年 6 月 1 日实施的《母婴保健法》规定了强制婚检制度，要求男女双方在结婚登记时应当持有婚前医学检查证明或者医学鉴定证明。2003 年国务院颁布的《婚姻登记条例》，取消了这一规定，婚检由强制改为自愿，法律法规不再强制性执行婚检，那么婚检到底有没有必要呢？

付瑞洁：我国的婚检制度经历了一个从强制婚检到自愿婚检、依法婚检的转变，这种转变提倡的是对当事人权利的尊重和保护，但它否定的其实只是强制，是出于对自由和权利的一种保护，而不是婚检制度本身，更不是婚检制度的重要性。其实，婚检不仅仅是保障婚姻健康，也是保障优生优育的一个屏障。可以说婚检是婚姻长久稳定的一个健康通行证，它不仅是对夫妻双方，同时也是对后代，甚至是对整个家庭负责任的一个态度。虽然法律取消了强制婚检的制度，但还是应该提倡和鼓励婚前检查，让结婚之前进行婚检变成一种有仪式感的东西，就像我们结婚之前去拍婚纱照一样，我觉得婚检是我们所有法律工作者应该去向公众提示和告知的一个鼓励倡导的制度。另外，婚检对于避免法律规定这种可撤销的情形，肯定是有它好的一方面。

主持人：随着社会的进步，我们逐渐走入文明社会的时代，文明怎么体现？我们的思想和意识都在推进，我们不仅要对自己负责，还要对家庭负责。婚检对自己、对他人、对家庭来说都是一种保障，我们经常给自己买保险，为什么在结婚之前不给自己买份保险呢？

旁白表述：2020年9月民政部发布的数据显示，2019年全国有470万对夫妻结束婚姻回归单身，其中民政部门登记离婚404.7万对，法院判决调解离婚65.3万对。进一步剖析离婚的原因是千差万别，其中不乏因为隐瞒致使双方的感情破裂。

付瑞洁：《民法典》婚姻家庭编开宗明义，就是我国实行的是婚姻自由的婚姻制度，双方当事人需自主自愿地去决定结婚。如果一方当事人婚前有一些影响夫妻双方婚后生活的因素，比如一方患有重大疾病，但是对另一方进行了隐瞒，那么它可能导致另一方在不知情或者不充分知情的情况下，做出一些不真实的意思表示，在这种情况下它势必会影响婚姻的稳定性，所以说在婚前坦诚相告是非常有必要的，而且它也是一种法律上的义务。

主持人：但是有些人说了，我有点善意的谎言，是因为我爱你，希望我们能在一起。

朱巍：这种情况下你是骗别人跟你一起生活、跟你结婚，没有人会原谅你的。我觉得任何事情在婚前都应该坦诚相告，都应该对对方有一个告知的义务，这种告知不涉及与隐私有关的法律，也不涉及个人信息保护。为什么现在离婚率这么高？其中一个原因就是双方婚前不够了解，闪婚后，对于双方父母情况、家庭情况、彼此身体健康情况、兴趣爱好都不了解，这种情况下离婚的可能性就比较大。

主持人：说到如实告知这四个字，看起来很简单，但是真正到了司法裁判当中，如何来解释？

付瑞洁：如实告知首先有一个前提，就是患病一方自己知情，否则不构成隐瞒。另一点就是关于如实告知的内容，首先是疾病类型，其次就是这个疾病程度，当然对于疾病程度的判断，还是要根据一些个案进行分析，比如告知到什么程度，我们才认为不足以影响对方做出这样一个结婚的真实意思表示，这些肯定是要通过个案具体情况具体分析。

主持人：如果说满足了刚才我们所说的这些条件，在诉讼时效上会有怎样的要求呢？

付瑞洁：我们知道撤销权是一种形成权，一旦有撤销权的当事人行使撤销权，就会导致已经生效的婚姻关系归于无效，这会给婚姻另一方当事人造成一些非常严重的影响。为了避免这种婚姻关系长期处于一种不稳定的状态，也为了充分保障婚姻另一方当事人的权利，法律就对行使撤销权规定了一个行使的期限，在法律上我们称它为除斥期间，一旦你没有及时行使撤销权，那么撤销权消灭，这段婚姻就是一段有效的婚姻，要想结束这段婚姻关系，那就只能走离婚的程序。

主持人：就是说过了一年的期限，我们可能就没法行使撤销权了，当撤销权消灭，那就只能走离婚的程序了。

朱巍：付法官讲的一年属于除斥期间，什么时候开始算不一定，比如结婚了，第二天我就知道这个人患有梅毒，这个时候就从第二天开始算，结婚十年之后发现这个人以前得过艾滋病，就从第十年开始算到第十一年，所以从知道或应当知道之日起才开始算，不是说这一年从结婚第二天开始算。

主持人：刚才两位嘉宾为我们解读了可撤销婚姻的相关条件和诉讼时效，也有网友提出了无效婚姻和可撤销婚姻到底有怎样的区别？

朱巍：大家看过《红楼梦》，里面的琏二爷跟尤二姐之间就属于无效婚姻，为什么？琏二爷重婚了，因为他已经有了凤姐，这是第一种重婚的无效。第二种是贾宝玉和林黛玉之间如果结婚的话也属于无效婚姻，为什么？因为需男方满22周岁女方满20周岁，两人未满法定的结婚年龄，所以这种情况也是属于无效婚姻。第三种就是近亲结婚，林黛玉和贾宝玉如果结婚了，也是无效婚姻。

付瑞洁：因为婚姻关系本质上是当事人私人领域的一件事情，对于无效情形和可撤销情形的一种甄别和确认，最大的区别就是要考虑它们涉及的当事人的利益以及它们对社会影响的大小，如果说只是涉及当事人自身的一些利益，社会影响也比较小，那么更适宜把它认定为一种可撤销的情形，这考量的就是当事人的一个自由意志；而如果涉及一些违反法律的强制性规定，或者违背一些社会公德，或会造成比较严重的社会影响等情况，就更加适合把它规定为一种无效情形，这是它们在情形上的一种区别的认定。

旁白表述：《民法典》婚姻家庭编第一千零五十一条规定，有下列情形之一的，婚姻无效：（一）重婚；（二）有禁止结婚的亲属关系；（三）未到法定婚龄。

主持人：两位对于我们所解读的相关话题做一个总结吧。

付瑞洁：首先，我认为幸福的婚姻还是应该建立在相互信任和忠诚的基础上，所以说大家还是要坦诚相告，对于自己身患疾病的一些情形，要如实地向对方做出告知，让对方在充分知情的情况下做出一个愿意跟你结婚的真实的意思表示。另外，虽然《民法典》规定赋予了另一方一项选择撤销婚姻的权利，我们还是建议另一方当事人能够基于一种感情和理性来作出一个真实的选择上的判断。

朱巍：我觉得婚姻首先是合法，前面我们可能只是讲了一个可撤销婚姻，包括婚前财产、婚后买房怎么样，但你会发现结了婚之后，原来那些爱情可能会被鸡毛蒜皮的油、米、糖、茶这些所取代，可能爱情就会变得像刺猬，但是平凡的人才有资格去获得幸福。

主持人：两位嘉宾给我们解读了很多关于《民法典》中可撤销婚姻的具体条款和具体时效，但我们要说的是，虽然《民法典》保护了我们夫妻关系之间的这种知情权，给予了我们可撤销的权利，但是我们知道即便撤销了，对二人的关系、家庭的和谐也造成了影响。所以在选择进入婚姻关系之前，我们一定要了解好对方的健康状况、婚姻状况，不要因为一时的冲动而选择步入婚礼的殿堂。

普法问答

问题 1：生过病就没有结婚权了吗？如果强制说出患病的经历，那么个人的隐私权如何得到保障？

朱巍：原来的《婚姻法》中把这种恶性的不能结婚的疾病写到里面了，《民法典》已经废除了，现在患什么病从理论上讲都是可以结婚的，只不过你在结婚之前要告诉你的另一半，他同意了才能结婚，你不能骗对方。

问题 2：婚姻撤销后如何保障无过错方的权益？

付瑞洁：无过错方指的是对于无效婚姻、婚姻被撤销没有过错，之所以说要照顾无过错方，是因为对于无效婚姻和撤销的情形无过错方是不知情的，并认为婚姻是合法有效的，并且基于这种对婚姻的信任，在婚姻中进行了付出。所以说一旦婚姻被确认无效或者被撤销，无过错方无论是在精神上还是在经济上，其实都是遭受了比较大的损失，因此基于公平原则，应该赋予无过错方要求过错方进行损害赔偿的权利。

这种赔偿可以体现在金钱方面，即金钱赔偿不只是一种对于物质损害的赔偿，也包括一种精神损害的赔偿，对此无过错方都是可以主张损害赔偿的。

朱巍：除了可撤销和无效婚姻，可以主张无过错方赔偿之外，其他的离婚诉讼都要向着无过错方多分财产。我国原《婚姻法》第四十六条规定，出轨方也要进行赔偿等，无过错方要获得赔偿贯穿整个《民法典》婚姻家庭编的始终。

旁白表述：《民法典》婚姻家庭编第一千零九十一条规定，有下列情形之一的，导致离婚的，无过错方有权请求损害赔偿：（一）重婚；（二）与他人同居；（三）实施家庭暴力；（四）虐待、遗弃家庭成员；（五）有其他重大过错。

以典判案 02

离婚家务劳动补偿

热点聚焦

1. 家务劳动到底需不需要补偿？

2. 《民法典》如何唤醒补偿制度？

要点提示

本篇主要讲述了《民法典》第一千零八十八条，离婚家务补偿是作为夫妻共同财产分割后的救济。对家庭义务承担较多一方不仅能分割夫妻共同财产，还能要求另一方支付经济补偿，这从法律上既肯定了家务劳动的价值，又平衡了离婚当事人双方的利益。

以案说典

本期嘉宾：

冯淼：北京市房山区人民法院法官

张荆：北京市律师协会婚姻家庭专业委员会副主任

【案情简介】

2010年陈先生与王女士相识并相恋，5年后两人登记结婚，并育有一子小兵。2018年开始，陈先生和王女士产生了矛盾，并于2018年7月开始分居至今。2018年11月后儿子小兵跟着王女士生活。2019年陈先生向法院提起诉讼要求离婚，后撤回起诉，2020年又起诉离婚，法院判决驳回陈先生的离婚请求。2020年10月陈先生第三次向法院提起诉讼，请求法院判决双方离婚，孩子归陈先生抚养，并要求分割共同财产及共同债务。庭审中王女士认为夫妻双方感情尚未破裂，不符合离婚法定条件，因此不同意离婚。王女士认为陈先生除了上班，其他家庭事务几乎不关心也不参与，同时双方在婚姻关系存续期间，出资为陈先生母亲名下房屋进行装修，且陈先生与第三者居住在一起，给王女士造成精神损失，所以要求分割财产并赔偿物质损失和精神损失共计16万元。

2021年1月27日，法院判决陈先生与王女士离婚，儿子小兵由王女士抚养，陈先生每月给付抚养费2000元，享有探望权，共同财产由双方平均分割，同时判决陈先生给付王女士家务补偿款5万元。

【嘉宾点评与解读】

主持人：冯淼法官就是这起案件的主审法官，能不能介绍一下这个案件的具体情况？

冯淼：这个案件中男女双方是同学关系，后来发展成了男女朋友关系，他们的感情基础其实还是比较好的，但是两个人结婚之后，特别是在孩子出生以后，因为一些事情产生了矛盾，导致双方的感情出现了问题。

在这个案件中，男方已经是第三次起诉到法院来了，虽然在案件审理的过程中我们也对双方进行了调解，可是男方离婚的意愿比较坚决，所以最后我们也跟女方释明了，在男方坚持要求离婚的情况下，可能这段婚姻关系是很难继续维持的。女方也是在考量了自己利益的情况下，提出了自己的诉求。

主持人：张律师您在以往的司法实务中，这样的离婚情况常不常见？

张荆：其实是非常多见的，如果说夫妻感情确实已经破裂，哪怕是在第一次起诉的时候没有法定的判决离婚的理由，在6个月之后，当事人依然会坚持去起诉离婚，这种情况下我们也会跟当事人去讲，要做好判离的思想准备，这样另一方从心态上就可能从原来的不同意离婚，过渡到同意离婚，接下来就要应对抚养权的归属、财产分割这些事情。

主持人：法院考虑判离还是不判离的时候，依据是什么？要考量什么？

冯淼：因为这个案件男方在起诉的时候，《民法典》还没有正式实施，故我们在考量双方的婚姻关系是否应当解除时，主要还是依据原《婚姻法》的相关规定。

在这个案件的审理过程中，法庭就家务劳动的负担问题进行了调查，男方对于女方全职在家的事实还是予以认可的，同时也认可女方在照顾孩子方面付出了比较多的义务。这个案件最终支持了男方要求离婚的请求，同时考虑到孩子比较小，一直和女方共同生活，所以最终孩子判归女方抚养，男方支付一定的抚养费用。关于夫妻共同财产这一部分，也是由双方依法平均分割，在这个基础之上，女方提出了自己的诉求，认为结婚以后自己全职在家付出了较多的义务，要求男方给予一定的经济补偿。关于家务劳动的负担问题，法庭也进行了相关的调查。最后法庭综合考量认为适用《民法典》第一千零八十八条的规定，更加有利于保护女方在这段婚姻关系当中的合法利益，所以最终判决支持了女方要求经济补偿的请求。

旁白表述：判决公布后有媒体针对此事在网络平台上发起网络投票，42 万投票网民中有 40 万人认为应该给更多，那么，做家务应该获得补偿吗？也有人有疑问，既然是夫妻分工，那么家务劳动算是分工的一种，离婚时财产一人一半，为什么还有补偿？除该不该补偿外，网上也有不少讨论，认为判 5 万元太少了。

冯淼：关于家务补偿的数额，在审理过程当中主要是综合考量了双方结婚以后在一起生活的时间及男方的收入情况，还有当地的一般生活水平来予以确定。具体到本案中，男方的基本工资在 7000 元左右，双方的共同财产有十几万元，在平均分割之后，考虑到女方在双方分居期间也已经找到了工作，双方共同生活的时间也不是很长，所以最后确定了 5 万元的补偿。

主持人：在以往您办理的这些离婚或者是婚姻案件中，得到离婚补偿金的多不多？

张荆：很少，在此之前适用的是原《婚姻法》的规定，想要主张离婚或家务劳动补偿金，必须有一个前提，就是夫妻实行的是分别财产制。

主持人：这起案件冯法官特别提到了一个法条，就是《民法典》的第一千零八十八条，这似乎也是《民法典》实施之后很多人关注的一个新法条，我们来了解一下。

旁白表述：实际上，原《婚姻法》一直有关于家务补偿的规定，但有前置条件，即必须以夫妻书面约定婚姻关系存续期间所得的财产归各自所有。现实中根本没有多少家庭会有这种书面约定，因此这一条基本形同虚设。

《民法典》第一千零八十八条规定，夫妻一方因抚育子女、照料老年人、协助另一方工作等负担较多义务的，离婚时有权向另一方请求补偿，另一方应当给予补偿。前置条件没了，要求补偿更有依据，权利更为清晰。这在法律层面上进一步认可并尊重了家务劳动的价值，强调了家庭中所有从事家务劳动一方所创造的价值都应当被认定。无论是男方还是女方，引导更多人去维护平等、健康、良好的婚姻关系。

冯淼：《民法典》第一千零八十八条的规定，确实为我们司法审判实践提供了一个新的依据，它的颁布实施是有比较重大意义的。首先，它完善了我们国家关于离婚救济制度的体系，我们国家的离婚救济制度体系，包括离婚经济帮助制度、离婚损害赔偿制度以及家务劳动补偿制度。其次，家务劳动补偿制度被认可，有利于我们建立和谐的家庭关系。通过法条的规定，使得家庭成员重视家务劳动的价值，这样家庭成员之间才能够合理分配家务劳动，建立和谐的家庭关系。最后，家务劳动被肯定之后，才真正实现了婚姻自由及男女平等。

在我们家庭生活过程中，女方一般承担了主要的家务劳动义务，通过这条法条的颁布实施以及司法实践应用，我们肯定了家务劳动的价值，女性虽然没有出去工作，全职在家，但是她的劳动价值被认可，也能够得到相应的补偿，这就提升了女性的地位，真正保护了女性的合法权益。另外我们国家关于婚姻自由的规定是一项主要的制度，家务劳动补偿制度实施之后，当事人就不会在感情已经破裂的情况下，而仅仅出于经济方面的考虑，委曲求全，不提出离婚的要求。家务劳动价值得到认可之后，这可能会解决当事人一部分后顾之忧，这种情况下才能真正实现婚姻自由。

张荆：经济补偿具有弥补填平的作用，在生活中，家庭分工其实没有高低，也没有主次，你去挣钱，他去带娃，不管是男的也好，女的也罢，相互配合，相互协作，彼此心甘情愿地付出，这样家才能够维持下去，才能让更多的人愿意结婚，这一点从《民法典》规定的经济补偿制度上就能够体现出来。

分工不同，其实还会对应一个结果的不同，如长期进行个人事业发展的一方，在离完婚以后，因为有事业，他未来的收益可能就会比做家务劳动的那一方获得更多，这个时候我们的法律就要通过一个补偿的制度，去弥补做家务劳动的那一方在这方面受到的损失。这种补偿制度一方面从价值导向上来说是认可家务劳动方付出是有意义的，另一方面也是衡量婚龄时长、一方付出及对方因此获利的总的评价，这样就真正地从几项制度中，很立体地保护了我们婚姻当中的当事人，也让更多人愿意相信婚姻，走进婚姻。

主持人：以往因为适用条件的限制，家庭劳动补偿制度也被大家称为原《婚姻法》当中“沉睡的条款”。想知道是怎样的一个契机，让“沉睡的条款”被唤醒，能够让家务劳动多的一方有这样的一条法律规定撑腰？

冯淼：条款的改变是因为随着现在社会新的发展，女性在家庭生活中的劳动价值要求被体现出来，被看到，所以《民法典》相较于之前《婚姻法》的规定，取消了部分限制条件，那么在今后的司法实践当中可能还会进一步扩大它的适用范围，以便更好地保护在家庭生活当中对于家务劳动付出较多一方的利益。个人觉得这一条款的规定，能够更好地解决家庭纠纷，维护在家庭纠纷中双方当事人的合法权益。

旁白表述：在越来越多家庭出现全职太太或家庭主夫角色的情况下，《民法典》将适用家务补偿条件放宽之后，离婚案件中的索要家务补偿的诉求也有所增加。据了解，全国一些地方人民法院也开始适用《民法典》新规审理宣判此类案件，那么离婚家务补偿到底应该怎么补？

主持人：冯法官，怎么认定是不是能得到补偿？您觉得认定的补偿标准是什么？

冯淼：根据《民法典》第一千零八十八条的规定，夫妻一方因抚育子女、照料老年人、协助另一方工作等负担较多义务的，离婚时有权向另一方请求补偿，另一方应当给予补偿。但这里需要注意的是，离婚经济补偿应当是在离婚的时候提出的，并且法院不是主动适用的，需要当事人自己提出。

关于认定的标准，我们可以参考许多的因素，比如双方婚姻关系存续的时间，付出家务劳动的具体内容以及当地一般的生活收入水平等。

主持人：现在不光有全职主妇，还有超级奶爸，是不是说如果男性在家庭中付出多，也可以主张这种婚姻补偿？

冯淼：是的，根据《民法典》第一千零八十八条的规定，并没有特别规定是指女方在家务劳动付出较多的情况，如果男方在家务劳动中付出较多，也可以主张家务补偿。

主持人：刚刚您也说了认定的标准，说实话家庭生活是很琐碎的，关起门来在家我比我老公干得多，您说这怎么去举证？怎么去认定？怎么证明我付出的是更多的，这会不会是一个难点？

冯淼：对，因为家务劳动就像您说的它是比较具有私密性的，在家庭生活中，谁付出家务劳动较多双方当事人是最清楚的，一旦到离婚阶段，可能双方的矛盾就会比较大，对于一方提出的承担了较多义务的事实，另一方未必会认可，这种情况下当事人存在举证难的问题，而我们法官也会面临在司法实践中如何认定的问题。

我个人觉得在我们的审理过程中，应当根据案件不同的情况去适当地分配双方的举证责任。比如可以通过走访调查去询问双方的父母、朋友、邻居，甚至孩子来了解这个家庭生活的情况。另外一些特殊的情形，比如一方长期在外地工作，而另一方在家全职照顾孩子老人，那么这种情况下就可以认定另一方的家务劳动付出较多，除非对方有充分的证据证明双方都付出了。

主持人：张律师，您从律师的角度出发觉得在司法实践中怎么认定？

张荆：我会跟他说，除非你没有付出，有付出肯定就会有痕迹。

比如照顾孩子，要是幼儿园阶段的孩子，照顾孩子一方肯定会在幼儿园的班级群里，且经常在班级群里互动，经常和幼儿园的老师进行私信沟通，今天说天冷了孩子要加条裤子，明天会发一条信息说今天孩子有点上火，给孩子多喝水，通过这种互动，就能够看出来，哪一方照顾孩子比较多。

再如接送孩子，有班车群，这些都能够充分地证明孩子的接送，平时日常对孩子的照顾全部是由谁来完成的。上了小学也一样，跟老师的这种互动交流，还有跟同学、家长之间的互相沟通，这些都是证据。

在照顾老人方面也一样，谁经常照顾老人，老人的医保卡肯定就在谁的身上，然后他经常会去跟医生嘱咐老人有什么病，问老人都有什么病吃什么药，他可能张嘴就能说出四五种老人的疾病，老人需要注意什么，这些事情没有付出的那个人，他编也编不出来。

像这些事在审理过程中，法官如果问他，这些情况你了解吗？或者是换一个角度来问，就说父母身体怎么样，实际情况跟问出来的情况不是一致的，那显然很可能就没有付出，所以只要有付出就会有痕迹。

普法问答

问题 1：不离婚，是否能提出家务劳动补偿？

冯淼：家务劳动补偿应当是在离婚的时候提出的，如果双方还没有解除婚姻关系，起诉到法院要求家务劳动补偿，法院是不予受理的。如果两个人已经准备要离婚了，可以在离婚诉讼当中一并提出家务劳动补偿的主张。

问题 2：法律是否保护在外工作、打拼的一方？

张荆：《民法典》第一千零八十八条重点针对的是为家务劳动付出多的一方，其实从另一个角度去理解这一条，没有女性在大后方做好后勤工作的支持，男性其实是很难撒开手去挣钱的，所以男性在这个时候挣的钱，理论上来讲也应该有女方的一半，所以夫妻财产共同共有制保障了女性权益的同时，其实也保障了男性能够分得一个相应的份额。

冯淼：《民法典》第一千零八十八条的规定，在肯定家务劳动价值的同时，并没有否定另一方对家庭所付出的劳动的价值，只是说可能男方在外工作，他的付出体现在经济收入上或者是在个人价值提升上、能力的提高上，但是家务劳动是没有办法通过这种情况去衡量，所以《民法典》关于这条特别指出了家务劳动价值要得到认可，这也是建立在夫妻共同财产平均分配的基础之上来规定的。

总结：其实《民法典》第一千零八十八条保护的不仅仅是家庭主妇，还保护了家庭主夫、超级奶爸们的权益。家务劳动补偿制度并不是女人的权利，而是给每一个为家庭付出更多一方的权利保障。作为一个家庭来说，需要的是平衡家庭与自我的关系，同时也需要更多的理解和包容，因为每一个幸福美满的婚姻家庭一定是双方共同努力的结果。

以典判案 03

夫妻共同债务

热点聚焦

1. 妻子婚内出轨欠债，这笔债丈夫该还吗？

2. 对于婚内虚构债务，《民法典》中有何规定？

要点提示

《民法典》第一千零六十四条充分吸收了司法解释的内容，规定夫妻双方共同签名或者夫妻一方事后追认等共同意思表示所负的债务，以及夫妻一方在婚姻关系存续期间以个人名义为家庭日常生活需要所负的债务，属于夫妻共同债务。根据此规定认定为夫妻共同债务可分为以下三种情况：一是共债共签；二是日常家庭生活所需；三是债权人证明，超出日常生活需要的债务为共同所负。总之，共债共签可以防止婚姻中的一方在不知情的情况下被负债，可以避免很多纠纷。

以案说典

本期嘉宾：

周友军：北京航空航天大学法学院党委书记、教授、博士生导师

陈旭：中国政法大学法律硕士学院兼职教授

案例 1　妻子欠款数百万，丈夫该承担吗？

【案情简介】

2015 年方先生（化名）通过婚恋平台认识了圆女士（化名），两人相处了一周后便结婚了，2021 年 5 月 21 日，方先生的母亲急匆匆地联系方先生，说：

“你媳妇跟你表妹借钱，你知道吗？”方先生很诧异，到家以后就查看了圆女士的笔记本电脑，然后同步了圆女士的手机图片。发现圆女士婚内不忠，与一名异性维持不正当男女关系长达半年之久。同时方先生还发现圆女士汇总了一个截至2021年5月8日在各大网贷平台的借款明细，截至当月累计应还的本息一共超过100万元。方先生说，妻子还向她的同事借了钱。且据圆女士同事说，2020年“双十一”的时候，妻子圆女士认识了一名男模，一晚上给男模的小费就高达一万元，而且圆女士每次买酒的钱就有四五万元。

据方先生讲述，他了解到，妻子已经欠债230多万元。方先生特别气愤，决定和妻子圆女士离婚，但婚姻关系存续期间，妻子圆女士偷借的大额债务，让他有些担心。婚姻关系存续期间，女方花的钱、负的债他都要承担吗？

【嘉宾点评与解读】

周友军：《民法典》第一千零六十四条确立了一个基本的原则，在夫妻关系存续期间，一方所欠的债务原则上属于其个人债务，除非满足三类条件才会被例外认定为夫妻共同债务。第一种就是基于共同的意思表示而负担的债务，这里面最典型的就是所谓的共债共签，即夫妻双方在合同或者是在欠条上都签了字，或者虽然无签字，但事后通过电话、短信、微信等表示认可；第二种就是基于家庭日常生活需要而负担的债务，比如因为购买食品、药品、子女教育等负担的债务，这个也是夫妻共同债务，这也是我们法律上说的夫妻日常家事代理权；第三种就是债权人可以证明所欠的债务被用于夫妻共同生活或者共同的生产经营活动，比如欠的债被用来购买家庭自住的房屋，或者是投资于双方共同的网店。在这三种例外情况下，可以认为是夫妻共同债务。这个案件中，妻子圆女士因为出轨等而对外借了不少债，我认为不满足《民法典》规定的这三种例外情形，所以应该属于她个人的债务。

主持人：陈律师您经历过的案件，尤其是在离婚案件中，像这种债务的纠纷需要承担婚内的债务吗？

陈旭：无论是作为债权人的律师，还是作为债务人的律师，我都有经历。作为债权人的律师，有时候追债很无奈。比如，钱是我借的，但是我把借的钱给他人用，给我儿子用，我女儿用，我其他的亲戚朋友用等，我放在他们身上买地置业，你告我官司你赢了，但是我买的房子，是在我儿子或者亲戚名下的，没法要。

主持人：方先生和圆女士准备协议离婚，但是在离婚当天圆女士消失了，方先生也给我们提供了一些重要的证据。

旁白表述：2021 年 5 月 25 日，方先生和妻子圆女士协议离婚，离婚冷静期过后，妻子圆女士并没有如约出现在民政局门口，而且方先生、被借钱的同事和朋友都联系不上圆女士了。

为了不背负无妄之债，方先生曾让圆女士写了一份说明，澄清婚姻关系存续期间的债务完全是圆女士个人行为，与方先生无关。2021 年 6 月初，圆女士说自己要去上海发展，但手里没钱，念在 6 年夫妻感情，方先生给圆女士转了 5 万元安家房租费。方先生称：从 2021 年 12 月开始，圆女士多次向其讨要钱款，方先生已经累计给了圆女士 206000 元，还从侧面得知她挪用了夫妻共同的存款以及她的个人公积金。同时方先生认为圆女士这里有一部分应该算共同财产，保留事后追讨的权利。

主持人：在离婚这一天女方不见了，出现这种情况应该怎么办？在《民法典》中究竟有哪些规定适用于这些案件？

周友军：《民法典》第一千零七十七条规定了一个离婚冷静期，就是说从当事人双方递交离婚申请之日起，有 30 天的时间要回去冷静一下，过了 30 天以后，再给 30 天，在这第二个 30 天以内，双方当事人必须共同亲自到婚姻登记机关办理离婚登记，请求发放离婚证，在这个案件里面圆女士过了离婚冷静期以后人间蒸发了，所以协议离婚的程序就走不下去了。

按照《民法典》第一千零七十九条规定，如果要走诉讼离婚，在一方当事人找不到的情况下，可以走公告送达起诉书缺席判决这样一些程序。

陈旭：乙方不到肯定协议不成，理论上作为原告的方先生可以到法院起诉，问题是在实践中如果联络不到被告一方，法院不会轻易地采用公告送达缺席判决。所以在操作层面，碰到这种情况，第一次法院一般判决驳回，如果真是长期消失，找不到了，最后通过公告送达的方式来完成他的诉讼程序，这是有可能的。但就本案，如果从司法实践层面来说，第一次方先生恐怕离不了婚，就要继续等。不经过冷静期直接起诉，如果是在判不离的情况下，差不多也得半年才能结束。如果想判离，我打的一场官司到现在已经6年了，还没结果。

主持人：方先生发现在他们婚姻关系存续期间，圆女士动用了大量的公积金去给出轨一方消费，包括打赏的行为，有借钱、贷款消费，甚至买了一块手表，花了25万元，所以方先生就想问，这些钱作为他们的夫妻共同财产，能不能追回？

陈旭：已经消费的，就没法追了，如果要追，就要向他妻子追讨，但你找第三方去追，我认为追不回来。对于这块表，你拿夫妻共同财产买了并赠与第三方，没经过我这一方权利人同意，这种赠与是无效的，我可以要求返还。如果是物，我觉得返还是有依据的，但如果已被消费掉，恐怕难以返还。

周友军：关键的问题还在于它究竟是属于赠与行为还是一个普通的消费行为。如果是赠与行为，那它是无偿的，而且基于夫妻共同财产必须双方共同处分这一原则，配偶一方擅自处分了夫妻共同财产那就应该是无效的。但如果是消费，还要考虑是否符合日常家庭生活需要等这些规则，从而来认定它是否有效。

主持人：回到本案，方先生如果想追回这些钱，包括公积金和那块手表，大部分可能性就是只能找圆女士而不能找第三人，这么理解对吗？

周友军：针对第三人，法律上也设计了一些可能性。对于擅自处分夫妻共同财产的行为，按照《民法典》第一千零六十二条的规定，它是一个无效的处分行为，也可以依据这个规定主张第三人返还。但是对于圆女士来说，她的丈夫也可以采取一定的方式向她追偿。

《民法典》第一千零九十二条就规定，挥霍夫妻共同财产的，在离婚时，财产分割可以不分或者少分。

主持人：方先生让圆女士签了一份协议，婚内的这些债务由圆女士个人来承担。这份协议到底有没有法律效力？

陈旭：当然有效，这份协议等于婚内财产约定，约定既可以是约定权利也可以是约定义务。但要说明的是夫妻双方的约定不能对抗第三方，债权人根据你的婚姻、财产状况，追究你们夫妻二人责任，你作为无辜一方还得先承担连带责任，先给别人赔偿，夫妻二人再算账，夫妻二人算账的依据就是这个协议，所以夫妻二人约定有效，但对第三方不一定产生抗辩效力。

周友军：夫妻一方出了这样一个声明，总体来说，对于债务是不是夫妻共同债务的认定没有重大的影响，是不是夫妻共同债务还是要依据《民法典》第一千零六十四条的规定，是不是构成这三种类型，构成这三种类型就属于夫妻共同债务。即便是当事人一方有声明，但是同样构成了这三种类型的话，仍然是夫妻共同债务，不因为这个声明的出具而导致变成了夫妻一方的债务。当然这个声明在诉讼中可能对一些举证还是有一定影响的，所以我认为它的效力是比较有限的。

主持人：在婚内，圆女士向方先生断断续续借钱，最后总金额达到了 20 万元左右。这笔借款如果说没有借据，需不需要偿还？还是说只能算是夫妻共同财产。

陈旭：如果他们有约定说我跟你借多少钱，双方都认这个账的话，债权债务我认为是成立的，等于是双方对婚内的一种债权债务的一个约定，就跟我们婚内财产约定性质是相同的。

周友军：我觉得从实践来看，夫妻之间借贷还是要比较谨慎地认定，尤其是要追踪一下借的款到底是丈夫个人财产还是家庭共同财产，如果是从他个人财产里面支付一部分来借给他的妻子，这个也可以成立借贷关系，但如果是从夫妻共同财产中拿出一部分给他妻子，这个名义上是借，但实际上无非是夫妻共同财产之间的一个转移而已。

陈旭：比如我一个月挣 5 万元，你是全职太太，我这 5 万元本来是不是应该有你一半？你以借的形式要钱，能把它确定为债权债务关系吗？我挣的这钱，本来就是共同财产，所以对于婚内的这种债权债务性质的认定，恐怕要慎之又慎，而且如果婚姻时间比较长，那么这种婚内取得财产性质，你不能把它断然认定为妻或者夫一方的个人财产，不能把它断然认定为债权债务关系的成立。

案例 2　奇怪的借贷纠纷案

【案情简介】

2020 年 1 月某法院审理了一起奇怪的借贷纠纷案件。彭某的表妹陆某到法院起诉表哥彭某、表嫂唐某偿还债务，陆某称表哥彭某、表嫂唐某从 2018 年 10 月开始陆续跟她借了 167 万元，且拒不归还，自己没辙了才到法院起诉表哥、表嫂要求他们还款。庭审中法官发现这对闹上法院的表兄妹很是反常，双方平静且互相配合，根本不是积怨多年的样子。这场 167 万元的债务背后是不是有什么猫腻呢？这对表兄妹打这场官司的目的是什么呢？被告唐某向法院提出本案可能涉及虚假诉讼，这个债务是发生在夫妻关系存续期间，唐某也需要承担共同还款责任。被告唐某说，她正在和丈夫彭某打离婚官司，这 167 万元的债务是假的，这场兄妹的诉讼就是为了钱在演戏。

经审理，法院认为此案涉嫌虚假诉讼，驳回了陆某的诉讼请求，同时将案件线索移交给了检察机关，经调查，检察官还发现彭某收到表妹陆某的钱款后，并没有用于家庭的生活支出，彭某与妻子唐某有多处房产，经济状况良好，对外借款不合常理。2020 年 10 月，检察院以涉嫌虚假诉讼案对彭某、原告代理人黄某提起公诉。

【嘉宾点评与解读】

主持人：《民法典》对于虚构债务是怎样规定的？

陈旭：虚构债务在我们的实践中很多，打离婚官司的时候，一方为了隐匿转移、不分割应该分割的财产虚构债务，而且这种虚构也很巧妙，我跟你是好朋友，做得天衣无缝的，有资金往来的记录，有跟合作伙伴签订的合同汇款等，所以你怎么认定它是虚构债务，这恐怕要有非常充分的举证才行，并且由法官认定。

周友军：《刑法》规定的虚假诉讼罪，可以对这种行为加以威慑。《民法典》第一千零六十六条规定了婚内财产分割，如果你伪造夫妻共同债务，可以作为婚内共同财产分割的一个法定理由，即便不离婚，也可以把两个人的财产分清楚。另外在离婚的时候进行财产分割，《民法典》第一千零九十二条也规定，伪造夫妻共同债务，企图侵害对方的财产利益，这个时候也可以不分或者少分财产，这也是对另一方的一个保护。

主持人：像类似于虚构债务的这种情况，作为夫妻双方来讲，受害方通常有哪些防范的措施呢？

周友军：其实总体上我们《刑法》规定的虚假诉讼罪、伪证罪，对于当事人的威慑力还是很大的。《民法典》第一千零六十四条规定的夫妻共同债务认定规则，其实也可以比较充分地保护无辜的配偶一方，避免他被负债。

当然从实践层面来说，如果确实还出现了虚构债务的这种情况，无辜的配偶一方也可以采取一定的方法来保护自己。比如一个重要的法律手段就是鉴定，当事人签订的合同是不是补签的、倒签的，就可以通过鉴定的方法来证明它可能是一个虚假的债务。另外在法庭上也可以通过举证质证等方式来质疑债务的合理性，比如债务是通过什么方式来交付的？这钱从哪儿来的？在什么地方交付的？一笔数额巨大的金钱，通过现金的方式来交付是不是合理？通过这些常识来质疑它的合理性，从而可以帮助法官来认定这个债务是不是虚构的。

主持人：在夫妻关系存续期间共债共签的问题有哪些需要注意？

周友军：《民法典》确立的夫妻共同债务的重要类型就是共债共签，对于普通民众来说，我觉得最重要的是有证据意识，你跟一个成年人发生债权债务关系的时候，最好要求他的配偶在合同书欠条上签个字，或者事后补一个还款承诺书之类的。如果确实因为客观原因，拿不到这样一个书面的签字，也尽量要求他提供短信、微信、电子邮件等形式得到一个事后认可。如果这个也做不到，当事人还有一个办法，就是尽可能地把没有签字的一方，拉到你的借款还款合同中来，比如你借款的时候，可以把钱交给没签字的一方，也可以要求没签字的一方跟你核对利息是多少，流水怎么样，后面你也可以要求没有签字的一方履行还款责任等。通过这些方式尽可能把他拉到借款、还款合同中，为法院后来认定他是基于双方共同意思而举债提供一个便利。

普法问答

问题 1：借钱给朋友，但朋友恶意离婚净身出户，钱还能追回吗？

陈旭：如果有证据能够确认他是婚内举债，而且用于家庭共同生活生产经营，这属于夫妻共同债务。如果确有这样的证据，即便夫妻双方恶意地做了这样的财产债权债务分割，我认为作为债权人，也可以起诉他已经离婚的妻子，要求共同承担这个债务，因为是在婚内所负债务，为了规避这个债务，债务人做这样的处理显然是恶意的，这种恶意应该无效。

问题 2：婚内发现一方欠债并隐瞒收入怎么办？

周友军：这个要依据《民法典》第一千零六十四条的规定，来认定到底是夫妻共同债务，还是一方的个人债务。另外还有隐瞒自己收入的问题，在《民法典》第一千零六十六条关于隐藏夫妻共同财产情形下，夫妻一方可以主张在不离婚的情况下进行婚内的财产分割。

当然在诉讼过程中也会面临一个问题，怎样查清楚另一方到底有多少财产，这需要在诉讼中采取合法的手段来调查另一方的收入，比如可以申请法院来调查取证等。

“假离婚”真骗局

热点聚焦

1. 法律上是否存在“假离婚”?
2. 婚姻中有哪些注意事项?

要点提示

《民法典》第一千零八十条规定，完成离婚登记，或者离婚判决书、调解书生效，即解除婚姻关系；《民法典》第一千零四十六条规定，结婚应当男女双方完全自愿，禁止任何一方对另外一方加以强迫，禁止任何组织或者个人加以干涉。

以案说典

本期嘉宾：

刘析鹭：北京市通州区人民法院法官助理

怀向阳：北京市律师协会律师

案例 1 “假离婚”真骗局

【案情简介】

李某和童某是大学同学，两人在大学期间便确立了恋爱关系，毕业后一同留在北京奋斗并组建了家庭。随着存款的积累，妻子李某提出，两个人可以通过“假离婚”的方式再购买一套房产，于是男方把所有的财产都转移到了女方名下，并且由男方继续还他们买的第一套房屋的贷款。“假离婚”之后，李某和童某共同支付了80万元首付款，购买了第二套房产。李某表示，其中70万元是自己从父母处借的，要求丈夫童某打欠条，无奈之下童某表示同意。第二套房屋登记在了童某名下，童某同时偿还着第一套房屋和第二套房屋的贷款。

购买第二套房产之后，李某和童某之间出现了问题，妻子李某认为童某有了外遇，多次和童某发生争吵，最后妻子李某提出分手，正式结束两人的关系。因为之前两个人已经办理了离婚手续，所以在法律上就不需要再办理了，于是两个人重新签订了一份离婚协议，正式确认双方已经就此解除的婚姻关系。两人补充签订的离婚协议中显示，第二套房屋归童某所有，但是童某要归还李某之前所借的70万元。丈夫童某认为妻子李某是在闹脾气，为了能够和李某复婚，虽然不情愿，但还是签了协议，他也没有将要偿还李某70万元的事情放在心上。谁知没过多久，童某却接到了一份来自法院的传票，妻子李某将丈夫童某起诉到了法院，并要求偿还这70万元。经审理，法院判决童某偿还李某70万元欠款及利息。

【嘉宾点评与解读】

怀向阳：这个事情很难说是个圈套，如果双方当时的目的就是买房，协商一致的情况下，其实是个通谋行为，未必是设个圈套，可能原本两个人就商量好了，就是要"假离婚"，但是法律上哪有"假离婚"？去民政局协议离婚或者诉讼离婚，就是把婚离掉了，双方不再是夫妻关系，双方之间没有夫妻之间相互忠实的义务了。

主持人：他们所谓的"假离婚"，后来成了假戏真做。如果生活中真出现了这种所谓的"假离婚"会有哪些风险？

怀向阳："假离婚"之后，另外一方不想复婚，就没有办法恢复婚姻，如果财产已经分割，比如本案童某净身出户了，若他不能证明是"假离婚"，那就什么都得不到了。如果有孩子，比如两个人都想抚养孩子，因为离婚的时候必然要对孩子的抚养权做出约定，但是这个约定真的是双方的真实意思吗？未必，已经做出的约定，往往就无力改变了，所以“假离婚”的危害是非常大的。

主持人：李某和童某已经办理离婚了，为什么又签了第二份离婚协议，意义究竟在哪儿？

怀向阳：第二份离婚协议实际上属于离婚后的财产分割协议，因为双方已经解除婚姻关系了，但是一同居住，而且共同出资购置了房屋，那么这份协议相当于对离婚之后的财产分割达成的一致意见。如果是双方共同意思表示，不违反法律行政法规的强制性规定，就是合法有效的，对双方是具有法律约束力的。

主持人：童某是想复婚的，但其妻子是说什么也不复婚，在《民法典》当中针对复婚有没有什么具体的规定呢？

刘析鹭：根据《民法典》第一千零八十三条规定，离婚后，男女双方自愿恢复婚姻关系的，应当到婚姻登记机关重新进行结婚登记。这个案件要结合《民法典》的第一千零四十六条关于结婚的相关规定一起看，结婚规定的也是必须要双方完全自愿，亲自到婚姻登记机关办理结婚登记手续。这里面强调完全自愿的问题，任何组织或者个人都不可以强迫两个人结婚或者复婚。法院可以判决离婚，但不能判决结婚和复婚，夫妻二人一旦办理了离婚手续，法律上的婚姻关系就解除了。

主持人：假如复婚了，第一次离婚可能是“假离婚”，已经划分好了夫妻的财产，在复婚之后还能恢复成共同财产吗？

刘析鹭：如果没有证据显示其他特别情况（如一方存在欺诈），或双方没有对财产重新进行约定，即重新签订财产归属相关协议，此前夫妻双方签订的离婚协议中对财产分割的部分有效，即复婚后，原婚姻的财产将成为一方的婚前个人财产。

主持人：针对财产分割法律如何规定？

怀向阳：财产分割，首先是尊重双方的协议，如果协议不成，正常是对半分，对半分的原则之下是要照顾抚养子女方和无过错方。

主持人：童某说是在婚姻关系解除之后，因其有不忠的行为，导致李某拒绝和他复婚，这样的原因在法律上能够被支持吗？

怀向阳：首先双方在已经解除婚姻关系之后，就不存在不忠的问题，因为双方没有相互忠实的义务了，不会再影响后续的财产分割。这个案件重点就是前一次双方离婚的时候是不是有证据证明是“假离婚”，如果真的有证据证明，前一部分已经分割的财产是可以要求重新分割的。而第二份离婚协议看它是怎么约定的，如果它仅就离婚之后的财产进行约定，那么对这部分约定是有效的，如果第二份离婚协议中再次明确了，前一次的离婚协议是双方真实意思表示，那分完就分完了，没有办法。

主持人：我们继续回到这个案件当中，看看最终李某和童某结果如何呢？

旁白表述：开庭时法官对双方进行了调解，此时妻子李某表示不接受调解，而对于双方的婚姻关系，李某表示也没有复婚的可能。

刘析鹭：案件审理过程中发现，李某实际上已经再婚并且怀有身孕，即二人已经没有复婚的可能。因为相关协议上都有童某签字，所以李某坚持要童某偿还70万元的欠款，最终法院判决童某偿还李某70万元欠款及利息，对此童某不服提起上诉，二审法院维持原判。这个案件在审理过程中，没有证据显示李某是有预谋与童某“假离婚”。最初两个人“假离婚”时，是为共同购买第二套房屋，签70万元欠条时，两人也是想要一起归还。二人关系破裂后，在案件审理过程中，李某主张童某有出轨行为，童某也主张李某有出轨行为。两人“假离婚”后，关系恶化，所以重新写下了第二份离婚协议。在这个约定里，二人对于之前第一份财产约定进行确认，即后购买的房屋归童某所有，童某归还李某70万元，童某是抱着双方可能复婚的这个意愿，对第二份离婚协议签字确认。但是签第二份离婚协议时双方已不在一起生活，故对自己财产进行分割作出的是真实意思表示。李某同时举证其向童某的账户转款70万元。因双方对自己财产作出真实分割，法院应当尊重当时双方对于财产分割的意思表示，所以最后法院判决童某要归还70万元借款及利息。

主持人：但是在这个案件中我们也看到了，童某一直在支付第一套房子的贷款，那么在这起案件最终判决之后，童某有没有权利要求李某补偿？

怀向阳：童某支付贷款是第一份离婚协议中明确约定的，既然第二份离婚协议已经明确了前一份协议是真实意思，那么就需要按照约定去履行，看起来的确不公平，但是不违反法律规定，李某有权要求童某支付相应贷款。

主持人：其实像怀律师也讲到了，童某本来还来得及重新做财产的分割规划，但是他没有抓住这次机会，又签了第二次的离婚协议，财产分割才走到如此的地步。接下来我们来关注第二起案件，这个案件的主人公是一个"假离婚"的惯犯。

案例2　为骗取拆迁款"假离婚"

【案情简介】

有一对户口在拆迁区域里的李某夫妻于2015年4月14日离婚，然后他们的亲家陈某夫妻紧接着在李某夫妻离婚10天之后即2015年4月24日，也跟着离了婚，3天之后，李某夫妻与陈某夫妻在4月27日，分别又双双结婚了，这完全不符合常理。据当地拆迁部门介绍，5年间，这一家纷纷通过夫妻投靠等方式，将户口迁入了拆迁区域，而经过调查走访发现，李某与亲家陈某虽已领取结婚证，但结婚后从未一起生活，双方都仍与原配偶一起生活。根据拆迁部门提供的线索和走访调查，民警将涉案人员传唤到案，经审讯，李某承认与亲家一家多次"假结婚""假离婚"的事实，目的是户籍多出人头，能骗取国家征收的补偿款将近200万元。

【嘉宾点评与解读】

主持人：李某等人为了骗取拆迁款，竟然结婚、离婚达数十次，最终法院判决李某等人因诈骗罪被警方刑事拘留。

怀向阳：一般来说，如果只是为了购房的资格，或者是购车的资格，"假离婚""假结婚"，其实侵害的是社会公共利益，并没有直接涉刑，只有严重到"假离婚""假结婚"只是手段，其目的是非法占有他人财物，而且在采取这种方法之后，真的获取了相应的财物，达到一定金额的时候就涉刑了。李某他们是因为骗取了拆迁款，才涉嫌刑事犯罪当中的诈骗罪。

刘析鹭：此前讨论的“假离婚”“假结婚”的案件都是在民事范畴内，如果触犯到刑法，就要负刑事责任，可能涉及诈骗。“假离婚”可以分为两种，一种叫作串通“假离婚”，另一种叫作欺诈“假离婚”，串通“假离婚”就是夫妻两人达成一致，借“假离婚”达到某种目的。欺诈“假离婚”是夫妻中一人认为二人是串通“假离婚”，但另一人则是以真离婚为目的，这种情况下如果有证据证明，在财产分割上也可能涉及欺诈。

主持人：是不是真正的“假离婚”就是触犯刑法，还是说在达到一定数额或是巨大损失发生的时候才触犯刑法？

刘析鹭：刑法与民法不同，定罪和量刑都是有法定标准的，两人“假离婚”不是说任何情况下都触犯刑法。无论是“假结婚”，还是“假离婚”，一定要达到相应的定罪量刑条件和标准，才能够进行刑事处罚。

主持人：虽然一两次“假结婚”“假离婚”可能触碰不到刑法，但是在道德层面还是要受到严重的谴责，甚至会有一系列的风险存在。所以还是要提醒各位，在选择这些带引号的“假结婚”“假离婚”之前，做好风险的防控和评估。

普法问答

问题1：婚前财产约定是否靠谱？

怀向阳：我觉得婚前财产协议是否有必要签订，要根据每个家庭的情况来确定。一般来讲，我国《民法典》婚姻家庭编已经明确了，婚前的财产就是归个人所有，婚后的财产属于共同所有，所以法定婚姻财产制，正常情况下不需要再去签订婚前或婚内财产协议，也能保证一个正常平稳的婚姻关系。但是对于一些特殊的，比如有一方的经济收入非常高，或者有一些涉外的婚姻案件，还有一些非常复杂的再婚家庭，为了保护财产，做一些婚前或婚内的财产约定，是无可厚非的，做约定的时候建议采取公证的方式，这样更为稳妥一些。

问题 2：诉讼离婚需要满足哪些条件？

刘析鹭：程序方面，只要一方认为双方夫妻感情已经破裂，无法和对方一起生活，就可以到法院起诉。但如果多次起诉离婚，两次起诉之间是要间隔六个月的。即如果第一次法院判决，二人感情没有破裂，应继续维持夫妻关系，给双方六个月的时间，如果还不能够一起生活，过了六个月就可以第二次起诉离婚。

实体方面，要遵循《民法典》第一千零七十九条准予离婚的情形规定，如重婚或者与他人同居，或者家庭暴力等。不论男方还是女方，一旦遭遇家暴行为，一定要及时报警，保护自己，留存相关的医疗证据、照片、视频等。一旦发生离婚诉讼，举证极为重要。在司法实践中，还存在其他情况会判决离婚，如一方被判刑，刑期较长，或者无期徒刑，一般法院会支持双方解除婚姻关系。另如，一方经过鉴定，发现婚内所生孩子并不是男方的生物学子女，在这种情况下，虽然女方没有达到同居或者重婚这样严重的法律规定情形，但法院也会考虑判决解除夫妻关系。

以典判案 05

人身安全保护令，向家暴说“不”

热点聚焦

1. 遭遇家暴应该如何用法律来保护自己？
2. 强制报告是怎样保护未成年人的？
3. 《民法典》实施后，关于家庭暴力规定与以往规定相比有哪些不同之处？

要点提示

家庭暴力是社会问题，是法律问题，遭遇家暴要及时地拿起法律武器来保护自己和身边的亲人。我们一起对家暴说不！

以案说典

本期嘉宾：

陈琼：北京市密云区人民法院副院长

李军：北京市律师协会婚姻与家庭法律专业委员会主任

赵喜刚：国家二级心理咨询师

案例 1 女子遭受家暴 法院签发“人身安全保护令”

【案情简介】

赵某与被申请人孙某系再婚夫妻，妻子赵某婚前育有一子，丈夫孙某无子女。结婚一年多，妻子赵某称丈夫孙某长期实施家庭暴力，多次对其进行威胁和殴打，使其感觉人身安全没有保障。妻子赵某称曾因遭遇家庭暴力三次报警，然而，丈夫孙某并未听从警方劝解，仍然会在酒后打她，最终妻子赵某起诉离婚，同时提出申请人身安全保护令，最终法院依照《民法典》第一千零四十二条第三款和《反家庭暴力法》相关规定，作出裁定，一是禁止被申请人孙某对申请人赵某实施家庭暴力，二是禁止被申请人孙某威胁辱骂骚扰申请人赵某。

【嘉宾点评与解读】

主持人：这是一起典型的家庭暴力案件。陈琼法官是这起案件的主审法官，您能不能给我们介绍一下这起案件最终是怎样审判的？

陈琼：在这个案件中男方和女方是一对再婚的夫妻，女方在再婚前生育一子，二人是经人介绍相识，开始相处得还比较和睦，但是后来因为男方介意女方之前的感情经历，二人的感情产生一些裂痕，男方经常喝酒，每次在酒后就会用言语侮辱女方，有几次还动手打了女方。

2020年8月13日，女方实在受不了了，就搬离了男方的住处，男方找不到女方，就不断地给女方发短信进行辱骂和骚扰。在2020年10月5日，因为女方的孩子在男方所在村的学校上学，所以男方知道女方要去接孩子，就等在学校的门口，结果当天二人又发生了冲突，女方再次报警，女方认为自己实在是无法忍受这种生活，就向法院提起离婚诉讼，同时也提出申请人身安全保护令。

主持人：男方多次对受害人进行施暴，跨度有多长时间？

陈琼：他们结婚一年半，在近半年多的时间里男方家暴女方比较频繁，女方报警也主要是在这半年里。在人身安全保护令案件的审理中，男方极力否认实施了家庭暴力，认为只是跟女方吵架，但是根据现有证据、双方陈述及法院查明的情况，可以认定被申请人男方对申请人女方实施过家庭暴力，而且也进行过威胁、辱骂和骚扰，申请的内容符合人身安全保护令的签发条件，所以最后法院签发了人身安全保护令。

主持人：李军律师，在您平常受理的这些案子当中，涉及家庭暴力的多不多？

李军：还是挺多的，就像是在医院的急诊科，总是有病患饱受病痛的折磨。我是做一线的婚姻家庭律师，来到我这的女性居多，不仅有青年的女性，还有中年和老年的女性，有的已经遭受家庭暴力 20 多年了，但是她们不敢提离婚，如果提离婚，男方就会报复，所以说她们因为内心的这种恐惧就不敢提离婚。而有的案件是已经到了离婚的阶段，因为存在家庭暴力，如直接从女方的怀里抢孩子、把女方打倒，造成女方不敢去要这孩子，甚至女方不得不把孩子带到外地躲避，所以这样的家庭暴力不少，而且这种家庭暴力的受害人，她们那种内心的恐惧，让你觉得她如惊弓之鸟，她说话的声音就好像从地板底下慢慢地冒出来一样。这种家庭暴力最明显的一个特征就是控制，是一方对另一方的控制，而且足以让另一方达到恐惧的程度。

主持人：在家庭中可能女性是弱势的一方，很容易遭受到家庭暴力的伤害。有没有男性受害者？

李军：一般较为常见的家暴受害人是女性，当然也有少部分家暴受害人是男性，因为面子的关系，他可能遭受家暴 10 多年都不好意思说，也涉及举证难的问题。

主持人：其实存在家暴的家庭中，大家总觉得这是我们的家务事，关起门来过日子是吧？哪有锅边不碰灶沿的，忍一忍风平浪静，但实际上一次、两次，你忍的时间越长，可能遭受暴力侵害的程度就越大。刚才通过李律师和陈法官介绍的种种案件，我感觉到在家暴的案件当中，很多时候，施暴者的心理状态是不正常，不健康的。

赵喜刚：从最后结果来说，这绝对是相当不健康的，尤其是施暴的一方，他就觉得我打你是应该的，我伤害你是应该的。更惨的在哪儿？被施暴的那方无力反抗，甚至最严重的会产生斯德哥尔摩综合征，就觉得他没弄死我就挺好，打还能接受，无所谓了。有的在结婚第一天一方就开始打另一方，然后另一方就接受了，所有的伤害都是从一点小事、小动手开始，最后一方变得越来越凶残，另一方越来越没办法，用受害者的话来说：我三天不带伤不正常。

主持人：这是因为长期遭受家暴所造成的心理阴影吗？

赵喜刚：不光是心理阴影，心理学有个概念叫“习得性无助”。我们很多遭受家暴的人，到最后他觉得，我是逃不了的，我是没有办法的，他会拿我的家庭、我的孩子、我的生命、我所有认识的人来威胁我，让我无路可逃。

主持人：陈法官，李律师提到的有一些受害人受害的经历长达 10 年甚至 20 年之久，仍然没有去提起诉讼，寻求司法帮助，甚至都没有到公安机关报案，您觉得这样的行为说明了什么？

陈琼：很多人可能不知道他们在遭受家庭暴力，也不知道他们遭受家庭暴力可以有救济途径。现在我们审理的好多案件也是这样，像 2021 年我们审理的一些赡养案件，还有一些人身损害赔偿案件，他们会在庭审过程中提出有这样的情节：说他遭受了家庭暴力，在这种情况下，我们会主动引导他，让他提出人身安全保护令申请。

主持人：人身安全保护令，可能对于有些观众朋友来讲这个词有点陌生，具体是什么样的一种保护措施呢？

陈琼：人身安全保护令是指由人民法院作出的，旨在保护申请人人身安全，防止家庭暴力发生或再次发生的裁定，遭受家庭暴力或者面临家庭暴力现实威胁的人，都可以申请人身安全保护令。还有一些像无民事行为能力人、限制民事行为能力人受到强制威吓，无法自己提出人身安全保护令申请的人，也可以由他的近亲属或公安机关、妇联还有居委会、村委会、救助管理机构代为提出。

申请人身安全保护令的，应当满足以下三个条件，第一，要有明确的被申请人；第二，要有明确的请求；第三，要有遭受家庭暴力或面临家庭暴力现实危险的情形。

主持人：那么人身安全保护令究竟由谁来实施？

陈琼：申请人身安全保护令，当事人可以口头也可以以书面的方式提出，一般申请人提出以后，法院应当在 72 小时内作出人身安全保护令，或者是驳回申请。情况紧急的，应当在 24 小时内作出人身安全保护令。

人身安全保护令的保护措施主要有以下 4 个方面：一是禁止被申请人实施家庭暴力；二是禁止被申请人骚扰、跟踪、接触申请人及其相关的近亲属；三是责令被申请人迁出申请人的住所；四是保护申请人人身安全的其他措施。

人身安全保护令由人民法院来执行，但是像公安机关、居委会、村委会，它们是协助机关，要协助法院来执行人身安全保护令。

主持人：遭遇家庭暴力，我们要保存好证据，这个证据不管是提起离婚诉讼，还是寻求公安机关对施暴者进行惩罚，都能起到至关重要的作用。我们回到刚才陈法官审理的这起家庭暴力案件中，受害者赵某提供了哪些证据呢？

旁白表述：在庭审现场，男方拒不承认实施过家暴，陈述没有打过女方，只是胡撸了她两下，女方这边留存了7张照片，这7张照片就是她遭受家庭暴力以后受伤的照片，有的瘀青面积还比较大。案件审理中法院向公安部门调取了女方的报警记录，三次报警记录显示，民警均因女方遭受家暴出警。综合全案证据，法院认定男方实施过家庭暴力，而且对女方进行过威胁、辱骂和骚扰，最终被法院认定为家庭暴力。

主持人：我们看到了这位赵女士的证据，确实留存了很多的种类，其中就包括视频、报警记录、医院的诊断证明等。那么这些证据在庭审的过程当中是不是都是很有利的证据？

陈琼：是有利的证据。因为家庭暴力多发生在家庭内部，具有一定的隐蔽性、私密性和突发性，所以会造成申请人举证困难。有的申请人在遭受家暴以后不报警也不就医，更不会形成相关的书面材料，就会导致关键证据缺失，导致法院无法予以认定。在这个案件中女方提供了4组证据：第一组证据是2020年9月26日拍摄的照片3张，证明其因遭受家庭暴力导致身体受伤；第二组证据是2020年10月10日拍摄的照片4张，证明被男方殴打的情况；第三组证据是男方发送的短信记录，证明男方对女方进行过威胁、辱骂和骚扰；第四组证据是法院调取的派出所110接处警记录，显示女方及其儿子分别于2020年3月9日、2020年8月13日、2020年10月5日三次报警称女方遭遇家庭暴力，法院最终综合如上4组证据认定男方实施家庭暴力。

主持人：这是一起典型的证据比较充分的案件，在平常的庭审案件，尤其是家庭暴力案件中，受害人证据留存的意识强不强？

陈琼：一般都不太强，像我刚才所说的，有些人不报警也不去就医，这样相关的材料就没法留下来。

主持人：如果证据缺失或不足，对于您在刑事案件审理过程当中审判案件会不会造成一定的障碍？

陈琼：会有一定的障碍，对民事证据来说，因为种类性质和内容不同，其证明效力也不相同，如派出所出具的家庭暴力告诫书，可以直接证明家庭暴力，但是像受伤照片，其证明力就需要结合其他证据来综合认定。比如，本案中女方提供的腿部受伤的照片，它只是一个局部的显示，光看这个照片无法认定受害人是谁，也无法认定其遭受了家庭暴力，但在质证的过程中，男方认可女方腿部受伤是事实，而且是在他们发生冲突的过程中造成的，所以我们综合了照片和男方的陈述来认定男方确实实施了家庭暴力。

主持人：如果案件当中证据比较单一，比如只有照片，这起案件的结果还会像您最终审判的那样吗？

陈琼：法院会综合证据的情况来断定，像您刚才举的例子，如果只有单一的照片，只有局部，根本就没法辨认这个照片是谁的，也就无法证明发生过家庭暴力，法院一般不会认定为家庭暴力。

主持人：李律师您在平常的案件代理过程中，会不会对您的当事人有所提醒，比如留存证据？他们有没有这方面的意识？

李军：大多数都是没有这方面意识的，所以要提醒遭受家暴的人：哪怕家暴发生的当时你没有报警，在第二天去报警也是可以的，而且一定要去医院就诊。

主持人：可能有一些遭受家庭暴力的受害人会向赵老师寻求心理咨询。比如，心理阴影很强烈很严重，怎样去疏导？如果进行过几次心理疏导，能不能作为提起诉讼时的证据？

赵喜刚：先报警，报完警立马去医院检查身体外伤，然后要去精神科挂号：“因为家暴我受到了精神上的伤害”，之后这个才能成为辅证。但这些只能证明你受到了伤害，如果要想得到额外索赔，最好一两天之内找一个心理咨询师做咨询，要求咨询师全程录音，我怎么受到伤害，他怎么打得我，心里怎么难受，详细地记录下来，这些材料再提交上去会有一定的辅助作用。如果只是说找心理咨询师聊聊天，很抱歉，没有前面的材料是没有用的。

主持人：在《民法典》出台之后，相关的司法解释也在同步更新，其中将持续性和经常性的家庭暴力认定为虐待，这究竟意味着什么呢？

陈琼：此次《最高人民法院关于适用〈中华人民共和国民法典〉婚姻家庭编的解释（一）》将持续性、经常性的家庭暴力认定为虐待，明确了《民法典》婚姻家庭编虐待的主要含义，并随着家庭暴力认定标准的降低，相应地降低了虐待的认定标准，有利于更加全面地加强对弱势一方的保护力度，也体现了对家庭暴力坚决说不的鲜明价值导向。

主持人：很多遭受家庭暴力的受害人，到最后都是通过诉讼的程序来维护自身的权益，最终可能涉及一个问题就是赔偿，那么针对赔偿需要走哪些程序呢？

陈琼：《民法典》第一千零九十一条规定，实施家庭暴力导致离婚的，无过错方有权请求损害赔偿，赔偿范围包括物质损害赔偿和精神损害赔偿。物质损害赔偿主要包括由于身体受到伤害而产生的医疗费、误工费、残疾赔偿金等；精神损害赔偿方面，主要是根据施暴人的主观恶意情节、常理、医学鉴定等因素，由法官自由裁量。无过错方作为原告向法院提起家庭暴力离婚损害赔偿请求的，必须和离婚诉讼同时提出，在离婚诉讼案件里面，如果无过错方作为被告，被告不同意离婚，也不提起离婚损害赔偿，也可以在离婚后一年内就家庭暴力离婚损害赔偿单独提起诉讼。

主持人：在日常的诉讼案件中，李律师通过常年的咨询或者代理案件，在赔偿这个环节，您通常会给予哪些帮助和建议？

李军：我会对我的当事人说，精神伤害是巨大的，有的时候确实不能用金钱来衡量，你可以主张你的精神损害赔偿，但是数额不宜过高，通常情况下几万元是比较合理的。为什么离婚？实在是因为家里常年存在家庭暴力，没有办法，现实中往往好多受害人哪怕是为了一块钱，也是希望法律能认定应该给予精神损害赔偿的。

主持人：刚才我们在谈到《反家庭暴力法》的相关条款的时候，提及最多的是女性受害者，但接下来我们要说的这起案件是关于儿童的，这起案件是一名3岁的儿童在医院接受抢救的时候，医院的医生给予了帮助，最终报警。

案例2 3岁女童遭生父家暴 强制报告挽救小生命

【案情简介】

2020年2月27日上午，一名3岁女童由于抽搐并伴有昏迷，被救护车紧急送往医院抢救，经诊断女童的左侧额颞顶部颅板下出血，并伴有蛛网膜下腔出血。2月28日，经多科室专家会诊，医院作出专业判断，导致女童受伤的很可能是家庭暴力，医院随即向警方报案。当日该案件由公安机关侦办，经法医鉴定，女童的伤情为重伤二级。经询问民警得知孩子头部的伤是其父亲姜某造成的，民警立刻将姜某控制，这是一起医务人员基于强制报告制度，果断报案的典型案例。

【嘉宾点评与解读】

陈琼：侵害未成年人案件强制报告是指国家机关、法律法规授权行使公权力的各类组织及法律规定的公职人员，密切接触未成年人行业的各类组织及其从业人员，在工作中发现未成年人遭受不法侵害或疑似遭受不法侵害以及面临不法侵害危险的，应当立即向公安机关报案。

建立强制报告制度，有利于在第一时间发现未成年人遭受不法侵害的线索，及时完善固定证据，严厉惩治侵害未成年人的违法犯罪，能让遭受侵害的未成年人得到及时有效的心理干预和司法救助，切实维护其身体健康和合法权益。

主持人：看来强制报告是针对相关机关、单位和组织的一项义务，我想问一下，强制报告只是针对未成年人吗？如果成年人在遭受了殴打比较严重的情况下送到了医院，医院的医生有没有这样的强制报告义务？

李军：医院的医生也有他的强制报告义务，而且对于村委会和居委会的工作人员，如果是居住在社区里的老年人，遭受其成年子女的家庭暴力，比如有点老年痴呆的老人、瘫痪在床的老人，如果你了解到他有遭受家庭暴力的情况，居委会和村委会就有强制报告的义务，如果你不报告，发生了老人残疾或者死亡的情况，就会面临记过的行政处分。

主持人：刚才陈法官也说了，强制报告是针对一些单位和群体的，对于中小学校、幼儿园来说是不是更要有这种强制报告的意识？

陈琼：是的，像中小学校还有幼儿园，以及一些校外培训机构，他们都有强制报告的义务。一旦发现孩子受到了伤害要第一时间向公安机关报案。

普法问答

问题1：怎样帮助被施暴者？

陈琼：家暴只有零次和无数次的区别，千万不要认为家暴是家务事而一味忍让。网红拉某案的发生就让人非常痛心，如果在最初遭遇家庭暴力的时候，可以勇敢拿起法律的武器，后面的悲剧可以在很大程度上得以避免。遭遇家暴可以向公安机关报警，由公安机关出具家庭暴力告诫书，对施暴人进行教育和告诫；也可以向法院口头或者书面提起人身安全保护令的申请，经审查向符合条件的签发人身安全保护令。

在有的案件中，公安机关和法院会同时签发家庭暴力告诫书和人身安全保护令。2021年以来，北京市密云区人民法院已经签发了9份人身安全保护令，都产生了非常好的效果，施暴人无一再犯，切实维护了受害人的合法权益。

问题2：《民法典》对于禁止实施家庭暴力相关问题的规定和以往有什么不同？

陈琼：《民法典》在吸纳完善《婚姻法》相关内容的基础上，从三个方面对禁止家庭暴力问题作出了规定，《民法典》第一千零四十二条第三款规定禁止家庭暴力，《民法典》已经将禁止家庭暴力作为处理婚姻家庭关系最基本的原则，这也是宪法中妇女儿童保护原则的重要体现，是《反家庭暴力法》实施的法律依据。《民法典》第一千零七十九条也沿袭了《婚姻法》第三十二条的有关规定，提到有实施家庭暴力或者虐待遗弃家庭成员情形，调解无效的法院应当准予离婚。也就是说调解虽然是离婚诉讼案件的法定程序，但是从保护家暴受害人的角度来讲，家暴受害人的人身已经处于现实危险的境地，一旦调解无效，法院可以直接进入审判程序，对离婚案件作出判决，避免将调解过程演变为离婚冷静期，以减少过长诉讼时间，减少给家暴受害人造成的伤害。《民法典》第一千零九十一条规定，因实施家庭暴力离婚的案件，无过错方可以提起家庭暴力离婚损害赔偿。

陈琼：家暴不是家务事，全社会都要零容忍。

李军：往往家暴的受害人是老年人和未成年人，所以对于我们来说一定要坚持家暴零容忍。

赵喜刚：家暴的施暴方，他没有想象中那么强大，他的所有动作甚至他的心理状态都是一天一天慢慢养成的，所以要有意识，家暴只有无数次和零次，只要他敢伤害你，一定要报警，用各种方式去保护你自己，让他知道他不可以伤害你，家暴基本上就会被扼杀在萌芽里，怕的是，你为了家、为了面子、为了孩子去忍让，这种情况下家暴只会越来越严重，不可能变得更好。

以典判案 06

非婚生子女的权利

热点聚焦

1. 未婚同居，非婚生子女何去何从？

2. 非婚生子女将会面临哪些问题？

3. 《民法典》如何解答非婚生子女遇到的法律问题？

要点提示

本篇主要讲述了《民法典》总则编第二十六条规定，父母对未成年子女负有抚养、教育和保护的义务。《民法典》婚姻家庭编第一千零七十一条第一款规定，非婚生子女享有与婚生子女同等的权利，任何组织或者个人不得加以危害和歧视。

《民法典》及我国其他的法律法规，对非婚生子女和婚生子女一视同仁，尊重和保障非婚生子女的同时，我们还应倡导给孩子一个完整的家庭。

以案说典

本期嘉宾：

孙京：北京市第三中级人民法院法官

王兴尧：北京市律师协会律师

案例 未婚同居，非婚生子女何去何从

【案情简介】

2017 年 12 月 3 日至 25 日，肖女士和尹先生两人曾试婚同居，2018 年 1 月肖女士告诉尹先生她怀孕了，双方协商中断了联系。2018 年 9 月肖女士生育了阿

宝，2019年6月肖女士将尹先生告上了法院，要求判令双方的非婚生子阿宝归肖女士抚养，尹先生支付抚养费等。对此尹先生不同意，并拿出了一份弃养协议，字里行间的意思都是孩子与我无关。

法院经审理认为，父母双方均对子女有抚养、教育和保护的义务，非婚生子女享有与婚生子女同等的权利。尹先生的弃养协议违反了法律的强制性规定，且肖女士也否认该协议的签名，故法院对尹先生主张依据弃养协议有权不支付抚养费的抗辩不予采纳，最终法院判决阿宝与肖女士共同生活，尹先生每月支付阿宝抚养费5000元。

【嘉宾点评与解读】

主持人：尹先生让人觉得非常绝情，一纸弃养协议就否定了他跟这个孩子之间的很多关系，包括他跟这个孩子母亲之间的一些关系。孙京法官是这起案件的主审法官，我特别想问孙法官，当时尹先生说这个孩子跟他没有关系的理由到底是什么呢？

孙京：在庭审过程中，尹先生提出了四个理由，第一个理由是他不确定和孩子有血缘关系；第二个理由是他跟肖女士商量好不要这个孩子，肖女士私自生下了这个孩子；第三个理由是他也为此给了肖女士一部分金钱的补偿；第四个理由是他在肖女士怀孕期间和肖女士达成了一份弃养协议。

主持人：尹先生是不是认为弃养协议是他最终可以不管这孩子的一个很重要的理由。

孙京：尹先生认为这份协议是平等的民事主体之间类似合同性质的契约约定。

主持人：尹先生反复在强调弃养协议，好像说通过这一纸协议就能够把一段血缘给它否定，其实这对于我们旁观者来说是很让人不能接受的。请王兴尧律师从律师的角度，给大家讲讲这四个理由在法律上能成立吗？

王兴尧：尹先生提出的第一个理由，是不确定他和这个孩子是否具有血缘关系，这个可以通过亲子鉴定来查明。第二个和第三个理由，归纳起来其实是一个问题，就是男女双方能不能因为生育问题签订协议，如果签订了协议是否有效。生育权属于人身权，人身权与人身不可分离。因此，限制生育权的协议应归于无效。第四个理由涉及弃养协议的效力问题。根据《民法典》规定，违反法律、行政法规的强制性规定，违反公序良俗的合同约定是无效的。《民法典》还规定，父母对未成年子女负有抚养、教育和保护的义务。这是法律对未成年子女的利益保护而设的强制性规定。一纸弃养协议是不能把他作为父亲和孩子之间的血缘关系予以切断的。因此，即使双方已经签订了弃养协议，也不能免除男方作为父亲的义务，男方在此种情况下仍要承担抚养义务。

孙京：弃养协议的具体内容，首先是要求肖女士先终止妊娠，其次由尹先生向肖女士支付一定数额的补偿费用，如果肖女士私自生下这个孩子，就由肖女士自行抚养，不得向尹先生主张任何费用。关于“任何费用”，当时尹先生列得还是比较明确的，就写的是抚养费、教育费、医疗费，以及未成年子女在没有成年期间给第三方造成的民事损害赔偿。这份弃养协议违反了国家强制性的法律规定，因为父母对于未成年子女的抚养是一项法定义务，所以我们对弃养的约定是予以否定的。

主持人：孙法官能不能给我们讲述一下您当时的判决思路，为什么会有这样的一个判决结果？

孙京：庭审中针对尹先生怀疑阿宝是否与其具有血缘关系这个问题，法院委托了具有资质的鉴定机构对血缘关系进行鉴定，结论是肖女士和尹先生是孩子的生物学父母，这就确定了阿宝是尹先生和肖女士的亲生子女。对于尹先生能否放弃抚养义务的问题，这个案件是在2020年审理并判决的，在当时适用的法律是《民法总则》和《婚姻法》，当时的法律就有父母对于未成年子女有抚养、教育和保护的义务，父母如果不履行抚养义务，未成年子女或者是不能独立生活的成年子女，有要求父母给予抚养费的权利。原《婚姻法》还规定，非婚生子女与婚生子女具有同等的权利。

主持人：王律师您能给大家解读一下，到底什么是强制性规定，为什么我们不可以违反强制性规定呢？

王兴尧：所谓的强制性规定就是法律、行政法规对这个问题有明确的规定，不能以当事人的意志及合意加以排除的法律规范。具体表现为，法律明确规定你应当做或者是不应当做什么，如果应当做的事你没有做，或者你做了不应当做的事就需要承担相应的法律后果，这就是一个大家通常理解的强制性规定。根据《民法典》以及《未成年人保护法》的规定，父母是未成年子女的法定监护人，他对孩子具有抚养、教育和保护的义务，这就是强制性规定。除此之外，还有一个公序良俗的问题，立法机关不可能把社会生活中遇到的所有问题和解决方法都写到法律里面，有很多问题还涉及社会伦理、道德观念、亲情关系等，比如父母对孩子的亲情照顾，孩子对父母的孝敬爱戴，配偶间的信任忠诚，家庭成员之间的相互关爱，这些都属于公序良俗的范畴。如果一个人的行为违背了公序良俗，也有可能导致行为无效。

主持人：在《民法典》实施之后，关于非婚生子女相应的权利和义务，也受到大家的广泛关注。

旁白表述：根据我国《民法典》第一千零七十一条的规定，非婚生子女享有与婚生子女同等的权利，任何组织或者个人不得加以危害和歧视。不直接抚养非婚生子女的生父或者生母，应当负担未成年子女或者不能独立生活的成年子女的抚养费。这条规定将原《婚姻法》中的“任何人”调整为“任何组织或者个人”，强调了有关组织和个人，也应尊重和保障非婚生子女的合法权益。非婚生子女与婚生子女权利的同等性，不仅体现在父母双方对非婚生子女均负有抚养义务，还体现在非婚生子女对于父母的财产也享有第一顺位的法定继承权。

主持人：到底什么是非婚生子女？

孙京：通常意义上理解，就是没有婚姻关系的男女所生的子女，现实生活中可能存在三种情况：一是未婚男女所生的子女；二是已婚男女和第三方所生的子女；三是被确认无效或者是被撤销的婚姻当事人所生的子女。

主持人：《民法典》当中对于非婚生子女的权利和义务是怎样规定的？

孙京：《民法典》第一千零七十一条第一款规定，非婚生子女享有与婚生子女同等的权利，任何组织或者个人不得加以危害和歧视。这说明非婚生子女所享有的权利和婚生子女享有的权利是完全相同的，父母对于未成年子女的抚养义务，对于未成年子女来说就是其所享有的一项权利。《民法典》第一千零六十七条第一款规定，父母不履行抚养义务的，未成年子女或者不能独立生活的成年子女，有要求父母给付抚养费的权利。第一千零六十八条规定，父母有教育、保护未成年子女的权利和义务。未成年子女造成他人损害的，父母应当依法承担民事责任。同时《民法典》还规定了子女、配偶和父母在法定继承中是第一顺序的继承人，这也体现了在法定继承中非婚生子女和婚生子女具有同等的法律地位。对于子女，应该是包括婚生子女、非婚生子女、养子女、有收养关系的继子女，这都属于子女范畴之内。至于义务，婚生子女、非婚生子女、养子女、有收养关系的继子女对于父母应尽的义务如赡养义务也是相同的，不会因父母的婚姻关系变化而终止。

王兴尧：按照《民法典》的规定，非婚生子女和婚生子女享有同等权利。这里讲的同等权利有两层含义，一是他们在社会生活中具有同等权利，非婚生子女不应被视为二等公民。在历史上，以及部分国家和地区，对非婚生子女是有歧视的，他们被认为是低人一等的，政治、经济、社会权利，甚至人身权利都被限制或剥夺。二是他们在家庭生活中享有同等权利，如果一个家庭里既有婚生子女也有非婚生子女，他们在家庭地位、权利、受关爱的程度上也应该是同等的。举个简单例子，你给婚生子女一个苹果，那也要给非婚生子女一个苹果，要一碗水端平，在受教育、抚养、保护、关爱以及家庭生活中的其他各个方面，都应当一视同仁。

主持人：孙法官在您的司法实践中，面对非婚生子女的案件，您内心的真实想法是什么？

孙京：虽然法律上赋予婚生子女和非婚生子女同等的法律地位，但是在现实生活中非婚生子女所面临的困惑还是多种多样的。

旁白表述：从法律规定上看，非婚生子女与婚生子女享有同等的权利，但在他们成长的历程中，承受着户口、上学、心理等种种问题，所以恋人间激情褪去后，不简简单单是孩子的抚养问题，还会衍生出更多的难题。

主持人：因为我是一个长期从事法制节目的主持人，遇到过这样一个案例，有一位观众来电，说他就是一个非婚生的子女，虽然父母都愿意抚养他，但是他在现实中遇到了一个问题，就是很长一段时间他上不了户口。

王兴尧：按照《民法典》的规定，非婚生子女享有和婚生子女同样的权利，其中也包括落户权。落户是户籍登记机关的一个行政行为，需要提供一些证明材料。孩子出生后要落户，婚生子女落户比较简单，持结婚证、出生医学证明、其父或其母的户口簿向户籍地公安派出所申报出生登记即可。如果是非婚生子女，除上面的材料外，还需要提供亲子鉴定证明。各地公安机关对非婚生子女落户的具体做法和要求也不太一样，操作起来会麻烦一些。

主持人：我们经常说且爱且珍惜，我们说有一段亲密的关系，有一段爱情是很美好的，那孩子应该是美好爱情的结晶，而不应该因为一个不负责任的亲密关系就导致后面一系列的结果，可能会伤害孩子一生。孙法官，作为女法官在面对这样的案件时您有一个什么样的想法？

孙京：因为非婚生子女大多数会在一个不完整的家庭环境中成长，很可能缺少一个良好的家庭氛围和教育环境，难以得到父母共同的呵护，所以可能会在性格形成上受到影响，比如会表现出懦弱、自卑，抑或敏感、多疑。如果非婚生子女的父母再婚并且再有了自己的孩子，可能还会对非婚生子女有不公平对待，这些可能都会对孩子的心灵造成永久性伤害。

王兴尧：比如，著名的文坛父子大仲马、小仲马，小仲马就是非婚子，小仲马的童年非常不幸，7岁之前跟母亲一起生活，备受困苦、冷眼和歧视。7岁时被大仲马从母亲身边抢走，这段痛苦的经历影响了他的一生，为此，他写了那篇著名的《茶花女》嘲讽自己的父亲。在20世纪有一部风靡一时的电影《世上只有妈妈好》，看哭了很多人，通过电影人们感受到了非婚生子女悲惨的命运。所以我们从现实的角度讲，不鼓励非婚生子女，但是非婚生子女一旦出生了，大家都要坦然去面对，需要面对的不仅仅是他的父母，还有他周围的每一个人。同时行政机关、社会组织都要给予非婚生子女更多的关爱。

主持人：关于非婚生子女这个话题已经探讨很多了，最后还是想请孙法官从女性的角度来给大家一些建议。

孙京：尽管法律上赋予了非婚生子女和婚生子女同等的法律地位，但非婚生子女在现实生活中仍面临比婚生子女更多的困扰，这些困扰会对他们的心理产生一定影响，如果疏导不及时或不得当，进而有可能会引发其行为的极端性，增加社会不稳定因素。所以在此还是倡导应该给孩子一个完整的家庭，不要在没有做好充分思想准备的时候就盲目地生下孩子，我们在给予孩子生命的同时，同样应该给予他一份完整的爱，这是为人父母的责任和义务，孩子的健康成长，父亲和母亲都是不应该缺席的。

王兴尧：不要因为自己的一时冲动，给自己、给孩子造成一生的悔恨。

普法问答

问题 1：非婚生子女落户的流程

孙京：父母一方或监护人需携带相关的身份证件、结婚证等证明文件到孩子父亲或母亲常住户口所在地的派出所申请登记，如孩子无出生医学证明，孩子母亲要持派出所出具的亲子鉴定委托，到相关部门做亲子鉴定，然后持亲子鉴定书到派出所办理出生登记。

王兴尧：非婚生子女随父或者随母都可以办理户口，需要提供正规司法鉴定机构出具的亲子鉴定报告，确定亲子关系后，就可以办理落户。再补充一点，有的地方在落户这个问题上有不同的规定，需要看各个地方具体的政策。

问题 2：非婚生子女谁来抚养？

孙京：非婚生子女的父母都有义务抚养，如果其中一方去世，另一方如有抚养能力，即应承担抚养义务。如果去世的父亲或母亲一方有遗留的财产，在没有遗嘱的情况下，非婚生子女是享有继承权的。健在的一方可以替孩子管理该份财产，并可以用于孩子的抚养。过世的这一方的家人在孩子的父亲或母亲某一方还健在并且有抚养能力的情况下，从法律上没有规定对于孩子有抚养义务。《民法典》第一千零七十四条第一款规定：有负担能力的祖父母、外祖父母，对于父母已经死亡或者父母无力抚养的未成年孙子女、外孙子女，有抚养的义务。

王兴尧：我们在办案过程中遇到过这样的案例，两个刚成年的年轻人，在他们自己还没有经济实力的情况下生了一个孩子，后来男方发生意外了，这个女孩就说，我现在无力抚养这个孩子，然后就把这个孩子抱到了爷爷奶奶家里，说这是你们的孙子，你们应当支付抚养费，代替你们儿子来养。这个事双方争论比较激烈，祖父母不确定这个孩子到底是不是自己的孙子，这是第一个问题，这个可以通过做亲子鉴定来解决。第二个问题是，孩子的父母任一方健在，父或母都是法定监护人，也是法定的抚养义务人，一般情况下，祖父母是没有抚养的义务的。但《民法典》规定，有负担能力的祖父母、外祖父母，对于父母已经死亡或者父母无力抚养的未成年孙子女、外孙子女，有抚养的义务。从本案的实际考虑，这个女孩刚成年，没有经济能力，无力独自抚养这个孩子，像这种情况，就需要从未成年人保护的角度，通过人民法院、调解组织、基层组织等来做祖父母的工作，从法律、道德、伦理的角度，让他们对这个孩子尽一些抚养的义务。

以典判案 07

监护权——用心用爱来守护

热点聚焦

1. 89 岁孤老入院，急需有人监护，谁来担当？

2. 女儿起诉，要回母亲监护权，母亲拒绝，又是为什么？

要点提示

《民法典》第二十八条规定，无民事行为能力或者限制民事行为能力的成年人，由下列有监护能力的人按顺序担任监护人：（一）配偶；（二）父母、子女；（三）其他近亲属；（四）其他愿意担任监护人的个人或者组织，但是须经被监护人住所地的居民委员会、村民委员会或者民政部门同意。

《民法典》第三十一条规定，对监护人的确定有争议的，由被监护人住所地的居民委员会、村民委员会或者民政部门指定监护人，有关当事人对指定不服的，可以向人民法院申请指定监护人；有关当事人也可以直接向人民法院申请指定监护人。第三十二条规定，没有依法具有监护资格的人的，监护人由民政部门担任，也可以由具备履行监护职责条件的被监护人住所地的居民委员会、村民委员会担任。

以案说典

本期嘉宾：

王磊：北京市昌平区人民法院回龙观法庭副庭长

柏燕谊：心理咨询师、作家

案例1　女儿起诉申请监护权，母亲当庭拒绝

【案情简介】

寇大妈今年67岁，寇大妈的女儿小陈将寇大妈的三妹妹也就是小陈的三姨起诉到法院。小陈说，2018年寇三姨被法院指定为母亲的监护人，她本应照顾好母亲，但寇三姨不仅霸占着母亲的钱，竟然还让母亲去捡废品，她要把母亲接回身边自己照顾。

寇大妈在2008年出过一次车祸，事故发生后，寇大妈智力受损，被诊断为脑外伤后精神障碍，被评定为限制民事行为能力人。寇大妈的三妹说，因家庭矛盾纠纷，2013年7月，寇大妈不得已离开了丈夫和女儿小陈，跟着她一起生活。2017年寇大妈跟丈夫离婚，2018年寇大妈的三妹被法院指定为寇大妈的监护人。

寇大妈女儿小陈表示，父母原本感情很好，拆迁后因为家里有钱了，寇三姨就开始插手他们家的事儿，强行跟小陈父亲要30万元，要寇大妈那份钱，寇大妈那时候还未离婚，小陈认为就是因为寇三姨的介入，把寇大妈给强行接走了并导致的离婚。但寇大妈说妹妹没拿她的钱，她离开家是因为拆迁有钱后，丈夫和女儿都越发看不起智力残疾的她。经审理，法院基于最有利于被监护人的原则，同时基于被监护人的意愿，判决寇三姨担任寇大妈的监护人，驳回了小陈的请求。

【嘉宾点评与解读】

主持人：寇大妈的女儿和寇三姨都在争夺寇大妈的监护权，那么什么是监护呢？

王磊：在我国，监护可以被定义为对无民事行为能力人、限制民事行为能力人的人身财产和其他合法权益的监管保护，为了弥补这些人在民事行为能力上的欠缺所制定的民事制度。

主持人：家庭成员之间可能会针对监护权产生一些纠纷，您认为这种纠纷缘何而来？

柏燕谊：我觉得其实都是家庭矛盾的一个凝聚，比如父母偏心，父母愿意跟谁不愿意跟谁，积累下来就是一个矛盾；还有经济上的，一旦出现一个突然的巨大的经济利益摆在面前，就容易有一些迷失的状态，斤斤计较，就开始算账，我拿你多少遗产，然后你能给我多少，你曾经对我有多不好等，我觉得这些都是家庭教育遗留的问题，导致在晚年遭遇这样一个不太好的状况。

主持人：我们注意到了一个问题的焦点，寇大妈在生活中经常会去捡拾垃圾，这个举动挺让人产生疑问的，为什么好好的，你不愁吃不愁穿，要去捡垃圾？到底是不是在生活中有遭受虐待的行为，或者是监护人对寇大妈有一些牟利的举动呢？双方的陈述是怎样的？

王磊：首先在法庭上双方对于寇大妈捡拾垃圾这个事实是没有争议的，小陈也是据此认为寇三姨没有很好地履行自己的监护职责，甚至对寇大妈有一个虐待的倾向。小陈认为寇三姨挟持自己的母亲就是为了经济利益，同时寇三姨在法庭上表述，捡拾垃圾是寇大妈的一个自愿行为，她也劝阻过，但是寇大妈坚持认为捡拾垃圾能锻炼身体，同时也能有一些经济收入，这个她也没有办法。为了具体的了解这个情况，我向当地的居民委员会进行了调查，也在小区进行了走访，对附近的居民和物业人员进行了相关的调查和询问。

采访1：没有强迫，那是她愿意捡的，因为本身她智力也有点问题，没听说是什么胁迫，两口子都对她这个姐姐挺好的，是她母亲临终前委托她让她来照顾她姐姐的，如果要虐待，从吃、穿表面应该都能看出来，这10多年老太太看着也不瘦。

采访2：她妹妹照顾得挺周到的。

走访结束后，法官询问了寇大妈本人的意见，寇大妈表示不用女儿管，就让妹妹管，还说女儿吃她的，喝她的，结果不落好，说女儿就是为了她的钱。捡垃圾就是为了锻炼。

王磊：其实很多家庭的矛盾都是源于一种经济利益的纠葛。在这个案件里边，寇大妈与老陈离婚之后，双方对于财产并没有进行分割，对于近百万元的拆迁费，老陈和小陈他们的表述是都已经消费殆尽了，但是在他们举证的过程中，所列的消费名目没有一项是关于寇大妈的消费。最终法院基于最有利于被监护人的原则，同时基于被监护人的意愿，还是确定寇三姨担任寇大妈的监护人，驳回了小陈的请求。

柏燕谊：如果小陈真的对自己的过往有一些反思，想要去给予她妈妈真真正正的照顾，无论有没有监护人的身份，都可以去看看妈妈，陪妈妈聊聊天，给妈妈一些应该有的情感关怀等，我觉得这个是孝，不是来自一个法律规定，而是我们作为人的一种自发的内在的需求。

王磊：父母对子女有抚养的义务，子女同样对父母有赡养的义务，这个是依据我们的亲情和血缘得来的，而不是依据监护这一个制度得到的。法律已经明确规定，即使不担任监护人，他所应当尽的赡养和抚养义务也是不能被免除的。

旁白表述：《民法典》总则编第二十六条到第三十九条，规定了有关监护的内容。《民法典》的监护制度，针对弱势群体设计了全方位的保护，不仅明确了监护人的顺序，完善了临时监护制度，还创立了意定监护制度，防止出现监护的真空状态。

王磊：我国的监护制度是以家庭监护为基础，以社会监护为补充，以国家监护为兜底的一个监护制度。在监护制度这一节里面，我们对民事主体的监护人的范围、被监护人的范围、监护人的指定程序、监护职责的承担方式、意定监护和撤销监护等问题进行了一个增改，在原来法定监护的基础上，强调了对被监护人真实意愿的尊重，同时增设了意定监护制度，这些都确立了最有利于被监护人原则，同时也要尊重被监护人的真实意愿，在这个基础上我们确定了一个全新的监护制度，在这里面充分反映了对被监护人的尊重。

主持人：说到监护人，刚说到一个顺位关系，具体是怎么规定的？

王磊：对于限制民事行为能力或者无民事行为能力的成年人，他的监护人有一个顺位关系，首先是配偶，其次是父母和子女，再次是近亲属，最后是其他愿意担任监护职责的人或者组织。任何一个顺位的有监护资格的人，都可以提请法院指定监护，依据现在《民法典》的规定，确立了成年人的意定监护制度，这个也是《民法典》对我国现阶段老龄化社会比较突出的一个问题作出的积极的回应。因为我国现在老龄化问题比较凸显。依据2016年10月9日，全国老龄办发布的《第四次中国城乡老年人生活状况抽样调查成果》，2015年中国失能和半失能的老人已经占到了老年人人口的18.1%，有4000多万人。同时在2016年我国阿尔茨海默病患者也有将近800万人，居全球第一。我国也是阿尔茨海默病患病人口增速最高的国家之一，大约每年有30万人的人口增加。由于独生子女的问题，失独家庭数量也在与日俱增，大约在2012年的时候，我国失独家庭就已经达到了100万个，目前还在以每年大概7万个家庭的速度在增长，所以为了解决相应的问题，《民法典》制定了意定监护制度，并将监护扩大到了所有的成年人，这也是我国《民法典》的一个相应的进步。

主持人：在《民法典》当中，除了有意定监护之外，还有一个指定监护。

王磊：指定监护，它实际上是一个对监护争议的解决机制。在这里面如果有监护资格的人对监护产生争议，可以申请基层组织，也就是居民委员会和村民委员会在其中指定，也可以直接向人民法院申请指定监护以解决纠纷，更好地保护被监护人利益。

案例2 侄孙女主动申请，希望成为监护人

【案情简介】

胡老太太89岁突发脑出血，住院后不久就陷入了昏迷状态。胡老太太一生未婚，没有子女，父母和兄弟姐妹早就离世了，而病重住院的胡老太太，因为医疗等需要，急需监护人，2021年4月，一位姓胡的中年女士主动向法院申请，希望指定她做胡老太太的监护人。

【嘉宾点评与解读】

王磊：胡女士是他的侄孙女，在这之前一直是胡女士对胡老太太进行照顾，也帮助胡老太太处理一些生活上的事务。

旁白表述：申请人胡女士说，她不是胡老太太法律意义上的近亲属，因此不

是法定的监护人，需要通过法院的指定程序才能成为监护人。法院立案后，为了不耽误老人的医疗救治，王磊法官赶到了医院，并调查了解老人的身体情况。经过在医院的走访，法官确认，胡老太太无法正常表达，接着他又赶往胡老太太居住的社区走访。居委会的工作人员告诉法官，胡老太太的确没有其他亲属，只有胡女士经常过来照看，同意法院指定胡女士作为老人的监护人，随后法院作出判决。

柏燕谊：她们不是亲祖孙，所以我觉得这真的是全凭情感，人没有本分，那就是情分，所以我觉得人和人之间、家庭之间真的就是要有更多的这样的一种情感的流动，孩子都是看着父母的背影成长的，你今天的所有作为可能未来都是你孩子效仿的对象，就像刚才说的胡女士，她对于胡老太太这样的一个行为，我觉得至少让她感觉到作为一个人，她自己内在的这种价值和荣誉感、荣耀感。

主持人：其实在采访胡女士的时候，她说："在我小的时候一直是胡老太太关心照顾我，现在她有需要了，我也希望能够尽我的一份绵薄的力量。"我觉得这才是真正亲情的力量，真正感染我们的地方。

王磊：虽然血缘关系不是那么近，但是充分反映了亲情的一种温暖。两个案件基本上是我在同期受理的，反差特别大，胡老太太这个事件，充分反映了我国进入老龄化社会这个问题的凸显，同时也反映出《民法典》意定监护的重要意义。而意定监护是作为有完全民事行为能力的成年人，他与愿意承担监护义务的人或者组织协商之后双方签订协议，约定在成年人失去或者部分丧失民事行为能力的时候，由愿意承担监护义务的个人或者组织对他进行监护。如果老人能够在之前跟胡女士签订一个意定监护协议，老人可能就会得到更及时的救治，这个事件也能更好地解决。

主持人：胡老太太的这起案件也给我们一些反思和提示，那么在我们意识思维还处于清醒状态的时候，我们应该为自己做哪些准备？

王磊：随着我们法治意识的增强，像以前遗嘱问题不被很多人接受，现在慢慢地很多人都开始考虑这个问题了，意定监护作为一个新的制度，我相信也会向遗嘱这个问题慢慢扩大开来，防患于未然，减少纠纷和加强对自己权益的保护，充分体现了法律就在我们身边，它离我们每个人都不遥远。

柏燕谊：我有好多朋友都是丁克，我觉得今天在这儿跟王法官学的这些，回去跟我那些朋友可以说一说，因为你没有孩子，你享受了年轻时候的自由，但是你老了的时候你得给自己留些保障，所以提前把监护人指定好。

普法问答

问题 1：未成年人失去父母，如何确定监护人？

王磊：依据法律规定，在父母去世或者丧失监护能力的时候，应该按照相应的顺序由以下人担任监护人，首先是祖父母、外祖父母，其次是未成年人的兄、姐，最后是其他愿意担任监护人的个人或者组织，但是这个组织和个人必须经过居民委员会、村民委员会或者民政部门的同意。如果这些人都没有，由民政部门担任监护义务。

问题 2：父亲被剥夺监护权，子女是否还有赡养义务？

王磊：监护权与赡养义务是没有必然联系的。赡养抚养这种法定的义务，是基于亲权。我国《民法典》也明确规定了，监护人资格被撤销之后，他负担的相应义务是不免除的，也就是说依法负担的相应的抚养、赡养这种义务，在他没有监护人资格的时候，也是要依法履行的。所以回到我们这个问题上，父亲即使没有监护资格，他依然要对他的子女承担抚养义务，相应地，子女对父亲的老年生活也要承担一个赡养的义务。

第二章

继　承

民法典
通解通读

以典判案 08

与生活密切相关的遗嘱

热点聚焦

1. 一套房产有两份遗嘱，究竟以哪个为准？

2. 《民法典》继承编中对于遗嘱的规定有哪些修改？

3. 公证遗嘱还有没有最高效力？

要点提示

本篇要点有两个：一是根据《民法典》第一千一百四十二条第三款规定，立有数份遗嘱，内容相抵触的，以最后的遗嘱为准；二是《民法典》继承编中除公证遗嘱、自书遗嘱、代书遗嘱、口头遗嘱等外，还新增打印遗嘱和录像遗嘱两种方式。

以案说典

本期嘉宾：

刘娟：北京市东方公证处公证员

刘凝：北京市律师协会律师

案例 1　老人立下两份遗嘱引发纠纷

【案情简介】

李女士父亲名下有一套房产。李女士父母早年离异，之后父亲再婚，新任老伴要求李女士的父亲立下一份遗嘱，写明父亲名下的房产，在其百年之后归新任老伴所有，并对该遗嘱进行了公证。但李女士表示，其父亲的意思是，公证遗嘱不是父亲本人的真实意愿，故李女士父亲重新写了一个自书遗嘱，遗嘱中他写道名下房产中的个人份额归女儿李女士所有，李女士表示其父亲现在想把公证遗嘱撤销掉。

这两份遗嘱都写在《民法典》生效之前，那么这两份遗嘱应该以哪一份为准呢？

【嘉宾点评与解读】

刘凝：他这两份遗嘱都立于《民法典》实施之前。《民法典》实施之前我们国家实施的是《继承法》，按照《继承法》的规定，公证遗嘱具有最高效力，后立的遗嘱无法改变公证遗嘱。现在《民法典》实施了怎么办？我想分为两种情况：一种情况是老人在《民法典》实施之前去世了，需按照《继承法》的规定，公证遗嘱有效，自书遗嘱无效；另一种情况是老人是在《民法典》实施之后去世的，那就应该按照《民法典》的规定，后一份自书遗嘱的效力优先于前一份公证遗嘱的效力。所以要看老人的去世时间是在《民法典》实施之前还是实施之后。

主持人：也就是说继承发生的时间点变得很关键。

刘凝：因为老人逝世是一个民事法律事实。按照最高人民法院相关的司法解释，这个民事法律事实如果是发生在《民法典》施行之前，就按照当时的法律规定来处理，如果民事法律事实发生在《民法典》施行之后，就按照《民法典》的规定来处理。

刘娟：如果这个案例发生在《民法典》施行之前，在办理遗嘱公证的过程中，我们会告知李女士的父亲，如果你要改这份遗嘱是可以的，需要到公证处来改。但李女士的父亲只是又写了一份自书遗嘱，并没有到公证处变更遗嘱。如果李女士的父亲在明知这种法律规定的前提下，还是私下给女儿又写了一份遗嘱，那么老人改遗嘱是否出于自愿，我们可能要打一个问号。另外，如果修改完遗嘱，部分受益人开始变得对自己父母不好了，甚至出现打骂、遗弃、虐待这些情况，可能会把老人的证件、身份证、户口本、房产证，包括遗嘱公证书全都收起来，这样老人就不能到公证处去更改遗嘱了。像这种情况，如果老人到公证处说，现在我的子女已经不赡养我、不孝顺了，我想改遗嘱，有这种诉求，我们也是完全支持的，我们会尽我们所能去帮助老人修改遗嘱。

第二种情况就是家里对于遗产继承原本达成了一致的意见，但由于状况发生变化，比如遗嘱中涉及的房产被卖掉了，他们又达成了新的遗产分配方案，这种情况老人也是可以来重新修订他的遗嘱的；还有一种情况，这个老人他自己没主意，今天大儿子这样说了，明天二闺女那样说了，可能他的想法就会发生变化，来回地要更改遗嘱，这种情况如果要办理公证，公证员就会比较慎重了，到底哪个才是老人最真实的想法，我们就要判断一下。

主持人：为什么在遗嘱的问题上，意愿变得很重要呢？

刘凝：在遗嘱的问题上，《民法典》之所以做这样的修改，是在社会稳定和老人意愿的平衡下，更倾向于尊重老人的意愿。如果按照之前《继承法》的规定，子女拿到公证的遗嘱后，可能心态发生变化了，他可能不孝顺老人了。但是在《民法典》做出这样的改变之后，你拿到公证遗嘱，你也不一定能踏实，可能老人又立了一份遗嘱。

旁白表述：《民法典》继承编第一千一百四十二条规定，遗嘱人可以撤回、变更自己所立的遗嘱。立遗嘱后，遗嘱人实施与遗嘱内容相反的民事法律行为的，视为对遗嘱相关内容的撤回。立有数份遗嘱，内容相抵触的，以最后的遗嘱为准。

案例 2 老人立遗嘱留给女儿一元钱

【案情简介】

2018 年 11 月 25 日，一位老人临终前在医院立下了一份遗嘱：我的遗产留给女儿吴某一元，其余财产包括房产一套、存款 80 万元，全留给陈女士。而这个陈女士是女儿给老人请的保姆。老人把财产留给保姆却没有留给自己亲生女儿的行为，在网络上引发了热议。随后老人的女儿也提出了自己的疑问：父亲的这份遗嘱，有效吗？

据了解，这位老人之所以只留给女儿一元，是因为女儿平时很少关心老人，让老人寒了心。近些年，新闻里经常报道老人将财产留给保姆的案例，究其原因，子女关心不够似乎是促使事情发生的根本。老人随着年龄的增加，身体的衰弱，对儿女关心的渴望也越来越强烈，在百年之后如何处理财产是老人的权利，我们理应尊重，但是关心、呵护他们却是我们做子女的义务，没有理由推卸。在此，我们也希望子女们常回家看看，关心一下在世界上与你最亲近的老人。

【嘉宾点评与解读】

主持人：老人为什么只给自己的孩子留了一元？这背后的原因我们不得而知。但是，这样的一个事实之所以被大家拿来广泛地讨论，就是因为它好像偏离了我们对于老人立遗嘱的正常认知。把绝大部分财产留给了照顾自己的保姆，可能从侧面也反映出来，老人的内心是比较孤独的。

刘凝：把遗产留给保姆，这种事情现在已经越来越多了。因为人在年老以后，虽然脱离社会，但仍然存在情感需求。他的社会交往可能会有很大的困难，跟自己的子女可能也会有些隔阂，每天跟他朝夕相处的就是他的保姆。在这种情况下，如果说他们互动得比较好，我想老人做出这样的选择并不奇怪，也并不违法。因为法律规定，老人既可以把财产留给自己的法定继承人，也可以留给其他人。他留给任何人都是有法律依据的，只要是他自己的真实意愿。

如果女儿要质疑这件事情，说不应该立这样的遗嘱，或者立这样的遗嘱不合法，那么她只能从两个方面来提出异议。一方面，就是说这个老人当时已经糊涂了，他不是完全民事行为能力人，所以他立的遗嘱无效；另一方面，就是保姆胁迫老人立这样的一个遗嘱，但是坦率地说，要举证证明这两点其实是并不容易的。

主持人：想问问刘娟公证员，在平时工作中有没有见过老人来立遗嘱说要把财产给第三方的？

刘娟：在我们平时工作中，老人一般都会立遗嘱把财产、房产留给法定继承人或者近亲属，留给外人、留给保姆的比较少见，但是我也遇到过一两例来咨询的，老爷子说想立遗嘱把他的房子留给保姆继承，我就问当事人。

我："你为什么要把这个房子留给保姆?"

老爷子："因为他照顾我。"

我："他照顾你，你给他工资吗?"

老爷子："我给。"

我："一个月给多少钱？你为什么不留给自己的孩子？你没有孩子吗？或者子女对你不好吗?"

老爷子："那倒也不是，因为子女工作忙，平时都是保姆照顾。"

这时我就会对他立遗嘱的诉求打一个比较大的问号了。我们在办理遗嘱公证的过程中，一个是要考虑老人的行为能力，是不是自愿，另外我们还要考虑是否遵从公序良俗。我国《民法典》也规定了，是否遵循公序良俗，也是判断一个民事法律行为是否能够生效的一个必备条件。那么对于这种情况，公证员在办理遗嘱公证的时候还是比较慎重的。

刘娟：我们普遍认为立遗嘱、办遗嘱公证的都是七八十岁的老年人，其实现在越来越多临近退休的中年人也会办理遗嘱公证。他们可能计划在退休之后去环球旅行，或者去自驾游，怕途中出现意外，就提前把遗产的问题处理好。还有一些身患重大疾病的人，在准备做大手术之前也会办理遗嘱公证。

另外，现在也有越来越多的年轻人考虑办理遗嘱公证了。比如，我前段时间办理的一个案例，一个三十来岁的小伙子，他的父母卖掉老家的房子，给他在北京付首付买了一套房子，并且每个月的房贷，父母也跟着一起还。后来这个小伙子离婚了，在离婚过程中，这房子经过一审、二审诉讼，最后判决给女方一个巨额补偿，他才把房子争取了过来。他在解决完婚姻问题后，不想再因为这个房子给父母找任何麻烦，而且他也经常出差，怕万一有意外，就来办了一个遗嘱公证，如果出现意外就把房子留给父母继承，这就是年轻人来立的遗嘱。

刘凝：我们不知道明天和意外哪个先来，而且立遗嘱本身成本不高，所以年轻人要立一个遗嘱，对自己的财产作出处理，我觉得也是一件减少社会纠纷，促进社会稳定的好事。

旁白表述：此次《民法典》继承编中有多处修改，尊重被继承人的意志成为最大亮点，同时也增加了两种遗嘱形式：打印遗嘱和录像遗嘱。这两种遗嘱形式的增加也体现了《民法典》的与时俱进。不仅如此，《民法典》继承编中，公证遗嘱的效力也不再具有优先性，而是以时间先后来决定效力强弱。

主持人：请刘律师解释一下为什么要增加这两种新的形式？

刘凝：随着社会的进步和发展，原来的遗嘱形式已经不够完善了。过去大家经常手写，现在每天在电脑上办公，为了满足大家多样化的需求，所以就增加了打印遗嘱和录像遗嘱这两种方式。但是如果你使用打印遗嘱和录像遗嘱，需要两个以上的非利害关系人在场见证。而且打印遗嘱，需要在每一页上签字，并且注明年、月、日。我们以前办案子，就出现过这样的情况，他是用的代书遗嘱，没写年、月、日，结果就无效。有一些细节你可能没有注意到，比如录像遗嘱在录像的过程中，要把这两个人录进去，并且他们同意在场见证。这个形式已经有了，但是它的形式要件要求非常严格，毕竟是处理财产。所以增加这两种形式看似简单，但在法律上要求还是很高的。

主持人：现在去做公证遗嘱需要哪些条件？

刘娟：首先需要立遗嘱人具备行为能力，是不是本人的真实意愿；其次要对立遗嘱人的婚姻状况、财产情况进行审查核实，符合办理条件之后，我们会跟他预约时间，进行正式的办理。在正式办理过程中会对其进行询问，并全程录像。立遗嘱人还要填写相关申请，签署相关文件，最后公证员可以根据他的意思帮他代书一份遗嘱，由他本人确认后亲自签名。

主持人：现在《民法典》实施之后，我们到底有多少种立遗嘱的形式？除了打印遗嘱、录像遗嘱、自书遗嘱、代书遗嘱，还有其他的吗？

刘凝：口头遗嘱。但它有一个特殊性，只有在紧急情况下，才能立口头遗嘱。其实在任何情况下都推荐大家做公证遗嘱。因为遗嘱在法律上有一些形式要件的要求，包括几个人签字，写上年、月、日，它毕竟是一个专业的东西，从表面上看可能是符合要求的，但其实未必，可能你并不知道哪里出了纰漏。在处理身后事这么重大的事情上，如果让公证处给你把一道关，那么相对来讲，就不会出现遗嘱无效的问题，所以即使《民法典》颁布施行以后，公证遗嘱不再具有最高的效力，但是无论从形式上还是实质上来说，公证遗嘱都是最好的。

普法问答

问题1：老人写遗嘱，是否需要所有子女在场？

刘凝：我们从情感角度能理解，老人立遗嘱，所有的利害关系人、子女都在场，可能更好一点。但是从法律角度来讲，老人在立自书遗嘱的时候，是不需要任何人在场的。当然有人在场也没关系，并不影响老人立自书遗嘱的效力。老人如果立代书遗嘱、打印遗嘱、录像遗嘱，是需要两个以上的非利害关系人在场见证的，不需要利害关系人（子女）在场。所以按照法律规定，老人在立任何遗嘱的时候，有一个子女在场、所有子女都在场、没有子女在场，都不影响这份遗嘱的效力。

问题2：《民法典》生效后，公证遗嘱还具有最高效力吗？老人之前立的公证遗嘱还有效吗？

刘娟：《民法典》施行之后，公证遗嘱不再具有最高的法律效力了。但是公证遗嘱不具有最高法律效力，并不代表你以前做的公证遗嘱就无效了。假如你没有对公证遗嘱进行修改、变更、撤销，最后还是以公证遗嘱作为你最后的一份遗嘱。反过来说，即使你的遗嘱做了公证，不管是在《民法典》施行之前或者之后，如果你想撤回、变更、修改，也都是可以的。

以典判案 09

遗产的有效管理和继承

热点聚焦

1. 打印遗嘱是否有效？

2. 影视名人如何确保巨额遗产有效传承？

要点提示

打印遗嘱已经成为法律认可的遗嘱形式，《民法典》第一千一百三十六条规定，打印遗嘱应当有两个以上见证人在场见证。遗嘱人和见证人应当在遗嘱每一页签名，注明年、月、日。立遗嘱人必须是完全民事行为能力人，遗嘱内容必须是立遗嘱人的真实意思表示，遗嘱所处置的财产必须是立遗嘱人的合法财产。

以案说典

本期嘉宾：

屠育：北京市第二中级人民法院法官

周友军：北京航空航天大学法学院党委书记、教授、博士生导师

案例 1 北京法院认定打印遗嘱效力第一案

【案情简介】

2018 年 5 月，84 岁的韩老先生去世了，52 岁的小儿子韩先生拿出了一份打印遗嘱，立遗嘱人是韩老先生，韩先生要求按照父亲的遗愿，单独继承父亲留下的一套房产。面对这份打印遗嘱，韩老先生的五位子女意见不一，最终起诉到了法院，法院经审理，根据《民法典》第一千一百三十六条规定，认定了这份打

印遗嘱有效。

【嘉宾点评与解读】

屠育：韩先生是家中最小的儿子，他一直跟他的父亲韩老先生共同生活。因为韩先生的母亲早年去世，在韩老先生的晚年，这位韩先生照顾他、伺候他，尽了主要的赡养义务。韩老先生非常感动，所以想立一份遗嘱，把他自己名下的房产给这位照料他的儿子。为了立这份遗嘱，他找律师起草并且打印，找他的两位邻居作为见证人给他见证，订立了一份打印遗嘱。韩老先生离世后，他的大女儿和二儿子却反对小儿子韩先生单独继承房产，一审法院的审理结果让小儿子韩先生感到非常意外。

我们原来的《继承法》对于打印遗嘱这种形式没有一个明确的规定，所以在一审中，法官就按照代书遗嘱的形式来审查这份打印遗嘱。由于这份遗嘱并不是这两位见证人之一来打印的，所以一审法官认为它并不符合代书遗嘱的法定形式要件。

旁白表述：小儿子韩先生随即上诉至中级人民法院，屠育正是本案的主审法官。

屠育：恰巧这个案件是在2021年1月1日以后上诉的，上诉的时候《民法典》已经施行了。《民法典》明确规定了打印遗嘱形式要件，我们合议庭经过审理，发现这份遗嘱只有一页，在这一页上有韩老先生作为立遗嘱人和两位见证人的签字，非常清楚，并且在立遗嘱签字的时候还有同期录像，所以我们合议庭经研究认为，它符合我国《民法典》第一千一百三十六条关于打印遗嘱的要求，我们对这个案件进行了改判，认定了这份打印遗嘱有效。

主持人：在《民法典》实施之前，可能打印遗嘱的效力并没有得到法律上的认可，在《民法典》中增加了打印遗嘱的效力说明什么？

周友军：我们国家原来的《继承法》没有规定打印遗嘱这种形式，主要是考虑到在当时，打印没有成为被人们普遍接受的一种书写形式，而《民法典》顺应现代科技发展，顺应人们书写方式的变化，认可打印遗嘱，从而为当事人订立遗嘱提供了便利。当然打印遗嘱也存在一定的弊端，如它可能比较容易被篡改，所以《民法典》就打印遗嘱如何才能生效，设计了比较严格的条件。

主持人：如何拟定一份合法有效的打印遗嘱？

屠育：根据《民法典》第一千一百三十六条规定，打印遗嘱应当有两个以上见证人在场见证。遗嘱人和见证人应当在遗嘱每一页签名，注明年、月、日。从法条的规定来看，我们应当注意以下几个方面的问题，第一就是必须要有两个以上的见证人在场见证，他们要见证遗嘱人表达他要立遗嘱的意思；第二要见证遗嘱的制作，以及见证立遗嘱人和见证人在遗嘱上签名，并注明年、月、日这个过程。所以我们法律对于打印遗嘱这种形式要求是非常严格的，它要求立遗嘱人和见证人至少是三个人，都必须在每一页上签名，并注明年、月、日。对于在《民法典》实施之前的打印遗嘱，如果遗产本身还没有处理的，是可以适用打印遗嘱的规定的。

主持人：还有哪些遗嘱是被法律认可的？

周友军：除此之外还包括公证遗嘱、自书遗嘱、代书遗嘱、录音遗嘱、录像遗嘱以及紧急情况下的口头遗嘱。

主持人：能不能举个例子，其他的形式有哪些？

周友军：其他的遗嘱在实践中可能主要是那种采取电子化方式的，比如为了秀个恩爱，在朋友圈说要把自己的遗产留给自己的老婆，这种就属于不受法律保护的。

主持人：这些遗嘱需要满足什么要件才能被法律认可？

屠育：一个是看它的实质要件。实质要件第一个是指我们的立遗嘱人是不是有完全的民事行为能力，因为根据法律规定，无民事行为能力人和限制民事行为能力人立的遗嘱是无效的；第二个看是不是立遗嘱人的真实意愿，在欺诈和胁迫形势下所立的遗嘱也是无效的；第三个是看立遗嘱人处分的遗产合法性。我们都知道遗产是被继承人死亡时所遗留的合法财产，如果这个遗嘱处分的是别人的财产，遗嘱也是无效的。除了实质要件以外，我们还要对形式要件进行审理，比如法律规定，你立的是自书遗嘱，就必须要符合自书遗嘱的要求，全文需要立遗嘱人本人来书写，并且要写明他的姓名和年、月、日等。代书遗嘱则要符合代书遗嘱的要求。

我曾经办理过这样一个案件，张先生和赵女士夫妇二人共有五个子女，两个人有65平方米的共有房产。1999年，他们夫妻二人通过公证遗嘱的方式立了一份遗嘱，要把名下这套房子留给小儿子。2007年张先生去世了，在2008年的时候，赵女士又到公证机关立了一份遗嘱，她说我要把这个房子给除了小儿子以外的其他四个继承人。在赵女士去世之后，这几位子女闹上了法院，各自都主张自己的遗嘱是合法有效的。在诉讼过程中，小儿子提出来，他的母亲在立第二份遗嘱的时候，已经是限制民事行为能力人了。经过我们法院的委托，对赵女士在立遗嘱时的行为能力进行了鉴定，赵女士在2008年第二次订立公证遗嘱的时候，属于限制民事行为能力人，因此认定这份遗嘱无效。所以这个案件应该是依据前面那一份遗嘱来分配他们的遗产。

旁白表述：《民法典》第一千一百四十三条第一款规定，无民事行为能力人或者限制民事行为能力人所立的遗嘱无效。

屠育：从我们日常生活经验来看，立遗嘱的人大多数都是老人，甚至是高龄老人。他们过去可能是有完全的民事行为能力，但是随着年龄的增加，可能患上比如阿尔茨海默症或者脑部的一些疾病，对他们的民事行为能力造成限制。我们希望立遗嘱人特别是高龄老人，在患有一定疾病的情况下，最好在立遗嘱之前去做一个身体的检查，或者是做一个行为能力的鉴定，这样就能够避免所立的遗嘱因为行为能力的问题而被认定无效。

记者：中华遗嘱库在协助当事人订立遗嘱的时候，要做一个精神健康方面的测评，订立遗嘱会在什么环节做精神健康方面的测评？

中华遗嘱库北京第二登记中心的马晓萍主任：凡是年满18周岁，也就是说在法律上具备民事行为能力的，都是可以去立遗嘱的。但是在立遗嘱的时候，中华遗嘱库是需要当事人先做精神评估的，不管你的年龄在什么区间，做完精神评估并且通过的情况下，才会进行下一步的流程登记。这个测试对当事人的认知、记忆力、反应能力等多个方面进行综合评估，精神评估的报告会随附着遗嘱文本一同保管到中华遗嘱库，不会让立遗嘱人拿走，因为它也是遗嘱当中一个重要的证据链之一。

旁白表述：据马晓萍主任介绍，除中华遗嘱库可以为当事人提供订立遗嘱前的精神状况测评外，当事人也可以到具有专业资质的司法鉴定机构，或者向专业机构申请做民事行为能力鉴定，相关评测结果均可作为遗嘱效力认定的有力证据。

周友军：对于成年人来说，还是在条件具备的情况下，尽可能地提前立好遗嘱，以防将来没有办法表达自己真实的意愿。除不具备完全民事行为能力的成年人所立的遗嘱无效外，未成年人所立的遗嘱也没有效力。

旁白表述：据中华遗嘱库发布的信息显示，曾有一位17岁的未成年人在该机构订立遗嘱。

中华遗嘱库北京第二登记中心的马晓萍主任：他是一个网络上的写手，他的遗嘱里面主要是体现了他的一些小说的著作权，他把财产，也就是他的权益，通过遗嘱的方式给了他的父母和一个朋友，是不具备法律效力的。

主持人：在《民法典》颁布之后，关于继承的内容是否也有修改和变化？

周友军：关于遗产的继承，《民法典》继承编有比较多的修改，它确立了一个遗嘱信托制度，主要针对那些资产规模特别大，又觉得自己的孩子可能不具备理财能力，不具备管理这么大规模资产的能力，所以他要把自己的遗产转给一个受托人，然后由受托人进行管理，但是获得的利益由他的孩子享有。

旁白表述：《民法典》第一千一百三十三条第四款规定，自然人可以依法设立遗嘱信托。根据《信托法》的规定，信托是指委托人基于对受托人的信任，将其财产权委托给受托人，由受托人按照委托人的意愿以自己的名义，为受益人的利益或者特定目的，进行管理或者处分的行为。

结合《民法典》继承编的规定，遗嘱信托则是指立遗嘱人通过订立遗嘱将财产转移到受托人名下，由受托人根据立遗嘱人的目的，以受益人的利益为目标打理信托财产，通过遗嘱信托制度，引入专业机构和专业人士，可以让遗嘱继承更加顺畅地进行。这不仅有益于继承人，同时也可以有效解决以往在继承过程中，存在的一些矛盾和争端。

案例2 《民法典》中的遗嘱信托制度

【案情简介】

2003 年 12 月，梅某立下遗嘱，去世后将自己的部分遗产委托某信托公司管理，每月支付给母亲 7 万多元港币，约合 5.8 万元人民币作为生活费，直至母亲去世。

2008 年沈某病逝，去世前沈某订立信托，将名下价值近亿元的遗产以信托基金方式运作。沈某去世后，每当她的女儿面对任何资产利用事宜，最后决定都要由信托受托人负责审批协助，而首选信托监督人就是沈某的前夫（女儿的生父）。信托协议约定，女儿可以在不同时期领走一定比例的资金，避免大笔不当消耗而导致资产枯竭，动用时必须经过信托监督人的同意，这样也可以避免别有用心的人士觊觎女儿继承了庞大财产，用欺骗或者其他不当方式牟取女儿的资产，有效保障了女儿的未来生活。

【嘉宾点评与解读】

周友军：通过遗嘱信托这个方式，可以很好地保证家庭财富的保值与增值。另外还有一个制度叫遗产管理人，这也是一个全新的制度。原则上来说，遗嘱人可以指定一个遗嘱执行人，执行遗嘱的人就是遗产管理人，如果没有指定，通常由继承人推选一个遗产管理人，或者是由继承人自己作为遗产管理人。

遗产管理人的职责很多，包括清点遗产、清偿债务等，这对于那些遗产比较多，需要对遗产的债权债务等进行比较复杂的清理清偿的继承纠纷是非常有意义的。

案例3 《民法典》中的遗产管理人制度

【案情简介】

于先生是八零后，他的父母先于其死亡，他的祖父母也均已去世，于先生自已也没有结婚，没有子女。2019 年 2 月，于先生突然猝死，未立下遗嘱，只留下他与某公司 220 万元的债务，以及一套房产。这家公司首先向一审法院申请启动了无主财产认定程序，希望能够确认这个房产是无主财产，然后通过执行程序拍卖这套房产，使得该公司的债权能得到清偿。死者于先生的姑姑，向法院提出了异议，导致无主财产的程序终结。随后，该公司以于先生姑姑为被告，向一审法院提起被继承人债务清偿纠纷的诉讼，由于于先生姑姑既非于先生的继承人，也未持有于先生的遗嘱等证据，法院驳回了该公司的诉讼请求。该公司不服上诉至中级人民法院，二审法院立案时《民法典》已经开始实施。二审法院合议庭认为，按照相关规定，本案适用《民法典》第一千一百四十五条规定，没有继承人或者继承人均放弃继承的，由被继承人生前住所地的民政部门或者村民委员会担任遗产管理人。

二审法院在受理此案的时候，也是基于《民法典》已经正式颁布实施。鉴于一审法院没有追加民政部门作为遗产管理人，因此本案撤销了一审的判决，发回重审。遗产管理人制度能够保证他的遗产公平有序地进行处理，同时也能更好地保证债权人的权益得到实现。

【嘉宾点评与解读】

屠育：经常有人问，现在是不是除了当事人的子女之外，当事人的兄弟姐妹也是继承人？这涉及两个概念，第一个就是我们的遗产继承，它是有顺序的。第一顺序是继承人的配偶、子女、父母，第二顺序才是兄弟姐妹、祖父母和外祖父母。根据法律规定，有第一顺位继承人的，第二顺位继承人是不能继承的，但是我们的《民法典》在规定代位继承的时候，确实作出了新的规定。规定过去代位继承只能是被继承人的子女先于他死亡了，即如果儿子死了，可以由孙子来代为继承。现在规定说，如果继承人死亡了，他没有子女，谁来代位继承呢？《民法典》增加了一个兄弟姐妹的子女也可以代位继承。

举个例子，有兄弟两个人，哥哥终身没有结婚，也没有子女，弟弟有妻子有子女，弟弟先去世了，后来哥哥也去世了，哥哥既没有妻子也没有子女，那么哥哥的遗产由谁来继承？按照之前《继承法》的规定，哥哥是没有继承人的，但现在根据《民法典》的规定，他的弟弟的子女是可以代位继承的，我们规定这个制度的目的，还是希望自然人的个人财产，能在有血缘关系的家族中传承，而不是轻易剥夺个人财产。

普法问答

问题 1：不给残疾子女分遗产合理吗？

屠育：根据我国《民法典》第一千一百四十一条的规定，遗嘱应当为缺乏劳动能力又没有生活来源的继承人保留必要的遗产份额。如果残疾子女在没有其他生活来源的情况下，遗嘱没有为其保留相应的份额，那么这份遗嘱应该是无效的。从法律规定上来说是要同时满足缺乏劳动能力又没有生活来源这两个条件的。

问题 2：哪些遗产容易被忽略？

周友军：除了我们刚才说过的这些类型以外，还有两类，一类是股权，你投资一个公司，在里面享有很多股权，这个价值可能也非常大；另一类就是知识产权，包括商标权、著作权、专利权，在实践中知识产权的价值往往也会比较大。

以典判案 ⑩

继母子之间的继承与赡养

热点聚焦

继子女和法定父母之间继承，是一个什么样的关系？

要点提示

《民法典》第一千零七十二条第二款规定，继父或者继母和受其抚养教育的继子女间的权利义务关系，适用本法关于父母子女关系的规定。也就是说如果继子女受过继父母的抚养教育，那么其双方之间产生的法律关系规定就等同于父母子女之间的法律关系规定。

以案说典

本期嘉宾：

陈峰：北京市朝阳区人民法院法官

陈旭：北京市律师协会律师

案例 1　继母子怒气冲冲上法庭

【案情简介】

1995 年司某的亲生母亲因病逝世，1997 年司某的父亲与陈女士登记结婚，这一年司某只有 8 岁，一直由他亲生父亲和继母陈女士抚养到成年。两年后父亲和陈女士生了一个女孩，也是在这一年，司某的父亲分到了一套 68 平方米的房子。20 多年来，一家 4 口一直生活在这里。原本关系融洽的一家人怎么会变成如今这般充满火药味？陈女士说导致母子二人关系恶化的导火索，是司某的新婚妻子，有两件事让她对儿媳非常不满意，一是女方娘家人要彩礼钱，这让本就经济拮据的陈女士非常尴尬；二是二人在谈恋爱时，女方根本没登过门，让陈女士认为对方非常没礼貌。

然而就在2020年6月18日发生的一场意外，令这个本已关系恶化的家庭更是雪上加霜。司某的父亲生病住院，陈女士没有通知司某，导致司某连父亲最后一面都没见到。司某的父亲去世5个月后，陈女士将司某告上法院，索要过去10年的赡养费20多万元，以及今后每月的赡养费1900余元。然而就在陈女士提交起诉状的两周后，司某也将继母和妹妹告上法院，要求继承父亲名下房产的1/6份额。

【嘉宾点评与解读】

陈峰：它其实是两个案子，一个是继承，另一个是赡养。继承的案件，继子是原告，他起诉了他的继母，还有他继母跟他父亲生的一个妹妹（同父异母的妹妹）；赡养的案件是继母起诉继子，要求继子支付赡养费。

陈旭：在继承案件当中，继子作为原告，他的诉求是对于父亲当年跟继母在婚内买的房子，在父亲去世以后要求继承。在赡养案件中，继母是原告，她说跟继子父亲再婚之后，一直将他养大成人，现在我老了你得赡养我。

主持人：当时父亲去世的时候没有留下遗嘱，没有留下遗嘱这意味着什么？

陈旭：意味着就按法定继承，因为《民法典》继承编关于继承的方式，有一句行话叫，有遗嘱的按遗嘱，没有遗嘱的，按法定来继承。

在这个案件中，继承人是谁很清楚，就是配偶和儿子，遗产范围就是这个房子。没有遗嘱就按法定份额，如果是夫妻共同财产，继母先拿一半，剩下一半再跟继子分，或者刚才我听到还有一个妹妹，就是这个继子能有1/6的份额，继母有4/6，妹妹有1/6，这些份额怎么落地？如果按惯例，谁份额更多谁拿钱补偿给那些各有应得份额的人，比如说房子，假如继母要了，人家各有1/6，你还得补钱。

主持人：在《民法典》当中，关于继子女和法定父母之间继承，它是一个什么样的关系？继子女成不成年到底意味着什么？

陈峰：主要是看继子女和继父母之间是否形成了抚养关系。未成年的继子女，如果形成了抚养关系，他的权利义务根据《民法典》第一千零七十二条的规定，是等同于亲生子女的，主要参考以下几种情形，共同生活的时间长短，受教育抚育的程度，还有家庭身份以及关系融合的程度。

主持人：陈法官，这个案件您最后是怎么判的呢？

陈峰：最后也是考虑到各方的经济条件，实际上还有尽赡养义务的情况。因为司某父亲不是久病卧床那种，而是突发疾病，并且去世的时候年龄不大，所以说就没有太考虑赡养这一块。考虑到司某父亲退休之前也是有退休工资的，再加上陈女士本身也有退休金，一个月 4000 多元，没有重大疾病，这套房她得到了 2/3 的份额，并且她女儿也在住，考虑到这些情况，最后还是按照均等均分的原则来处理的。但这个案子没有做实物分割，因为各方暂时都拿不出来这么多钱，六七十平方米的房子得将近 500 多万元，1/6 的份额也得小 100 万元。当事人也都同意按照分份额这种方式来处理，所以说最后判了继母得 2/3 的份额，继子得 1/6 的份额，女儿也得 1/6 的份额。

陈旭：感觉这是个夹生饭，房子分成 6 份，我有 2/3，你有 1/6，权利怎么去兑现？比如对于仅拿 1/6 的继子来讲，他是原告，在这个房子登记的时候我有 1/6 的权利，我怎么变现？在实践中，如果在条件允许的情况下，我们更希望拿份额更多的那一方，补偿给份额少的那一方现金，收回那 1/6 的份额。

主持人：咱们再来说另一个关于赡养的案件，您当时是如何判决的？

陈峰：法院经审理判决，从 2020 年 10 月开始，继子每个月给继母 800 元生活费。刚才也介绍了继母的经济状况、身体条件、居住环境都很好。但是她的儿子已经结婚了，房子是租的，一个月房租是 2700 元，还没有生育小孩，属于工薪阶层，考虑到这些状况，在不影响小两口生活的情况下还要保证继母的基本需求，所以判了每月支付赡养费 800 元。原被告对法官做出的判决都能够接受。

主持人：陈律师，像这种赡养的案件，您遇到矛盾最多的是什么呢？

陈旭：我们在接待咨询中经常碰到这种情况。我经常跟他们讲赡养是由三部分内容构成的，即经济帮助、生活照料和精神慰藉。现在很多孩子工作忙碌，自己也有小家，可能会疏于体会老人的心情，对老人没有尽到更好的照料义务。作为儿女不管多忙都要抽空给爸妈打个电话，多去看看老人，我相信多沟通、多安抚就能减少很多这样的家庭矛盾。

案例 2　亲儿不赡养，老太起诉继子女

【案情简介】

牛老太太是刘氏兄妹的继母，自从老伴去世后，她就将两个继子女告上了法院，要求提高赡养费，由原来的每人每月 200 元提高到每人每月 2800 元。这么高的赡养费，刘氏兄妹表示支付不起。据了解，牛老太太还有两个亲生儿子，但是她的儿子们一直不管她，多年来都是由两个继子女赡养，继子女说老太太的脾气很不好，每次拿了钱还发火。最终在法院的调解下，由刘氏兄妹每人每月支付继母赡养费 500 元。

【嘉宾点评与解读】

主持人：在这个案件中，牛老太太再婚的时候继子女已经成年了，牛老太太并没有抚养他们，像这种情况，继子女有没有义务去赡养老人？

陈旭：我们说权利和义务是对等的，如果在继子女小的时候，继父或者继母没有抚养教育过未成年的孩子，没有形成法律意义上的继父母子女关系，那么等继父或继母老的时候，你也无权要求继子女来赡养自己。刚才这个案例中，继子女小的时候你没养过人家，又要求人家在你年迈的时候赡养你，这在法律上是得不到支持的。但从道义上来说，牛老太太好歹跟他们父亲作为夫妻共同生活了几十年，现在老了，他们做些赡养、生活照料，包括适当的经济帮助这是可以的，但我相信这并不是法院判的，而是大家自觉自愿去履行的。

主持人：陈法官，关于继子女到底有没有继承权这件事情，您能不能从法律

的角度给大家一个明确的答案？

陈峰：在形成抚养关系的继子女和继父母之间是有继承权的，但是如果没有形成抚养关系是没有继承权的。但是继子女可以继承自己亲生父亲或母亲这一方的财产。

普法问答

问题1：生父去世，孩子与继母还有关系吗？

陈峰：继母和他亲生父亲结婚的时候，如果继子已经成年，在他父亲去世之后，这种继母子的关系自然就解除了。如果说他们结婚的时候继子还没有成年，就形成了抚养关系，这时候他跟继母之间的抚养关系是一个既定的事实，不会随着他父亲的死亡而自然解除，这时候是需要双方达成合议，或者是通过诉讼的方式去解除的，并且在解除之后，对于生活有困难的继母，成年子女是有义务帮扶的。

问题2：继母子之间的关系可以解除吗？

陈旭：可以解除，但不能随便解除。你跟继子女之间形成了抚养关系，即便是你再婚的妻子或丈夫去世了，作为继父继母还是要抚养这个孩子的。但如果继子女想让爷爷奶奶、姥姥姥爷养他，那就另当别论了。

以典判案 11

老人财产想给谁就给谁

热点聚焦

1. 膝下无子女，亲属又不在身边，老人担心晚年无人照料该怎么办？

2. 老人如果不放心，找了多个人照顾自己，可以和多个人签订遗赠扶养协议吗？

要点提示

本篇主要讲述了《民法典》合同编第六百六十一条、第六百六十三条，继承编第一千一百五十八条，总则编第三十三条，赠与可以附义务。随着我国人口老龄化现象加重，空巢老人的问题也逐渐成为一大社会问题。对老年人自身而言，可以通过赠与或者签订遗赠扶养协议的方式，让受赠人对自己尽到赡养的义务。但是在这个过程中要注意保护好自己的权益。

意定监护本质上是委托代理，监护人是否获得报酬由当事人协商确定，与老人的遗产不必然相关。而遗赠扶养协议是将生养死葬的义务与财产关联，遗赠扶养协议是一种平等、有偿和互为权利义务关系的民事法律关系。老年人作为具有完全民事行为能力的自然人，有权安排自己的生活，更有权处置自己的财产。孝亲敬老是中华民族的传统美德，受人之托，忠人之事不仅受到道德的约束，同时也受到法律的规制。

以案说典

本期嘉宾：

付艳：北京市朝阳区人民法院法官

王竹青：北京科技大学文法学院教授，北京老龄法律研究会副会长

案例 姑侄因养老问题对簿公堂

【案情简介】

赵女士 87 岁了，膝下无子，只有一个在沈阳的侄子赵某，她希望侄子能来北京照顾他们老两口的晚年生活，为他们养老送终，条件是为侄子赵某在北京解决工作，并把名下的一处房产过户给他。1999 年赵某和妻子李某来到北京照顾赵女士。2010 年 12 月，赵女士把北京的一套房子过户给了赵某，姑侄俩签订了一份房屋买卖合同，约定的成交总价是 66 万余元，实际上赵某只支付了 9000 余元的税费，2019 年赵某去了加拿大，再也没有照顾过赵女士，还把当年过户给他的房子卖了，赵女士得知此事后将赵某告上了法院。

庭审中被告赵某辩称他与姑姑签订的是房屋买卖合同，不存在法律上的照顾义务。法院认为原被告之间虽然签订了存量房屋买卖合同，但合同约定价款远低于市场价，房屋交付至今已十余年，原告从未要求被告支付房款，被告也并未主动要求支付房款，因此难以认定双方之间存在房屋买卖合同关系。此外，从庭审查明的事实来看，被告为原告养老送终的意愿大为削减，且缺乏履行条件，最终法院判决撤销原告赵女士与被告赵某之间的附义务赠与合同，判令赵某返还赵女士售房款 750 万元。

【嘉宾点评与解读】

主持人：请付法官再给我们介绍下这个案件的焦点和细节。

付艳：赵女士跟老伴两个人生活在北京，家里经济条件不错，但两位老人没有亲生子女，只有一名养女，可是养女在 1996 年的时候就定居国外了。养女离开之后，赵女士就对自己未来的养老比较担心，觉得身边没有个依靠，这时候她就想到了家在沈阳的侄子。当时赵某经济条件不是很好，赵女士就想如果把赵某的工作安排到北京，这样既能解决他的生活困难，自己也能有个依靠。1999 年赵某和家人来到了北京，当时他们住在一个小区里面，赵某夫妻俩也经常去赵女士家里探望，家里有大事小情夫妻俩也能够出面帮忙。2010 年赵女士在二姐的劝说下，把北京的一套房屋赠与了赵某，希望赵某能够对她的晚年生活进行照料，为她养老送终。

主持人：这起案件争议的焦点在哪里？

付艳：本案争议的焦点就是查明双方之间到底是一种什么法律关系，因为房屋从赵女士的名下过户到了赵某的名下，赵女士说他们是一种赠与关系，附义务的赠与。而赵某强调双方之间是房屋买卖合同关系，事实上，我们在案件审理过程中，发现它跟普通的房屋买卖有着明显的区别，房屋买卖的一个核心特点是要支付对价，而这个案件中却没有这种情况。赵某没有支付当时66万余元的购房款，所以我们还是认为在这个案件中，双方是一种附义务的赠与关系，而并非一种房屋买卖的合同关系。

主持人：这66万元是一个估价，到最后也没有支付，这就能看出来赵女士对侄子确实是非常喜爱，而且是有心托付给他，但赵某到最后却不赡养她，一走了之，后来侄子还把这个房子卖了，并且完成了过户。

付艳：赵女士对侄子的感情是非常深的，也表现出了长辈的善意，她一直愿意与侄子和解。她虽然要求撤销赠与，但在返还财产的问题上，她也愿意做出让步。

主持人：对亲儿子也不过如此，对侄子竟然这么好，但是结果却让人非常难以接受。王教授怎么看？

王竹青：我觉得在现实生活中这种情况很多，特别是孤寡老人到年老的时候都希望有一个人能够依靠。所以在无儿无女的情况下，他们通常会找亲戚的孩子来赡养自己，但有些人在得到老人的财产以后，却不管老人，这么多年我们见过很多这样的案子，所以我觉得提高老人的自我保护意识，完善法律是很重要的。

付艳：当时在庭审过程中我们也问过赵某，问他现在还愿不愿意照顾老人？他当时表示，我现在即使照顾，也只是出于亲属上的关系而已，我没有这个义务去照顾。按照附义务的赠与来说，赠与人可以要求受赠人继续履行义务，撤销赠与并不是唯一的选择，还可以要求继续履行。但这个案件中因为赵某已经把房屋出售了，他在北京也没有其他的地方可以居住，赵某已经没有照顾的条件和意愿，赵女士才考虑要求撤销赠与，当然对双方的感情肯定是有一定影响的。

主持人：可能他也觉得我照顾这么长时间，最后还把我告到了法院，弄得两败俱伤，我都把房子卖了，还让我赔了钱，心里可能多多少少有点不舒服。

付艳：这个案件的判决主要是依据《民法典》第六百六十一条和第六百六十三条，其中第六百六十一条规定，赠与可以附义务。赠与附义务的，受赠人应当按照约定履行义务。第六百六十三条规定，当受赠人有如下行为的时候，赠与人可以撤销赠与。其中第一款第三项规定的就是附义务的赠与，如果受赠人没有履行约定的义务，赠与人享有法定的撤销权。

王竹青：老人的行为我觉得也是可以理解的，老人未来怎么办？其实在《民法典》第三十三条的意定监护中就提到了，老人可以选一个其他的人来监护，比如朋友、邻居或者是朋友的孩子中跟她关系比较好的，跟这样的一个人签订一份协议，意定监护协议或者叫作委托代理协议，用一种协议的方式把自己对生活的想法，对财产的安排都交代给这个人，那么这个人可以按照她的意愿去管理她的财产，安排她的生活，这样我觉得她的选择范围会很大。如果没有特别亲近的人，也可以选择职业律师，把自己委托给一个律师事务所，律师事务所可以指定律师来做这样的事情。

这些老人在逐渐衰老的过程中会遇到很多问题，比如到80岁以后，日常生活的照料问题、就医问题等都会凸显出来，所以我们在想，解决社会老龄化问题真的是一个综合性工程，需要政府、社会、家庭等多方面的努力。

旁白表述：据了解，截至2020年年末，朝阳区60岁以上常住人口为70.9万人，占比20.5%。积极应对人口老龄化是新发展阶段推动高质量发展的必然要求，当下人口老龄化已成为严峻的社会问题，一些空巢孤寡老人的养老问题日益凸显，签订遗赠扶养协议来保障自己的养老问题，成为很多老人的选择。那么遗赠扶养协议到底该怎么签？《民法典》对此又带来了哪些新的变化？

主持人：作为老人来讲，他们希望这些晚辈来照顾自己，但是不是不应该轻易地把房产过户到他的名下？

付艳：这个案件当时审理的一个难点，就是赵某到底有没有这个义务，他们到底有没有进行约定。我们也是通过当时的房屋交易状况，包括赵女士其他的亲属出来作证，才能证明当时的状况。如果当时双方之间先签订了协议，那么情况可能会更好一些。签订协议和履行义务在前，取得遗产在后，我觉得这个制度可能会比附义务的赠与指向更为明确一些。

王竹青：在现实生活中，我们用遗赠扶养协议要更好一些，让扶养义务人把生养死葬的义务履行完毕以后，再把财产过户给他，这样老人的权益就比较有保障。

主持人：附条件的赠与，是得先把不动产过户到对方名下，对方才履行义务。但是遗赠扶养协议不一样，你得先尽到赡养义务，这个房子才能归你。

主持人：《民法典》颁布实施之前，在《继承法》中就涉及了遗赠扶养协议。但在《民法典》中，我们看到第一千一百五十八条专门规定了遗赠扶养协议的具体内容，并且把范围也扩大了。

旁白表述：《民法典》第一千一百五十八条是在《继承法》第三十一条的基础上修改而来的。《民法典》继承编中对遗赠扶养协议制度进行了调整，并扩大了扶养人的范围，明确了自然人可以与继承人以外的组织或者个人签订遗赠扶养协议，该组织或者个人承担该自然人生养死葬的义务，并享有受遗赠的权利。这意味着社会化的家庭养老或将成为未来养老产业的新方向。同时《民法典》中也规定了，继承开始后，如果多种继承方式并存的，应首先执行遗赠扶养协议，其次是遗嘱和遗赠，最后才是法定继承。

付艳：遗赠扶养协议是老年人对自己扶养人的一种选择，谁对我好，谁可能对我好，我就可以把我的遗产留给谁。而且在扶养的内容上双方约定范围非常广，不仅包括物质上的供养，也包括精神上的陪伴和照料。这个协议一旦签订，遗赠人就可以要求扶养人去履行义务。老人去世之后要把遗产留给扶养人，这是老人的义务。

主持人：但是这个东西很难界定，您比如签了协议了，你要赡养我，我把我的财产给你，但最后老人觉得你对我不好，对方说我还不好，天天来看你、给你做饭、洗衣服，这个好与不好该如何界定？

王竹青：现在《民法典》的遗赠扶养制度里没有提到监督机制，但是我们在实施这个制度的时候，可以加入这种机制。那么谁来监督呢？比如居委会、村委会，还有一些民间组织，比如当事人签署了一个遗赠扶养协议，要报给当地的居委会、村委会，要让他们知道，有这样一件事情发生了，依赖基层组织还是一个有效的方法。

主持人：我们说老龄化社会有很多问题，我们要采取怎样的应对措施呢？

王竹青：应对老龄化是十九届六中全会的一个重要议题，党中央从国家战略高度上提倡全社会积极努力地应对人口老龄化。不管是从法律和政策上来说，还是从社会各层面来讲，我们一直都在积极尝试，多方探索。比如给老人发放福利补贴、社区养老等，这一系列的方法，都是在这样一个社会时期我们作出的共同努力。

主持人：老龄化社会问题日益凸显，我们一定要有相应的措施来积极应对。以前我们听说过有未成年人法庭，现在北京市朝阳区人民法院，也专门为老年人设立了相关的法庭，为老年人的诉讼提供了司法保障，我们来听听付法官给我们介绍一下相关的情况。

付艳：作为法院来说，我们为应对老龄化提供司法服务和司法保障。我们现在初步探索的模式就是涉老案件的集中审理，初步定在北京市朝阳区人民法院亚运村法庭，作为涉老民事案件的集中审理法院。

主持人：北京市朝阳区人民法院为了应对老龄化问题，专门开设了一个老年人法庭，我觉得这就是一个非常好的方向，我们也提倡更多的机构可以效仿北京市朝阳区人民法院的这一举措。

王竹青：我们从北京市朝阳区人民法院开始探索，在审判实践中去总结老年人案件的特点，把它的这些特点提升、概括、总结、模式化，然后推广到北京的其他法院，进而推广到全国的法院，这样对老年人来说肯定是非常有益的。

普法问答

问题 1：可以和多人签订遗赠扶养协议吗？

付艳：法律上没有规定不能签订多个遗赠扶养协议，但如果你选择了多个扶养人，在义务的约定上可能会有重叠，在财产的分配上就可能会造成困难。反而可能会在履行义务时互相推诿，在取得财产时互相争夺，我觉得并不是选择越多越好，这种事情并不是多多益善的。

问题 2：遗赠扶养协议与遗嘱、遗赠的效力是什么？

王竹青：我们在确定优先级的问题上，是按照义务的大小来确定的。遗赠扶养协议对于赡养人来说，他要负担对方生养死葬的义务，他的义务是最大的，所以也是排在最先的。遗赠是老人通过遗嘱的形式把他的财产留给法定继承人之外的人，而遗嘱是把财产留给法定继承人中的一个人或几个人，遗赠和遗嘱的法律地位是一样的，如果内容相冲突，以时间在后的有效遗嘱为准。

第三章

人 格 权

以典判案 ⑫

公民的名誉权

热点聚焦

1. 每个人都享有名誉权吗？
2. 在微信公众号发布文章，会侵害他人的名誉权吗？
3. 给店家差评，说他的东西不好，这样算不算侵犯他人的名誉权？
4. 信息网络时代，《民法典》如何保护公民的名誉权？

要点提示

本篇讲述了《民法典》第一千零二十四条、第一千零二十六条，民事主体享有名誉权，任何组织或者个人不得以侮辱、诽谤等方式侵害他人的名誉权。行为人若未对公开发布的内容真实性尽合理核实义务，从而对他人名誉造成影响的，应承担民事责任。对于侵害名誉权的行为，《民法典》所确立的侵权责任是停止侵害、消除影响、恢复名誉。若行为人的侮辱诽谤行为，是公然在传播力极强的网络上实施，浏览量巨大，并造成了恶劣的社会影响，根据《刑法》规定，行为人可能会涉嫌侮辱罪、诽谤罪而面临刑事处罚。

以案说典

本期嘉宾：

白星晖：北京市朝阳区人民法院法官

庞理鹏：北京市律师协会律师

案例1 员工诉公司公众号侵犯名誉权

【案情简介】

2018年12月张女士与A公司签订了劳动合同，担任零售部零售总监。2020年2月21日，A公司以张女士严重违反公司的规章制度、违背职业道德为由，单方面将张女士辞退。2020年3月5日，张女士申请了劳动仲裁。仲裁期间，张女士发现与A公司隶属同一集团的B公司运营的微信公众号上刊登了一篇文章，这篇文章出示了自己与A公司解除劳动合同的相关细节，并作出了道德评价。张女士认为，B公司的行为给其名誉造成了严重的负面影响，请求法院判令被告删除相关文章，在微信公众号上赔礼道歉，并赔偿其经济损失41020元。

微信公众号是否可以作为侵犯名誉权的媒介？被告B公司在微信公众号中发布的涉案文章，是否侵犯了张女士的名誉权，这成为案件争议的焦点。涉案文章中载明，张女士的行为违背职业道德，触犯集团廉政工作红线。张女士认为，上述评价直接影响了自己的职业生涯，被告把该评价发布在微信公众号中，就是损害了自己的名誉权。对此被告B公司辩称，涉案文章的内容是对张女士在任期间严重违反规章制度、违背职业道德的相关情况的客观描述，属于内部通报，没有任何侮辱诽谤的字眼，不存在侵害原告名誉权的行为。《民法典》第一千零二十四条规定，民事主体享有名誉权。任何组织或者个人不得以侮辱、诽谤等方式侵害他人的名誉权。名誉是对民事主体的品德、声望、才能、信用等的社会评价。2021年2月24日，法院一审判决，被告B公司删除涉案文章，并刊登声明向张女士赔礼道歉，赔偿其经济损害抚慰金1万元。

【嘉宾点评与解读】

主持人：侵犯的是名誉权，为什么要走劳动仲裁这一步？

庞理鹏：在我们实践中，当用工单位和员工发生争议的时候，咱们国家对于这种劳动争议要先进行劳动仲裁，如对劳动仲裁结果不服，再到法院进行起诉，等于劳动仲裁是我们作为劳动者维权的一个重要手段，也是一个必要的前置程序。

主持人：这个案件中，A 公司是案外人，张女士告的是 B 公司。A 公司和 B 公司存在关联关系，它们隶属于同一个集团。双方争议的焦点是什么呢?

白星晖：本案有两个争议焦点，第一个争议焦点就是因为 B 公司在微信公众号上发布了文章，所以我们需要确认微信公众号的性质，也就是说在微信公众号上发布文章是否会侵犯他人的名誉权。第二个争议焦点就是涉案文章内容是否构成侵犯名誉权。

庞理鹏：我觉得这里面有两个核心点，第一个就是微信公众号，“公众”说明它肯定不是一个封闭空间或者内部的一个平台，所以它是具有公开性的；第二个就是双方已经通过正常的法律途径，也就是通过劳动仲裁，这个案子正在审理中，这种情况其实是没有定论的，法院或者劳动仲裁机构还没有做出最终的判断，在这样的情况下它发布了一个信息。

主持人：本案适用《民法典》哪些条款?

白星晖：对于本案两个争议焦点，第一个争议焦点是判断微信公众号的性质，微信的运营商腾讯公司的相关负责人在前一段时间的演讲中说过，每天预计有 10 亿以上的人次使用微信，有超过 3 亿的人会通过微信公众号来阅读相关的信息。[①] 也就是说微信已经成为人们生活中一种日常的生活方式，而微信公众号发布的信息面向的是不特定的社会观众和社会受众，微信用户在阅读之后，也可能觉得这个内容有值得与他人分享的价值而转发到朋友圈，转发到微信群，转发给其他微信好友，形成了信息的二次传播，迅速扩散。所以微信公众号是一个开放性的自媒体，通过微信公众号去发布文章，有可能会侵害他人的名誉权。

第二个争议焦点就是涉案文章本身是否会侵犯张女士的名誉权，涉案文章发布的时候，张女士的劳动仲裁结果还没有出来，而 B 公司经营的微信公众号将尚未经法律文书确认的事实进行发布，并且给予张女士违背职业道德这种评价，客观上造成了张女士名誉受损，所以最终认定 B 公司的行为侵犯了张女士的名誉权。

---

① 来源：中国工信产业网《微信创始人张小龙：每天有 10.9 亿用户打开微信》https：//www.cnii.com.cn/rmydb/202101/t20210125_250158.html，最后访问时间：2022 年 5 月 27 日。

主持人：在《民法典》正式实施之后和实施之前，有没有什么对比？

白星晖：有，在《民法典》实施之前，关于名誉权的相关条款，主要是在原来的《民法通则》中有所涉及，但是《民法通则》的规定，是说民事主体享有包括名誉权在内的一系列人格权，它只是一个原则性的条款，没有一个具体的操作指导或者指引。同时《民法通则》之外，最高人民法院也制定过相关的司法解释，但司法解释也只是对管辖范围、管辖地点做了规定，并不像《民法典》人格权编中所规定的这么详细，这么具有实际的可操作性。

主持人：很多人会有一些疑惑，觉得一提到名誉权好像只有一些明星名人或者一些特定人群才有，是不是我们每一个公民都会有名誉权？

白星晖：名誉其实是对民事主体的品德、才能、声望、信用等其他各方面所进行的一种社会评价，它属于一种精神性的人格权，属于自然人的自尊和获得他人尊重的一种统一，也是个人内在价值与外在形象的一种主客观评价的结合。如果说侵犯了这个人的名誉权，可能就会造成他的社会评价降低，受到贬损。

旁白表述：2021年1月1日起实施的《民法典》，将人格权制度独立设为一编，强调了人格权保护，人格权是民事主体对其生命、健康、名誉、肖像等特定的人格利益享有的权利，关系到每个人的人格尊严，是民事主体最基本最重要的权利。其中民事主体享有名誉权，任何组织或者个人不得以侮辱、诽谤等方式侵害他人的名誉权。有了这条法律规定，就意味着公开发表侵权言论的违法成本变高或者有些人不敢去发表侵权言论。

庞理鹏：关于名誉权的定性，古语有云，“士可杀不可辱”，而且我记得莎士比亚还有一句话叫，“把我的名誉拿走，那我的生命就结束了”，咱们老百姓其实都是享有名誉权的，只是作为明星，作为公众人物，他们的名誉权会更受关注，但在我们的《民法典》当中只要是民事主体，就享有名誉权。

主持人：我们看到在朋友圈当中有时候会有一些不理智的行为。从两个方面来说，一方面受到攻击的一方应该拿起法律武器保护自己；另一方面攻击的那一方也一定不要认为这样的行为就仅仅是一时发泄，很有可能要负法律责任。

庞理鹏：在日常生活中经常会有很多人通过朋友圈、微博、微信，对其他人员进行侮辱、诽谤，这些行为其实都属于侵犯名誉权，只要你的行为给另外一方造成了社会评价的降低，不仅仅是品德方面，还包括才能、声望或者是信用方面受了侵犯，也构成侵犯名誉权。《民法典》第一千零二十四条所规定的民事主体，不仅是自然人，还包括一些法人、非法人组织，比如通过公众账号发布一些对公司存在贬损性的信息，也构成了侵犯名誉权。

案例 2　网络暴力或构成侵犯名誉权

【案情简介】

女子小吴在小区取快递时被偷拍，并被编造出轨快递小哥的内容，在网上迅速扩散传播。后小吴向法院提起刑事自诉获立案受理。2021 年 4 月 30 日，小吴被造谣案一审宣判，两被告人犯诽谤罪，判处有期徒刑一年，缓刑两年。

【嘉宾点评与解读】

旁白表述：网络信息发达，带给人们很多实惠，但一小部分“键盘侠”却期望将这片沃土作为他们随意炮轰他人的不法之地。那么在《民法典》贯彻实施的大背景下，怎样更好地保护公民的人格权？

庞理鹏：上述案件，当事人走的不是民事诉讼程序，而是采取了刑事自诉，包括公安机关、检察机关也介入这个案子中，这里面涉及刑事犯罪。此案不仅有民事侵权行为，还涉及刑法规定的侮辱诽谤罪，如果说你侮辱诽谤的行为造成了严重的后果，造成了极大的社会影响，在这样的情况下你很有可能构成刑事犯罪。

主持人：我们看到所有的这种网络暴力都有一个共同的特点，就是网络，一定是通过了第三方平台去实施这样的暴力，那么平台方有没有相应的监管责任？

白星晖：这得从两个方面来看，首先在侵权行为发生之后，比如这个行为人发布了损害他人名誉或者其他民事权益的内容，受害的这一方，有权向网络服务提供商告知，让提供商删除信息或者屏蔽或者断开链接。网络服务提供商在接到通知之后，应当先去核实相关的情况，如果核查情况属实，就应该去采取必要的措施。如果没有及时采取这些必要措施，造成损害过大或者损害继续发生，那么对于损害后果，网络服务提供商应当与侵权人承担共同的连带责任。

主持人：网络不是法外之地，在网上发言，也不能肆无忌惮。

庞理鹏：网络确实给了我们很多的自由，同时也给予了大家很多评判他人的自由，但是网络并非法外之地，只要是你的行为对别人造成了侵害，或者你的行为超出了法律所允许的限度，就势必会承担法律责任。所以大家在网络上表达的时候，要注意自己的言行，注意相关的尺度，如果处理不当很有可能会构成侵权，以至承担法律后果。

白星晖：随着微信、微博这一类自媒体的广泛应用，可能人们越来越容易在不经意间就突破了舆论自由的边界，而一旦你突破这个边界，就很有可能造成他人的合法权益受到损害，所以对于微博也好微信也好，去发布或者说转载信息的时候，一定要核实信息的来源，以更审慎的态度查证这个信息的真实性。

普法问答

问题1：网购差评，算侵犯商家名誉权吗？

庞理鹏：评价权是网络平台方赋予消费者的一个权利，在这样的情况下，如果说反映的内容是客观的，反映商品确实存在相关的问题，或者质量存在相关的问题，据实描述是没有任何问题的，但是如果采取了一些谩骂、诋毁，就很有可能构成侵犯商家的名誉权。

白星晖：评价权是消费者的一种权利，消费者可以给差评，也可以给好评，给予评价的基础应该是基于真实客观的事实，但是一旦消费者出于其他的目的，歪曲捏造事实，去给差评，我觉得他很有可能构成侵犯商家的名誉权。

问题2：信用卡还款记录错误，银行担责吗？

庞理鹏：名誉包含信用的社会评价，如果这种信用社会评价因评价机构的错误行为而降低，我们有权利要求相关的信用评价机构予以删除或者予以更改。因为信用在现实生活中对我们的影响会越来越重要，所以《民法典》也考虑了这一点。

总结：其实在网络年代，每一个人都有可能成为发言人，但是在成为发言人享受科技带来红利的同时，我们也要谨言慎行，遵守公序良俗，避免践踏法律的红线。

以典判案 13

我的脸谁做主？

热点聚焦

1. 刷脸进门、刷脸支付，你的脸安全吗？
2. 我们的脸谁来保护它？
3. 数据时代《民法典》是如何保护我们个人信息的？

要点提示

本篇我们主要讲述了《民法典》第一千零三十四条，人脸识别信息属于“公民个人信息”的范畴，处理个人信息应当遵循合法、正当、必要的原则。根据法律的规定，作为公民在提供相关信息前，要仔细询问采集相关信息的原因和用途，是否有合法依据，如果因个人信息泄露受到人身财产上的损害时，可以通过刑事报案、民事诉讼等方式追究相关责任人的法律责任。作为企业应当规范用户个人信息的采集，对于个人信息的存储应当强化加密级别和脱敏层级，避免数据泄露。

以案说典

本期嘉宾：

刘洋：北京市第二中级人民法院法官

朱巍：中国政法大学副教授，中国政法大学传播法研究中心副主任，硕士生导师

案例 年卡用户被要求人脸识别入园

【案情简介】

2019年4月，郭某支付1360元办理了野生动物世界双人年卡，确定指纹识别入园方式。2019年7月、10月，野生动物世界两次向郭某发送短信，通知免卡入园识别系统更换事宜，要求激活人脸识别系统，否则将无法正常入园。郭某想不通，一个动物园能强行征集游客的脸部信息吗？郭某认为人脸信息属于高度敏感个人隐私，不同意接受人脸识别，要求园方退卡，在协商未果的情况下，2019年10月28日，郭某以园方未经同意强制收集个人生物识别信息，严重违反《消费者权益保护法》等为由，将动物园诉至法院。

经审理，法院认为人脸识别入园方式并非双方的合同条款，对郭某不发生效力，野生动物世界单方变更入园方式构成违约，应当承担违约责任。野生动物世界欲将其已收集的照片激活处理为人脸识别信息，超出事前收集目的，违反了正当性原则，故应当删除郭某办卡时提交的包括照片在内的面部特征信息。2021年4月9日，法院二审判决，野生动物世界赔偿郭某合同利益损失及交通费共计1038元，删除郭某办理指纹年卡时提交的包括照片在内的面部特征信息，增判删除郭某的指纹识别信息。

【嘉宾点评与解读】

主持人：人脸识别，到底侵不侵犯个人隐私呢？

刘洋：在有些领域的应用，如果超出了它必要的索取范围，是会构成侵害行为的。比如在一些公共场所，我们没必要非得用人脸识别的方式去进入，也没必要非得用人脸识别的方式去下单，或者非得用人脸识别的方式去达成各种消费行为。在平台背后，商家利用这些人脸识别的信息，以及利用这些具有非常明显的生物特征信息，达成他的商业行为，获取经济利益，这种情况不容易被发现，所以说很可能就构成了侵害而不为人知。

朱巍：比如我们手机里边的一个APP，本来就是个手电筒，你读取我通讯录干什么？而且我去动物园是去看动物的，不是让动物看我的，既然能进门就好了，能证明我就可以了，你干吗要我的脸？

刘洋：这样的案件发生在这样的时代，是非常正常的。未来可能有更多这样的案件，不管是从哪个角度，民法、劳动法，还是行政法律等，都会体现出大家这种权利意识的觉醒。

主持人：《民法典》中哪一条可以保护我们的个人信息？

朱巍：人格权编的条文，关于隐私权、个人信息的条文以及侵权责任编都是保护我们个人信息的。

主持人：人格权编是首次独立成编的，其背后的意义是什么？是不是跟我们现在更多的这种生物信息的采集有一定的关系？

刘洋：应该说有这个因素，因为人格权独立成编是《民法典》编纂一个非常大的亮点，是创新。在社会高速发展程度下，我们需要这样一个独立成编的人格权编，这种时候我们提升的不是人格权编本身的地位，而是真正在倡导我们对人格权的关注和保护。

主持人：也就是说以前在司法实践中，没有非常明确哪个条文是保护我们个人信息的，对吗？

刘洋：以前不管是在立法还是在司法实践中都有一些探索，有一些规定，但是以前这些探索也好，规定也罢，不管是法律适用，还是我们做的一些特别的案例，在这种情况下，我们适用法律所裁判的案件，以及我们的很多专家学者在立法中提出的这些立法建议，其实它的应用更多的是面向公众，我们做的宣传是一个普遍性的、非常有独特性的宣传，而不是提到一个很高的地位上。

朱巍：20世纪90年代经常出现侵犯隐私的一些案件，最高人民法院曾经出过两个司法解释，按照名誉权来保护，这个情况一直持续到2009年，在2009年《侵权责任法》出来的时候，大家呼吁人格权要加进去，最后加了一个隐私权，隐私权是首次加到中国民事法律体系里的。之前我国法律只有在《妇女权益保护法》中提到妇女享有隐私权，所以到2009年的时候开天辟地一次写进去了，后来觉得还不够怎么办？因为网络出现了，个人信息出现了，所以在2014年10月

10日，最高人民法院出了一个《关于审理利用信息网络侵害人身权益民事纠纷案件适用法律若干问题的规定》，我是参与起草司法解释的专家之一，当时就用了很多的章节和条文来明确个人信息的保护问题，特别是互联网对个人信息和隐私权侵权的问题，写了好多，写得挺好的，直到现在也不落伍。后来到了《民法典》的起草过程中，人格权终于独立成编，隐私权不仅独立成章了，而且把个人信息也加到里面去了，叫“隐私权和个人信息保护”章，很多人说隐私权是一个权利，但个人信息不是，为什么？

按照《民法典》的规定没有提到个人信息权，现在《个人信息保护法》里个人信息一定是个基本的权利。特别是人脸识别作为生物识别信息是放到了敏感信息里面，什么是敏感信息？比如进北京电视台，我授权了，我说你可以用我的脸，只要认识我就让我进，第二次用的时候还要经过我授权，要逐次逐项授权，这就叫敏感信息。所以等《民法典》出来之后，《个人信息保护法》再出来的时候，我们对人脸的保护就提到了一个前所未有的高度。

旁白表述：随着科技的进步，人脸识别技术被应用得越来越广泛，由于人的双眼瞳孔间距无法改变，即使整容，人脸识别技术也能发挥作用。人脸识别技术一直以来也是公安机关办案运用的重要手段之一。计算机通过大量采集数据信息，可以通过一张幼儿的照片模拟出十几年后的相貌，从而找到被拐失踪多年的儿童。也可以通过输入人脸图像，对比后端数据库锁定嫌疑人。2018 年 4 月至 6 月，在某明星演唱会上，警方就通过人脸识别技术抓获逃犯 5 名。同样是使用人脸识别技术，2019 年 9 月，某大学在一些教室安装了人脸识别设备，引发了热议，这些设备据称可以追踪学生是否在听讲，是否在发呆等上课状态。从学生进教室那一刻就被识别了，网友惊呼，高科技时代我们的脸无处可藏。

朱巍：人脸识别技术在一定程度上可以说是现代的一个巨大发明，因为它不是识别人长什么样，它的核心在于被人脸识别和背后的数据库进行对接。为什么称之为最伟大的发明之一？因为它让坏人无处遁形了，演唱会抓到坏人了，你说再有坏人走到街上的时候，摄像头随时随地毫不疲惫地盯着你，如果我们抛开隐私不讲，它可能在一定程度上会鼓励诚信，会使社会更安全，包括用技术来监测这个人有没有可能是疲劳驾驶，会减少大量损害事件的发生，这是积极的一面。消极的一面，如在我不知道的情况下能不能用人脸识别，人脸识别是一个钥匙，它打开的是后面的数据库，人脸识别对你的影响到底有多大，不取决于它拿到的你的信息有多少，而是取决于你背后的数据库能对接成功多少。可能是大数据，我给你匹配点广告，给你弄点兴趣推荐，可怕的是我知道你住在哪，我知道你是哪个学校毕业的，我知道你所有的信息。

主持人：到底什么是个人信息？

刘洋：关于个人信息方面的法律规定，包括但是不限于《民法典》中的规定，还有个人信息保护在内的相关法律、特别法等规定。《民法典》对个人信息的保护，总的来讲，除公序良俗原则外，还有一些其他的基本原则的适用。从分编来讲，个人信息保护人格权编有，侵权责任编也有，它既可以看作人格权的一部分，因为涉及个人隐私，又可以作为侵权责任编本身所针对的保护对象，作为我们权利保护的对象之后，我们可以适用侵权责任编的相关法律进行维权。

朱巍：什么属于个人信息？可以识别到自然人身份的，直接或间接识别到自然人身份的信息，就是个人信息。人脸属于生物识别信息，当然也属于个人信息，人脸识别实际是有三万多个点，有温度、色差，这个都要结合起来才能成功，所以大家千万不要担心自己的脸放到网上去之后被别人解锁，自己的支付宝、微信里的钱就会被划走，不会的。

旁白表述：大数据时代很多领域都避免不了使用个人信息，可在我们的生活中，我们无法控制自己的信息被收集。记者尝试在互联网中搜索人脸信息等关键词，发现网络中有售卖人脸信息的情况。通过添加对方 QQ 号，记者了解到，每张人脸信息平均售价为 15 元，有大头照，也有手持身份证信息的自拍照，这些信息多被用来申请网络主播注册公司，无疑给泄露信息的用户带来巨大的损失。

人脸识别带来便利的同时，其背后存在的个人信息泄露、滥用等安全隐患，也让很多人感到不安。对此《民法典》第一百一十一条明确规定，自然人的个人信息受法律保护。另外《民法典》人格权编第六章用了 8 个条文，从什么属于个人信息到如何利用个人信息作出了详细的规定。根据《民法典》第一千零三十四条规定，个人信息是以电子或者其他方式记录的能够单独或者与其他信息结合识别特定自然人的各种信息。同时根据《民法典》第一千零三十五条规定，处理个人信息的，应当遵循合法、正当、必要原则，不得过度处理，采集公民人脸信息必须征得个人的同意。

刘洋：我们要区分几点，首先是国家机关，出于对国家安全的维护以及对社会秩序的维护等，采集公民信息应该是它的职责所在，而且它有正当正义的目的；其次是比如在一定程度下，为了公共利益，为了大多数人的安全，为了大多数人一个共同的目标完成，经我们允许或者经授权进行采集，这应该算作另外一个层次；最后就是针对个人对自然人主体以及对法人或者对其他的社会组织等其他的民事主体，或者对其他的行为主体来说，采集他的个人信息时，不仅要经过他本人的同意，比如要经过法人的允许授权，同时还要注意它的使用范围，我个人觉得从总体上来说，可以通过这么几个不同的层次来进行相应的区分。

朱巍：还有一点，有些人人脸识别的时候没穿衣服，裸露上身，但是除了圈亮光之外的地方也会被采集，这点大家要注意。

旁白表述：除了《民法典》中对人脸信息保护的相关规定，我国《信息安全技术个人信息安全规范》《网络安全法》都对个人信息在收集、存储、使用、共享、转让与公开披露等信息处理环节中的相关行为进行了规范。在刑事司法领域，非法买卖个人信息，滥用人脸技术等也会面临极大的法律风险。2021 年 7 月 27 日最高人民法院发布《关于审理使用人脸识别技术处理个人信息相关民事案件适用法律若干问题的规定》，列举了使用人脸识别技术构成侵害自然人人格权益的八类情形，同时还特别明确了从严从重处置违法处理未成年人人脸信息的行为，该规定自 2021 年 8 月 1 日起实施。

刘洋：法律的层面其实相对复杂一点，比如我们刚才探讨的个人信息、人脸识别，它不仅仅是一张脸的问题，还可能包括很多其他生物学方面的信息，我们既要从技术上做到可控，做到尽可能地去限制它使用的范围，同时我们还要在授权的过程中加以防控，法律规定的个人隐私的这些信息，我们怎样去授权？是不是只在我们 APP 上点一个同意或不同意，退出是否继续等，包括我们平时看到这些提示都是非常小的字号，对老年人来说，有可能他根本就看不清楚，对未成年人来说，甚至没有这个解读的能力。包括一些专业语汇的运用，是不是应该更面向老百姓？我们在使用这些个人信息的时候还要反思一点，是不是必须用这种方式去应用，去使用这个 APP，起码就我所知道的，有一些现在已经被限令下架或者限定使用的 APP 里，这些个人信息不一定非得需要获取，即使它是经你同意之后才可以继续使用，实际上它已经超越了边界。

朱巍：我们需要支持大量的公益诉讼，通过一个又一个的个案的正义来达到，慢慢地让平台知道有人还在管这个事。比如各地的消协，包括各地的检察机关，现在都有公益诉讼的权力，一定要把这个权力用好。

普法问答

问题 1：机场人脸识别系统安全吗？

朱巍：到机场不用担心，只要不去那些三无网站人脸识别就好，不要下载一些没有听说过的 APP，现在大家都有这种个人信息保护的意识，我觉得这点是非常值得肯定的。

问题 2：银行采集个人信息的行为是否安全？

刘洋：银行是一个特殊的机构，因为它既处理您的个人资产，同时也肩负着一些其他的跟国家金融秩序有关的职责，所以在它使用个人信息的过程中或者采集个人信息的过程中，一方面是经过国家相关部门允许的，另一方面也是必须在符合法律规定的条件下和范围内使用。

网络名誉侵权

热点聚焦

1. 美容店遭遇顾客微信诋毁、谩骂，引发网络暴力。

2. 生活中，我们该如何面对那些蜚语？

要点提示

《民法典》第一千零二十四条规定，民事主体享有名誉权。任何组织或者个人不得以侮辱、诽谤等方式侵害他人的名誉权。名誉是对民事主体的品德、声望、才能、信用等的社会评价。《民法典》第一千零二十五条规定，行为人为公共利益实施新闻报道、舆论监督等行为，影响他人名誉的，不承担民事责任，但是有下列情形之一的除外：（一）捏造、歪曲事实；（二）对他人提供的严重失实内容未尽到合理核实义务；（三）使用侮辱性言辞等贬损他人名誉。

消费者对商家的公开评价应实事求是，不应含有侮辱、谩骂和恶意揣测的内容。网络公开内容的发布者、转载者，网络服务的提供者都可能成为网络名誉侵权的主体，发布前的核查义务必不可少。

以案说典

本期嘉宾：

棋其格：北京市顺义区人民法院法官

汤健翔：北京市律师协会律师

案例 1　美容店遭遇顾客微信群公开诋毁谩骂

【案情简介】

2017 年孟女士在小区的业主微信群里看见一张图片，图片上有她的头像，下面的文字是对她经营的美容店诋毁贬损，发布图片的人竟然是群主，群主还在群里对她个人和她的美容店进行侮辱谩骂。孟女士气坏了，她知道群主正是顾客寇女士。寇女士是小区的业主，2017 年 1 月，寇女士陪同另一个业主到美容店做美容。在这期间，寇女士因为以前在这里祛斑的问题，跟孟女士发生了口角，之后经过警察出警处理、民警调解后，寇女士离开了美容店。孟女士发现这些恶意诋毁的微信后，意识到这是顾客寇女士在恶意报复她，孟女士认为这些微信内容损害了她的个人名誉和美容店的声誉。孟女士及美容院将寇女士起诉到了法院，要求寇女士进行赔偿。

2017 年 7 月法院开庭时，被告寇女士到庭应诉，但寇女士却表示这些微信内容与她无关，她不是群主，也没有发表过这些言论，辩称公民也是有言论自由的，一直是不认可的态度，后经过法院调查，确认了群主就是寇女士，认定这些言论也是寇女士发布的，最终法院判决寇女士构成名誉侵权。

【嘉宾点评与解读】

主持人：什么是名誉权？在《民法典》当中关于名誉权又有哪些规定？

汤健翔：名誉权是人格权的一种，它不分男女老少高低贵贱，是每个人都享有的一种人格权利，它是指对一个民事主体的品德、声望、才能以及信用的社会评价。根据法律的规定和要求，任何组织和个人不得以诽谤、侮辱的方式侵犯他人的名誉权，否则就要承担相应的不利后果。

主持人：实施了什么行为，就是侵犯了别人的名誉权呢？

汤健翔：根据《民法典》的规定，如果你的侵权行为使一个民事主体的社会评价降低，那么就属于侵犯他的名誉权。打个比方，如果一个学生没有作弊，你说他作弊了；或者一个人他好好的没有出轨，你非说这个人出轨了；抑或说就因为一个人理了一个平头，你看他像坐过牢的人，你就造谣这个人以前坐过牢，这些行为都是生活中可以看见的侵犯他人名誉权的行为。

主持人：寇女士的什么行为造成了她侵害名誉权的后果？

棋其格：寇女士就是在发生纠纷以后，在小区的业主微信群中，侮辱谩骂孟女士，并且还将孟女士的照片作为配图，同时还针对美容院，有一些贬损性的言辞，因为小区业主微信群中有三四百人，在这么多人中去传播这种不当的言论，对孟女士还有美容院都有一定负面的影响。所以寇女士的这种行为，确实会造成原告方的社会评价降低，名誉受损。

主持人：法院最终是怎么认定这些言论就是寇女士发表的？

棋其格：考虑到这个微信号可能会有实名认证，所以我们向平台公司调查取证，确定了微信号的使用人就是寇女士，然后再结合孟女士提交的微信聊天记录，以及其小区其他业主的证人证言，通过这些证据链条的证实，确定了言论也是这个微信号发布的，所以最终认定了寇女士是侵权人。

主持人：我们如何去衡量损失呢？是怎么裁定的？

棋其格：我们主要考虑传播的言论的恶劣程度，还有它发布的频次、持续的时间，再结合网络传播快速、便捷的特点，这些都是在认定损害时的考量因素。损失方面还要看一下原告方提交的在事件发生前后，美容院的营业流水的变化，原告自己主张是赔偿经济损失 2 万元，精神损害 5000 元。我们最终认定的是赔偿美容院经济损失 3000 元，对于孟女士精神损害赔偿 2000 元。

主持人：假如孟女士经营的美容院在经营当中的确存在问题、存在过失，我在小区的业主群来说这件事情，来陈述自己的遭遇，会不会构成侵权？

汤健翔：想发表一些意见肯定是没有问题的，但是一定要客观。有两个要素消费者一定要谨记在心，第一个就是不要谩骂、人身攻击；第二个需要注意的是表达发生的事实，不要进行恶意的揣测，也就是说我们在吐槽和评论的时候，正当的是可以的，但是也要界定一个度。

主持人：我们在吐槽和评论时，正当的是可以的，但也要界定一个度。网络是公共空间，我想问问棋其格法官，这句话我们应该怎么理解？

棋其格：网络空间也分为公共领域和私人领域，像这种一对一的聊天，很显然就是一个私人领域，但是如果面向的是公众，就属于一种公共空间。比如，公众号、人数众多的微信群、短视频号，这些面向的是社会大众，所以它就属于公共空间。但像几个人的家人群，一般是不会构成公共空间的。

主持人：什么原因会引发网络名誉侵权案件？

棋其格：目前我们审理的这类网络名誉权纠纷，大多数都是因为线下的一些矛盾纠纷，转而到网络上去泄愤，然后才产生网络上的侵权，再结合网友们对网络空间属性认识得不是很清楚，可能法律意识也比较淡薄，才会导致网络侵权的行为时有发生。

案例 2　公众号转载失实文章构成名誉侵权

【案情简介】

2016 年 2 月 14 日，甲公司在其运营的微信公众号上转载揭秘某某腐化高官，帝王般的荒淫生活的文章，其内容包括，乙酒店的神秘面纱，到底有几层？超五星酒店——某某高官耗资 8 亿元违法所建，酒店是高官的后宫等。2016 年 2 月 17 日，乙酒店管理人员在看到这篇文章后，对上述文章及公众号的认证详情进行了公证。

与此同时，微信平台也接到了其他公司的投诉，并于 2016 年 2 月 18 日删除了这篇文章，但是甲公司转载上述文章的标题及配图的界面仍然可见。直到 2016 年 11 月 1 日甲公司才删除，乙酒店的运营方起诉了甲公司，要求其赔偿名誉权损失。最终法院判决被告甲公司在其运营的微信公众号连续 5 天登载致歉声明，以此为原告乙酒店恢复名誉，并赔偿乙酒店保全公证费 1205 元。

【嘉宾点评与解读】

主持人：为什么甲公司要刊登它？它跟乙酒店之间到底是什么关系？

棋其格：实际上这个案子里面甲公司跟乙酒店是没有任何关系的，它们之间也是没有任何矛盾的，它可能是为了吸引眼球，就刊登了这样一篇文章。

主持人：甲公司的公众号在刊登这篇文章之前需要一个什么样的流程？

棋其格：公众号实际上就是甲公司运营的，甲公司在微信平台上应当遵守平台的运行规范和遵守签署的服务协议，对于公众号发表的文章甲公司是有审核义务的。但是在这个案件里边，甲公司说这篇文章是转载的，但是对于转载的来源已经说不清楚了，它也没有尽到审查的义务，《民法典》第一千零二十五条和第一千零二十六条对行为人发布信息要尽到审核义务进行了规定，比如对于内容来源的可信度，还有比较有争议性的这种文章，平台要做一定的调查，对于公序良俗的相关内容都要进行一些了解。

主持人：对于名誉侵权案件，作为原告能主张哪些权利？

汤健翔：可以要求停止侵害、恢复名誉、消除影响以及赔礼道歉。如果有经济损失的，也可以一并主张经济损失。但是从时间的角度来看，因为名誉权的侵权主要是对人格权的侵犯，它并不具有直接的财产法律关系，我们建议尽量分开去诉讼，这样对于保障民事主体的权利可能会更加有帮助。

主持人：在这个案件中，除了公证费用之外，为什么没有涉及其他的经济赔偿？

棋其格：乙酒店针对这件事造成的损失范围和数额，并没有提供任何证据，我们也是考虑了一下发布这篇文章的时间，涉及乙酒店的篇幅内容，还有具体反馈的情况综合来看，没有支持它的经济损失赔偿。

主持人：这个案子的典型意义是什么？

棋其格：目前各种公司、团队、个人都加入公众号的运营大军里边，一旦有不当信息发布，除了创作者，首次发布的人、不当信息的提供者、还有广大转发的网友、网络服务提供者，都有可能成为加害人。文章的转载、点赞、点评，这些行为对受害人的影响还是很大的。所以说实名注册的公众号，不管你是转载他人的文章，还是自己刊登的内容，一定要进行核查，否则你在主观上就没有尽到义务，存在一定过错，肯定会构成对他人的名誉侵权。

主持人：这个案件中，甲公司说我是转载，又不是原创者，我为什么要承担责任呢？

汤健翔：因为转载也是《民法典》中规定的舆论监督的一种，对于转载的行为，我们可以这样理解，流言止于智者，不信谣不传谣应该是公民的法定义务，如果原创者对于受害人的侵害是向他扔一块砖头，那么转载者的每一次转载，就是向受害人扔一块小石子，小石子一块、两块伤不了人，但是数量多了也会杀人。所以不要小看转载，它可能就是压垮受害者的最后一根稻草，转载者可能会和侵权人承担同等的或者补充的侵权责任。

主持人：判断这个人是不是或者说判断这一方是不是构成侵权，跟它的点击量、流量到底有没有关系？

棋其格：点击量还有阅读量，这些数据其实能够反映出来不当信息的传播范围有多大，所以对于他的社会评价是否造成降低，是一个衡量标准，损害程度方面也是一个考量的因素。

汤健翔：侵权方的过错，一般来说分为故意和过失两种。你故意去造谣诋毁侮辱他人，这肯定是需要承担法律后果的。但是大多数的人还是没有尽到审核的义务，因此无意中给他人造成了严重的伤害。其实对于我们大众来说，更应该小心地去行使我们的权利。

普法问答

问题1：“恶搞”视频如何避免侵权？

主持人：前段时间我在网上看到一个案例引发了很多网友的热议，一个女孩发了一段她逗猫的视频，结果就引来了一场官司。

棋其格：发布者尽量避免用真人真事，或者是根据特定的人去编辑视频，谨慎发布恶搞的视频，恶搞要有限度，这样才可能真正避免侵权。

问题2：民法上的侮辱和诽谤与《刑法》规定的侮辱诽谤罪有何异同？

汤健翔：它们之间是一个递进关系，民法上对于名誉权的侵犯，如果造成严重后果的，可能会直接跳到《刑法》第二百四十六条的侮辱罪和诽谤罪中。

那么它们的区别是什么？第一个区别，《刑法》上的侮辱和诽谤一定是具有公开性的，而民法上的只需要让第三个人知晓，造成被侵犯主体的社会评价降低就行了；第二个区别更加的明显，就是《刑法》上的侮辱罪和诽谤罪一定是造成严重后果的，比如导致受害人自杀、自残、精神失常，或者导致他的近亲属自杀、自残、精神失常，这些都算构成严重的后果，是可以追究侵害人的刑事责任的。

汤健翔：其实我们今天讨论的问题，并不是一个单纯的法律问题，它更是一个常识问题、一个道德问题，难道说我们非得把不能辱骂他人、不得侮辱他人写进法条里，民众才应该去遵守吗？难道这不应该成为我们每一个人的常识和认知的一个底线吗？

棋其格：我们既不能去做这种不当言论的发布者和传播者，也不能去做推波助澜的“键盘侠”，不传谣、不信谣，同时如果我们自身的权益受到了侵犯，也应当理性去对待，选择合法的途径去维权。

以典判案 15

侵害英烈名誉荣誉的罪与罚

热点聚焦

以法之名，捍卫英烈荣光。辱骂英烈，《民法典》不允许！

要点提示

《民法典》第一百八十五条为英雄烈士保护条款，本条规定：侵害英雄烈士等的姓名、肖像、名誉、荣誉，损害社会公共利益的，应当承担民事责任。《英雄烈士保护法》于 2018 年 4 月 27 日通过，自 2018 年 5 月 1 日起实行。

以案说典

本期嘉宾：

杨彦军：北京市东城区人民检察院检察官

王竹青：北京科技大学文法学院教授，北京老龄法律研究会副会长

案例 1 女子网络侮辱英烈，获刑 7 个月

【案情简介】

2021 年 3 月 24 日，一名有着近 25 万粉丝的网络博主许某，发布了一个关于英雄烈士董某的帖子，引发了大量网友的关注。这条帖子一经发布在三个多小时内阅读量就达到了 39000 余人次，在网民中引起了非常大的反响，很多网民表示愤慨，他们纷纷在底下跟帖，谴责其行为。这条微博发布以后被多名网友举报，可微博博主却不思悔改，反而变本加厉，还在发帖的第二天发布了一则新帖，声称自己并没有说错什么，拒绝道歉。她甚至还说，有本事你们去举报，在新的帖

子里依旧含有侵害董某名誉的言辞，让事件再一次发酵升级，新帖子的阅读量达到了5万多人次。

2021年3月25日，公安机关将涉案的微博账户使用者许某抓获归案。许某案发时是一名时尚美妆博主，曾长期居住在国外，据她交代，自己当时之所以发这个帖子，纯粹是为了发泄个人情绪，完全没想到会带来这么严重的后果。鉴于许某贬损丑化英烈名誉荣誉的行为，损害了国家利益和社会公共利益，检察院依法决定，以侵害英雄烈士名誉荣誉为由开展刑事附带民事公益诉讼调查审查工作，并提前介入公安机关刑事侦查工作。

2021年6月，检察院主动联系到了英雄烈士董某的亲妹妹征询其意见，经过沟通，烈士亲属表示完全支持检察机关提起刑事附带民事公益诉讼，维护英雄烈士的合法权益。2021年10月12日，法院一审宣判，支持了检察机关刑事指控和民事公益诉讼请求，判处被告人许某犯侵犯英烈名誉荣誉罪，判处有期徒刑7个月，同时责令其于判决生效之日起10日内，在全国主要门户网站及全国性媒体公开赔礼道歉，消除影响。

【嘉宾点评与解读】

杨彦军：这是我们东城检察院，同时也是北京检察机关办理的首例提起诉讼的侵害英雄烈士名誉荣誉刑事附带民事公益诉讼案件。

主持人：什么是公益诉讼？

杨彦军：我们国家有《民事诉讼法》《行政诉讼法》《刑事诉讼法》，特别是《民事诉讼法》《行政诉讼法》是以私益诉讼为主的，私益诉讼就是公民、法人、社会组织为了维护自身的权利权益，向人民法院提起诉讼的一种诉讼类型；而公益诉讼是为了维护公共利益，比如生态环境、食品药品安全、个人信息保护、文物文化遗产保护，以及咱们现在讨论的英烈名誉荣誉保护等，当这些公共利益受损的时候，检察机关以及特定的社会组织，向人民法院提起诉讼，这就是公益诉讼。

主持人：网络不是法外之地，这些年随着互联网的飞速发展，我们确实看到了很多网络暴力，键盘侠，为什么他回到家里，躲在他的屏幕、键盘之后好像就变成了另一副嘴脸？

王竹青： 有些人觉得躲在屏幕后面，别人是找不到他的，所以他就放下伪装，想说什么就说什么，任意发泄自己的情绪，这种想法是不正确的。其实在网络上去追踪一个人没有那么难，通过 IP 地址便可以锁定他在哪，用的是哪的网络或者电脑，还有很多软件都是实名制的，所以要找到这个人并不难。网络的监管之所以重要，就是要让人约束自己的行为，不可以任意去侮辱别人。

旁白表述： 许某是一个拥有将近 25 万粉丝的微博博主，明知互联网的公开性和快速传播性，依然发泄个人情绪，发表不当言论，不仅损害了董某的名誉荣誉及其近亲属的个人感情，更损害了社会公众的民族和历史情感。因此，检察院认为发布人的行为触犯《刑法》之规定，应当以侵害英雄烈士名誉荣誉罪追究其刑事责任。

主持人： 侵犯名誉和荣誉的恶劣程度是什么？有没有什么标准？

杨彦军： 2021 年 3 月 1 日施行的《刑法修正案（十一）》对《刑法》进行了修改，确立了一个新的罪名，就是侵害英雄烈士名誉荣誉罪。以侮辱、诽谤或者以其他方式侵害英雄烈士的名誉、荣誉，损害社会公共利益情节严重的，构成侵害英雄烈士名誉荣誉罪，处三年以下有期徒刑、拘役、管制或者剥夺政治权利。这是一个全新的罪名，但是《刑法》第二百九十九条并未对情节严重的具体情形作出明确规定，所以法院参照了 2013 年发布的《最高人民法院、最高人民检察院关于办理利用信息网络实施诽谤等刑事案件适用法律若干问题的解释》。比如你在网络上发布了违法不当言论之后，阅读量、点击量、转发量达到一定的次数，传播扩散的范围到一定量之后，就构成情节严重。司法解释里是这么规定的，点击量达到 5000 人次以上，或者说转发量达到 500 人次以上，就属于情节严重。这个案件的发布人分别在 3 月 24 日晚上和 25 日凌晨前后，连续发布了两条侮辱英雄烈士的违法不当言论。两条累计的阅读量达到了 9 万多人次。

主持人： 现在是人人都追求流量的时代了，我们看到有一些短视频的平台上面有些用户为了追求所谓的流量，而发表一些博人眼球的视频或者文章。先不说违不违法，它是有悖于公序良俗的。许某是女博主，她说她曾经也受到过这种网络暴力，可能是以前她没能通过法律的手段来维护自己的合法权益，所以她现在又用了一种更为过激的方式，去伤害别人，尤其伤害的是我们的英雄。

王竹青：每个人都要为自己违法犯罪承担相应的后果，就像这位女博主，她自己受到了别人的网络暴力，觉得没有地方去宣泄自己的愤怒，就把愤怒发泄到别人身上，而她选择的恰恰又是一名英雄烈士，所以要为这个行为付出惨重的代价。

每一个公民或者说是每一个自然人，都要对法律有信心，对法治有信仰，要尊重法律、遵守法律，这样我们才能在一个和谐、安全的环境中去生存、去发展。

杨彦军：对英雄烈士的保护，党的十八大以来我们国家立法机关及党和政府重视程度越来越高，先后有多部法律确立了相应的条款。2017 年，《民法总则》首次出现了英雄烈士保护的条款，侵害英雄烈士姓名、肖像、名誉、荣誉，并且因此侵害社会公共利益的，应当承担民事责任，这一条首次在法律里边出现。

2018 年，我们国家专门出台了一部《英雄烈士保护法》，对英雄烈士的权益做了一个比较全面详细的规定，其中也有相应的条款保护英雄烈士姓名、肖像、名誉、荣誉，如果情节严重，需要承担刑事责任，如果情节一般，需要承担相应的民事责任。同时《英雄烈士保护法》赋予检察机关可以对违法行为人提起民事公益诉讼的权力，就是说违法主体侵害了英烈的名誉荣誉，如果英烈没有近亲属或者近亲属不提起民事诉讼，检察机关就可以以起诉人的身份向人民法院提起民事公益诉讼。

《民法典》总则编第一百八十五条规定，侵害英雄烈士等的姓名、肖像、名誉、荣誉，损害社会公共利益的，应当承担民事责任。2021 年 3 月 1 日实施的《刑法修正案（十一）》也专门规定了对英雄烈士保护的刑事责任条款。

主持人：对于已故去的先烈，公益诉讼需要联系烈士的亲属吗？

杨彦军：按照《英雄烈士保护法》的规定，英雄烈士的名誉荣誉被侵犯以后，英雄烈士的近亲属作为直接利害关系人，是第一顺位的起诉主体，只有在其近亲属不起诉或者说英雄烈士没有近亲属的情况下，检察机关才可以以公益诉讼起诉人的身份向法院提起诉讼。

在办理这个案件的过程中，我们也是依据《英雄烈士保护法》，还有最高人民法院和最高人民检察院关于办理公益诉讼案件司法解释的相关规定，主动联系了董某烈士的近亲属，经过多方查找，联系到了董某的妹妹，后来我们就把她请到了检察院，当面向她征询意见，并且做了笔录。这位老人已经 83 岁了，她也对许某的行为表示很气愤和愤慨，同时她表示自己年龄已经比较大了，不太适宜以自己的名义向法院提起诉讼，支持检察机关对许某提起民事公益诉讼。

案例 2 狼牙山五壮士，名誉权纠纷案

【案情简介】

2013 年 8 月 30 日，网民张某因虚构信息散布谣言，污蔑狼牙山五壮士被广州警方处以行政拘留 7 天。2013 年 9 月 9 日，本案被告洪某针对上述事实，在某杂志上公开发表文章，对狼牙山五壮士事迹细节进行探究，在无充分证据的情况下，涉案文章多处作出似是而非的评价、推测乃至质疑。

经审理，法院于 2016 年 6 月 27 日作出判决，被告洪某立即停止侵害行为，并于判决生效后三日内公开赔礼道歉。2016 年 8 月 15 日二审维持原判。

【嘉宾点评与解读】

王竹青：《民法典》第一百八十五条被大家称为英烈保护条款。《民法典》把这样一条增加到我们的民事法律当中是非常重要的。把第一百八十五条补充进来以后，就完善了请求权基础，我们在向法院提起诉讼的时候，就有了专门的法律条文，这有利于法律的衔接，为《英雄烈士保护法》在民法上的落地和实施提供了法律依据。

主持人：作为我们普通人来说，如果我们觉得自己被诽谤了，或者说被侮辱了，影响到了我们的荣誉权和名誉权，或者是我们身边的家人，我们应该怎么去

维护合法权益，我们应该怎么做？

王竹青：从民事的角度来说，我们可以提起侵犯人格权的民事诉讼。根据《民法典》第九百九十一条规定，每个人的人格权都受法律保护，禁止他人侵害，这是法律赋予每一个人的权利，所以当你觉得自己的人格权受到侵害的时候，就可以向法院提起民事诉讼。

那么死者是否有人格权？人去世了以后有人侮辱他，可能他不是英烈，就是一个普通人，普通人去世以后是不是可以被任意地侮辱？当然也是不可以的。《民法典》第九百九十四条规定，死者的近亲属可以对他人侮辱死者的这种行为提起诉讼，近亲属包括配偶、父母和子女，如果没有配偶、父母和子女，兄弟姐妹也可以。

之所以对近亲属赋予这样一个权利，是对近亲属和死者之间基于血缘关系产生的情感，或者是基于婚姻关系产生的情感的一种维系。它是从每一个个体权利的角度去维护整个社会秩序，只有每一个个体的权利得到维护了，整个社会秩序才能得到维护。

普法问答

问题1：境外网民网络侮辱英雄烈士，一直不回国，还能追责吗？

杨彦军：境外的网民发表的侮辱诽谤英雄烈士违法不当言论，如果涉嫌触犯了《刑法》，那么这个问题就涉及《刑法》的追诉期限的问题。我们国家《刑法》规定，所有的犯罪经过一定期限以后可以不再追责，如法定刑不满5年有期徒刑的，经过5年，那就不再追究其刑事责任。法定刑5年到10年的，经过10年就不再追究其刑事责任。但是追责的追诉期限，它有一个除外规定，就是立案侦查后或者人民法院受理后，违法主体逃避侦查或者逃避审判的，不受追诉期限的限制。所以如果现在公安机关已经以涉嫌侵害英雄烈士名誉荣誉罪立案侦查，那么不管他在境外时间多久，应该都不受限制。

问题2：在网络发表侮辱他人的言论，网络平台需要担责吗？

王竹青：平台如果对每一条言论都去审核，显然难以做到。网络平台的信息量太大了，当权利人发现自己的权益受到侵害的时候，他可以跟网络平台提出，自己的权利受到侵害了，要求网络平台尽快把信息屏蔽或者删掉。平台接到通知以后，应该立刻采取相应措施，屏蔽或删掉信息。接下来平台还要和发布者联系，告诉其遭到举报。发布者可提交证据证明自己不存在侵权行为，平台如果审核发布者的证据没有问题，可以恢复信息。如果被侵权人觉得平台解决不了问题，则可以向法院提起诉讼。

第四章

合　同

以典判案 16

保险被拒赔，到底冤不冤？

热点聚焦

投保百万医疗险却遭遇保险公司拒赔。

要点提示

保险合同是投保人与保险人约定保险权利义务关系的协议，保险合同的内容往往是格式条款，《民法典》第四百九十六条第二款规定，采用格式条款订立合同的，提供格式条款的一方应当遵循公平原则确定当事人之间的权利和义务，并采取合理的方式提示对方注意免除或者减轻其责任等与对方有重大利害关系的条款，按照对方的要求，对该条款予以说明。

签订保险合同时，投保人和被保险人要高度重视格式条款的内容，对于那些免除或者减轻保险人责任等的条款，要有客观的理解和清楚的认知，避免理赔被拒。

以案说典

本期嘉宾：

田静霆：北京市西城区人民法院金融街法庭法官

何启豪：中国政法大学副教授，中国保险法研究会理事

案例 1　购买“百万医疗险”，患重病遭拒赔

【案情简介】

2020 年 4 月，杨先生在某保险公司为自己的母亲梁女士投保了一份“百万

医疗险”，并交付保险费2280元。保险期间内被保险人梁女士被确诊为骨髓增生异常综合征，自2020年5月22日起至2021年2月22日止，梁女士先后在公立医院和一家民营医院住院治疗，共计花费167万余元的医疗费，其中医保支付部分为57万余元，个人支付部分为110万余元。梁女士随后向保险公司申请理赔，保险公司以就诊医院不符合合同要求为由拒赔，指出保险条款中约定了本保险合同中的医院是指国家卫生部医院等级分类中的二级或二级以上公立医院普通部，被保险人就诊的民营医院不属于公立医院，故不同意承担赔偿责任。

法院经审理，支持了保险公司的抗辩意见，驳回了原告的诉讼请求。

【嘉宾点评与解读】

主持人：保险合同当中约定了你必须要在公立医院进行治疗，我才能给你进行保险的赔付，但是由于你在私立医院治疗，所以我就不赔付这一部分了。这是因为当事人没有看清楚这个条款吗？还是其他原因呢？她为什么要起诉呢？

田静霆：当事人确实是在投保的时候没有仔细阅读条款，后来据投保人解释说，是因为在公立医院治疗的周期比较长，就去了旁边的私立医院治疗，此前也没有与保险公司进行过有效的沟通，以为保险能够赔付，所以就在私立医院治疗做手术，住院花费的费用也比较高，赔付的过程中才得知需在公立医院治疗才会赔付，而后产生了相应的纠纷。

免责条款是保险公司定义的一种格式合同，一般保险公司都是比较专业的，但因个人缺乏与保险公司进行磋商的能力，故在保险合同中有很多是保险公司免除自己责任的条款，这些条款在合同中，应该以加黑、加粗的字体标注提示。

主持人：最后审判的结果是什么？

田静霆：不管是按照《民法典》还是《保险法》，都是需要按照合同的内容来确定双方的权利义务关系。保险医院的就诊范围，确实也属于保险责任范围的一种，合同中也确实有明确规定，因为保费的金额跟医院就诊的类型相关，与产生诉讼的情况都具有一定的关联性，法院最后支持了保险公司的抗辩意见，驳回了原告的诉请，因为她就诊的医院不符合合同约定的范围。

主持人：“百万医疗”是很受关注的一个险种，虽然我们配置的时候很容易，但是想要得到赔付还是有门槛的，不是所有的条件都可以。如果我们购买了“百万医疗”保险，或者说我有意愿想要配置这样的保险，应该注意些什么？

何启豪：“百万医疗”的特点就是它的保费相对比较低，但保障额度却比较高，所以比较受欢迎，但诚如刚刚主持人和田法官所说的，它在实践当中其实是有很多“坑”的，消费者需要注意。比如，在看保单的时候，一定要把保障内容、免赔额看清楚。像本案中，保险公司设置了哪些免责的情况，如对医院的限制，对某些药、医保外用药等的限制，这些都需要消费者进行关注，不能因为某个保险公司描绘了一个很好的蓝图，就认为这个产品只要买了就都会保。

在消费者角度之外，从整个监管层面或者政策层面来看，对于“百万医疗”这样的产品，它确实也存在一些问题，比如说它过度筛选消费者、过度筛选一些健康体，所以它就会使产品在某种程度上排斥了一些真正需要医疗保障的人。另外消费者保护的问题，其实在一定程度上也挺突出的，就是说纠纷还是比较多的，比如说对消费者如实告知，一些保险公司的免责条款上的一些纠纷，投诉的比例都是比较高的，所以这对我们消费者来讲，面对这样的网红产品，尽管有很大的吸引力，但要小心谨慎购买，避免落入“坑”里面，从而真正地获得我们需要的保障。

主持人：我记得在前面的案例中，两位都提到了，说很多时候保险要保障的话，是有一个前提条件的，要求这个人是比较健康的。如果我发现身体不舒服了，再想去投保是不是就来不及了呢？

田静霆：是这样的，保险里面的既往症，一般是不在赔偿范围内的，很多免责条款也设置了这方面的规定，尤其是如实告知义务，保险公司一般会向投保人询问被保险人的身体状况，如果已经存在一些既往疾病的话，确实可能会被保险公司除外，但是不是一定就不赔，也需要看保险条款的约定，以及保险公司的要求。因为有一些不属于影响保险公司承保决定范围的内容，其实保险公司虽然关注到了，但还是会进行正常的承保和理赔的，所以具体还要看合同条款的内容和情况。

案例 2　隐瞒病情购买重疾险，病发后遭保险公司拒赔

【案情简介】

2019 年 2 月 15 日，刘先生为自己投保了一份重疾险，保险合同约定，被保险人经医院确诊，初次发生本保险合同约定的重大疾病，保险人给予 50 万元重疾赔偿金。2019 年 9 月，刘先生在医院检查，确诊患有冠状动脉粥样硬化性心脏病、高血压 3 级、极高危，此后刘先生申请赔偿，保险公司却拒绝赔付。刘先生诉至法院，保险公司出示了人身保险投保书，证明投保时保险公司的保险员询问了刘先生的既往病史，其中就包括心血管的疾病，例如高血压、冠心病等，而刘先生均选择了否，保险公司调取了刘先生在 2015 年 7 月 7 日，也就是投保前第四年的健康体检报告，报告载明刘先生的舒张压为 108mmHg，初步建议和专家建议均载明舒张压增高，血压增高，建议刘先生去医院确诊，并在专科医生指导下进行药物治疗。2018 年 8 月 3 日，也就是投保前一年的健康体检报告显示，刘先生的舒张压为 100mmHg，初步建议和专家建议均载明舒张压增高。

【嘉宾点评与解读】

主持人：刘先生在 2015 年就查出来自己患有高血压了，但是在 2019 年投保的时候，他却没有向保险人员告知他有这样的既往病史，因而导致了他这份保险合同没有办法进行赔付。

田静霆：《民法典》中的诚实信用原则，在保险法中的具体体现，就是要履行如实告知义务，因为保险公司本身是不了解被保险人的情况的，这就依赖于投保人如实告知被保险标的的健康状况以及相应情况，保险公司才能够决定，是否需要承保或者说是提高保险费率，这也是《保险法》的一个基础原则，如果投保人没有如实告知的话，可能会影响保险公司的决定和判断，就会产生相应的纠纷。

主持人：如果没有如实履行告知义务，最严重的可能会导致一个什么样的法律后果。

何启豪：保险公司可以解除合同。而且如果是消费者故意不告知，保险公司甚至还可以扣留保费，就是不退还保费，所以其后果还是比较严重的。

主持人：我们看到购买健康险，可能最重要的就是如实告知健康状况，是吗？除此之外还有哪些是我们必须要向保险公司说明的？

田静霆：是这样的，保险公司会有相关的询问问题，比如说保险公司会询问投保人，是否在其他保险公司已经购买，或正在购买相关的人身保险的产品，这样它就能够衡量自己的一个承保的风险，决定是否需要对被保险人进行相应的体检，它会将相关的问题在投保单中进行明示，然后需要投保人来进行相应的告知和回答。

案例 3　连买 18 份健康险，患病理赔遭拒

【案情简介】

2019 年 2 月，李女士向某保险公司投保了重大疾病保险，保险公司曾向李女士询问，您是否已购买或正在向其他保险公司申请购买人身保险？如果是，请详细描述，李女士选择了是，并在财务和其他告知说明栏中，填写了某保险公司重大疾病保险保额 10 万元。2020 年 4 月李女士被确诊为单耳失聪，其要求保险公司进行理赔。保险公司在进行同业排查后得知，李女士在 2018 年 12 月至 2019 年 4 月投保了 18 份保险，多数为重疾险，保额达 870 万元，于是保险公司以李女士违反如实告知义务为由拒绝赔付。李女士诉至法院，法院最终判决驳回了李女士的诉讼请求。

【嘉宾点评与解读】

田静霆：法院裁判的结果，也是分几个层面来进行考虑的。第一是保险公司确实对李女士进行了相应的询问，询问的内容也比较具体和明确，就是说是不是已经购买了相关的人身保险产品或正在购买，如果购买的话需要陈述具体的险种、金额这样一些情况。李女士选择了是，但是她选择了其中一份保额比较小

的，就是10万元的一份重疾险来告知保险公司，但她其实还买了很多50万元、80万元不等数额的保险，对于数额比较大的17份保险都没有告知，所以法院就认为，李女士没有履行如实告知义务，而且她的主观心理状态确实是存在故意的。然后关于她没有告知的事项是不是影响保险公司的承保决定？其实从保险的实践来看，如果保险公司得知，被保险人还有其他10余份重疾险保障的话，它可能会格外谨慎和小心，会考虑一个健康的人为什么要购买这么多份保险，可能对被保险人启动的健康体检会比较严格，正是因为李女士没有告知保险公司她购买其他保险公司产品的这样一个情况，影响到了保险公司的判断，所以足以影响它的承保决定，法院最后判决驳回了李女士的诉讼请求，保险公司是可以拒赔并且解除合同的。

主持人：话说回来了，买不同的保险或者在不同的保险公司投保，那是我的权利，是我作为消费者的自由，对不对？我就是为了在未来，万一有一天我生了大病的时候，能够多一份保障，难道这个想法不对吗？

何启豪：首先这个想法是值得肯定的。其次从消费合同意思自治上来讲，法律并不限制消费者多买保险，纠纷主要在什么情况下产生？就是你买了很多保险，保险公司询问时，你做出了一个错误的回答，或者说没有如实告知，尤其像刚才的案件，你买了18份保单，对于保险公司来讲，这样的一个事实，实际上有可能会影响它做出是否承保，或者说要不要增加保费的决定。所以在这种情况下，如果你如实告知了，同时你又是一个健康体，其实是没有什么问题的。

谈到这个问题，使我联想到刚才您提到什么时候买保险，买什么样的保险，但我刚谈到是越早越好，但是这个保险也要分类型，一开始你可以先买一点，比如在你年轻的时候，你可以先买比较便宜的，如医疗险；当你的收入越来越高，然后可能会更高的时候，要逐渐地配置重疾，因为重疾的这些保费相对比较高，可能达到八九千元甚至上万元，所以当你的收入逐渐增加时，你的保险类型也可以逐渐地增多，你的保障也会越来越高。

回到刚刚主持人提到的那个问题，你在配置保险的时候，要做一个诚实守信的人，把你的身体状况，尤其当你自己是个健康体的时候，要更加不吝啬地告诉保险公司，比如拿出你的体检报告等，这个时候你买得越多，保险公司可能越高兴。

主持人：我们在投保的时候一定要注意些什么问题，才能够避免未来出现被拒绝赔付这种情况，田法官？

田静霆：是这样的，我们每一份保险合同其实都是针对特定的保险范围来设置的，并不是说买了一份保险合同就等于进了保险箱，所以我们在购买保险的时候，最重要的一点，就是一定要认真阅读保险合同的内容。实践中，因为保险合同大多都特别得长，而且非常得厚，很多电子投保的，在手机上显示的字也非常的小，阅读起来不太方便，所以有的投保人就不仔细阅读条款，直接点了确认同意就支付保费了，这相当于是对自己权利的一种漠视，其实是应该更仔细地阅读保险条款，首先是了解清楚保险的范围是什么，保的是什么疾病，能够在什么条件下获得赔付；其次是有什么免责条款，在保险条款中就表现为加黑、加粗的字体显示的内容，这些内容需要加以格外关注。

何启豪：对于消费者来讲，在购买保险过程中要有证据意识，要注意收集一些或者保存一些对自己有利或有用的证据，如果将来发生拒赔的情况，发生纠纷的时候，这些证据可能会成为扭转局面或是解决纠纷的一个有利武器。并且在一定程度上也要了解，《保险法》或是《民法典》中对于保险公司的一些约束，明确说明义务，了解不利格式条款的一些规则，或者说是不利解释规则等，当真正发生纠纷的时候，甚至在投保的过程中，消费者就可以跟保险公司进行交流，也能够展示出消费者其实也是一个很专业的人，这样的话保险公司或代理人，可能很难故意诱导消费者购买一些保险，这在一定程度上也可以减少未来发生纠纷，发生拒赔的可能性。

普法问答

问题 1：什么情况下保险公司拒赔是不合理的？

案例：2017 年 6 月 12 日，程先生在某保险公司为自己买了一份人身保险，投保时该公司保险员询问程先生的疾病以及手术时，程先生表示保险业务员是在他的住所进行告知和询问的，询问内容包括身体是否健康、是否患有重大疾病、是否因病住院治疗。程先生明确告知保险员并无上述情形。2019年2月程先生被确诊患有甲状腺乳头状癌以及颈部淋巴结转移癌，并向保险公司申请理赔。保险公司调查后，得知程先生2015年12月26日的健康体检报告显示，其右甲状腺有多发结节，保险公司以程先生未履行如实告知义务为由拒绝理赔。

田静霆：最后法院是这样认为的，因为如实告知义务的履行需要以保险公司的询问作为前提，因为我们普通的民众其实并不知道保险公司有哪些事项，但会特别关注能够影响他的承保决定或者提高保险费率的事，所以法律也是将这种询问的义务和重要事项判断的权利，交给了保险公司。如果是保险公司没有问到的问题，我们投保人是不需要告知的，而在这个案件中，保险公司并没有询问投保人是否患有结节，而只是询问了一些常规的疾病，以及一个概括性的条款，是否患有相应的疾病或做过手术。从这个情况来看，程先生虽然体检出患有甲状腺结节，但其实甲状腺结节是现代社会比较常见的一种症状，它是否属于疾病，其实还是存在争议的。而且从程先生的体检情况来看，并没有得到医院说需要进一步检查治疗，或者说需要采取有针对性的诊疗措施这种提示，所以其实程先生自己也不知道这个病属于需要告知的疾病范畴，因此法院最终认定，程先生并没有故意或者重大过失未履行如实告知义务，判决保险公司给付重大疾病保险金。

何启豪：在信息不对称的情况之下，保险公司并不了解消费者的风险是什么，如实告知义务的规则之所以确立，初衷可能是为了保护保险公司的利益。随着保险纠纷越来越多，大家或者是立法者、司法者发现，保险公司把本来是一个如实告知义务的盾牌，当成了一个长矛，成了拒绝赔付的一个重要武器，所以这个时候立法者和司法者如我们国家在2009年对《保险法》进行修改，然后最高人民法院出台了相关司法解释，这些都在逐渐地增加、约束保险公司使用，或者说滥用投保人如实告知义务规则，像刚刚田法官谈到的询问、告知，概括性条款、针对概括性条款，即使询问了，如果询问的内容是一个概括性的。像刚刚谈到的，是不是有其他的疾病，你都要说一下，但没有具体指出来是什么疾病的情况之下，即使保险公司问了，对于消费者来讲，也可以当作没有问过，这都是对保险公司使用这个规则的一个约束。

在司法实践中，因为我也做了一些实证的研究，收集了 2000 多个案例，发现在我们国家法院有 70%的案例还是倾向于保护消费者的，是判决保险公司赔付的。但是能不能真正赢得赔付，取决于两个层面，一个就是你自己还是要在购买保险合同的时候履行自己的义务，另一个就是如果保险公司出现了不正当理赔，我们消费者也应该拿起法律的武器，来保护自己的合法利益，通过阅读专业的书籍或者是通过观看我们的节目，能够使自己避免一些不公正的对待。

主持人：对于那些没有进行如实告知的人，田法官有没有什么要告诫的呢？

田静霆：在还没有购买保险合同的情况下，还是要提醒大家一定要遵守诚实信用和公平合理的原则，及时将自己的健康状况告知保险公司。实践中有的保险销售人员，以如果如实告知了，可能保险公司会拒保或者说会提高保险费为由，诱导一些投保人不要告知自己的健康状况，这个时候大家一定要擦亮双眼，把自己的体检报告，发给相关的保险代理人或经纪人，留好相应的告知证据，这样方便以后在发生纠纷的情况下，能够作为保护自己的武器。而对于确实没有告知，但是已经承保的保险合同，相关的投保人其实也是可以进行一个相应的补充告知的，把自己的健康状况告知保险公司，让保险公司再作出一个相应的判断。比如，有的疾病保险公司可能会除外，就是这种特定类型的疾病，已经存在的既往症除外，但是其他方面的保障不受影响，或者说会加收一些保险费率。比如，特别肥胖的人群，可能会发生心脑血管疾病，2 型糖尿病等风险比较高的，可能会加费，但是不影响我们的保障。所以在这种情况下，我们即使现在告知，也有相应的补救方法。

问题 2：故意隐瞒病情投保是否构成骗保？

何启豪：骗保的行为一般可以分为三种类型：第一种是在没有发生保险

事故的时候，捏造一些保险事故去骗保；第二种是被保险人故意制造保险事故，像前段时间发生的杀妻骗保案，受益人就是丈夫，他故意把自己的妻子杀害，然后来骗取大额的保险金；第三种是发生保险事故之后，投保人或受益人捏造发生事故的原因，或者夸大损失等。

主持人：经过几十年快速的发展，保险已经进入千家万户，我们对于保险的意识在逐步增强，大家对于保险的看法也有所改变。但是在现实生活中，我们也看到，有一些投保人没有进行如实的健康告知，有一些保险的经营者没有进行诚信的经营，因此也会严重影响中国保险业的健康发展。我们在此也呼吁大家在进行保险行为的时候，一定要本着诚实守信的原则，让保险更加具有保障的功能，也能够让人民群众的生活更加幸福。

以典判案 17

民间借贷中的那些事儿

热点聚焦

1. 借条与欠条有什么不同?
2. 借款利息如何计算?
3. 民间借贷在《民法典》中是如何规定的?

要点提示

民间借贷关系，借款人要向出借人打借条。《民法典》第六百六十八条第二款规定，借款合同的内容一般包括借款种类、币种、用途、数额、利率、期限和还款方式等条款。《民法典》第六百八十条规定，禁止高利放贷，借款的利率不得违反国家有关规定。借款合同对支付利息没有约定的，视为没有利息。

以案说典

本期嘉宾：

程洁玲：北京市西城区人民法院法官

李小波：北京市律师协会律师，北京市西城区律师协会副会长

案例 转款2000元，借款还是赠与

【案情简介】

赵先生起诉胡女士，要求胡女士还给他2000元，赵先生说胡女士拒不还钱，还把他拉黑了，无奈之下才向法院起诉的。

2017年，赵先生在一个单身聚会群里认识了胡女士，两人见过几次面后，

胡女士便通过微信向他借钱，2017 年 6 月 6 日，被告提出要借 2000 元用于还房租，当时赵先生还不知道她叫什么名字，只有她的微信，即便如此，赵先生还是把钱转给了胡女士。2018 年 6 月 8 日，通过银行转账，赵先生转给胡女士 2000 元。后来赵先生要求胡女士还钱，胡女士表示，这 2000 元是赵先生为了向她表示好感而主动赠与她的。胡女士说，后来两人并未成为男女朋友，赵先生在群里说她的坏话，一气之下便把赵先生拉黑了。法院经审理，判令胡女士返还赵先生 2000 元。关于胡女士主张的赠与关系，因为没有提交有效的证据予以证明，所以法院也是不予采信的。

【嘉宾点评与解读】

主持人：这是一个典型的民间借贷案件，程法官能不能介绍一下这起案件的特点？

程洁玲：这个案件的主要争议焦点在于赵先生转给胡女士的这笔款项，到底是赠与还是借款。案件中双方并没有一个明确的书面凭证，比如有借条或者是赠与的意思表示，即明确表示：这个钱是赠给你的，不用偿还了，这种表示在本案是没有的。

李小波：其实我觉得这个案件还是非常普遍的，特别具有代表性。第一就是两个借款人，其实并不是非常的熟悉，也就是关系并不密切。第二是数额并不大，所以很多人生完气以后就不去维权了，因为觉得维权的成本比较高。要钱不给还拉黑，想找到这个人也不太容易，因为这两人并不熟悉，相互连真实的名字都不清楚，地址电话可能也都不清楚，微信一拉黑就找不到人了，所以我觉得这是小额借贷，在一些社交平台认识，但相互又不是特别好的朋友的一个比较典型的案例。双方没有借款合同，也没有借条，胡女士也拿不出任何证明赵先生赠与她钱款的证据，但赵先生却保留了 2018 年 6 月 6 日双方的聊天记录。聊天记录明确显示，胡女士承诺当月 15 日还款，可她却并未兑现承诺。此后赵先生开始催她还钱，赵先生说他被胡女士拉黑后，还在另一个单身聚会上碰到了胡女士，两人因为还钱的事发生了口角，还报了警。

程洁玲：这个案件是《民法典》实施之前的案件，但是《民法典》施行之后也不影响案件里的民间借贷关系的成立，它也保持了法律的一贯性和连续性，我们沿用的是原《合同法》中关于借款合同的相关规定，以及民间借贷司法解释的相关规定，主要就是通过当事人的微信聊天记录来做一个判断，微信聊天记录里这位女士明确地表示她没有钱了，需要钱，然后男士就问她要多少，胡女士说2000元，当月15日还，通过短信的这种交流，还是可以明确有借贷的意思表示在里面。审判结果确认了这种民间借贷关系的成立，故判令胡女士返还赵先生2000元借款。关于胡女士主张的赠与关系，因为没有提交有效的证据予以证明，所以法院也是不予采信的。

主持人：小波律师能不能给我们一些提示，怎样才能将这些民间借贷纠纷发生的概率降低？

李小波：如果是熟人之间借款，一定要用书面的方式约定，有一句话叫口说无凭，立字为据，所以千万不要觉得朋友关系好，或者说是亲人，就不打借条了，我经常跟当事人说，你钱都借给他了，你还不好意思让他打条吗？

主持人：但是有人会觉得咱俩关系都这么近了，十几年的朋友还用写借条吗？我的信誉您还不认可吗？

李小波：认可信誉，但还有一句话叫亲兄弟明算账。怎么算？有些时候你可能记性好，我记性不好，不是我不信任你，而是怕我自己忘了。

主持人：接下来我们就一起来说一说民间借贷在《民法典》当中是如何规定的。

程洁玲：民间借贷在《民法典》中是有名合同，规定在借款合同这一章，借款人向贷款人借款到期并返还款项、支付利息的合同，其实指的就是自然人、法人、非法人组织之间的一种资金融通行为。

主持人：提到民间借贷，我们经常说要有凭有据，有两个名词特别的敏感，一个叫借条，另一个叫欠条。这两个词实际上在我们民间使用的过程中很容易混淆，并没有一个清晰的概念，二位赶紧来给我们普及一下。

李小波：借条说明了一个法律关系，就是借这个钱等于是从出借人这里拿出放到借款人的手里，将来借款人是要还本付息的，这是借贷关系。但欠条就不一定是借贷关系了，也就是说欠条产生的这种债的原因可能就有很多种，比如我欠货款或者我买房子，然后尾款没给你，我也会打一个欠条。

发生的各种各样的债都可能签一个欠条，比如我今天来的路上发生了交通事故，当时没有钱，就跟对方车主说你去修车，然后我给他打了一个欠条。相比之下欠条使用更广泛，但是借条仅限于借贷关系，所以在一般情况下借款一定要写借条。

主持人：借条怎么写，它的法律效力是怎样的?

程洁玲：首先出借方以及借款方的姓名身份信息一定要注意，因为咱们国家这么大，同名的人这么多，只有身份证号才是唯一的。其次借款的金额以及交付的方式，这个都是要明确写在借条里的。最后还有还款的期限，以及如果双方约定有利率的话，利率是多少，这些都是要载明的。

主持人：通过检索中国裁判文书网，我也发现了一个问题，很多的经济纠纷、民间借贷纠纷矛盾都出自刚才我们提到的借条，有些借条写得乱七八糟的，基本上是处于先天不足的状态，接下来我们来一起看三份借条。咱们给甄别甄别问题到底出在哪了。

借条 1：今借到刘某人民币 10 万元，一年后归还。借款人：外甥小杨，2013 年 5 月 11 日。

程洁玲：这个借条最大的问题就在于借款人是不明确的，外甥小杨到底是谁，到底是哪个外甥？这个是需要明确的事项，在这种情况下就需要你提交比如转款证明、转款记录或者是别的微信聊天记录来佐证确认借款人到底是哪个小杨。

主持人：我们来看下面这一份借条，写的也是借条。

借条 2：今借到安某人民币大写：玖拾叁万元整（小写：930000.00），用于归还某某贷款。注：此笔借款以银行转账为准，借款人谢某、李某、张某、韩某，2015 年 9 月 7 日（按了手印）。

李小波：这个借条看起来还是相对比较规整的，但是它也有一个问题，就是没有约定还款时间。另外，它是以银行转账为准，像这类的借条要写上转款的账户，因为它底下写的是 4 个人，你转到哪儿去？

如果转到这 4 个人中的任意一个账户上去，你还必须得确认，比如款项正好能一一对应，否则的话未来可能都是纠纷。

主持人：借款人或出借人众多的时候，这个借条我觉得应该写得更加明确和具体一点是吧？更加规范一点，来减少后期矛盾的发生。我们来看第三个借条。

借条 3：今收到现金 13 万元整。收款人某某某，日期 2014 年 11 月 10 日。

程洁玲：这个借条有两个问题，第一个问题是没有写出借方的姓名。这就意味着这个借条如果被别人捡到，他也可以来主张。张三可以说是他的，李四也可以说是他的。第二个问题是它说收到现金多少钱，但它并没有说收到的现金是借款，还是还款。

主持人：除了这三个借条之外，还有一些具体的问题，我想请问一下程法官，借款的用途是否必须写到借条当中？

程洁玲：最好是写到这个借条里，这也是为了防止一些当事人拿其他的事由来抗辩，比如他说用来赌博了，或者说是分手费，像这些的话都有可能对借条的效力造成影响。

主持人：还有一种情况就是借款人有配偶的，最好把借款的这件事，让他的另一半知道，比如丈夫借了 10 万元钱，妻子却不知道，也没有在这个借条上签字，是不是会受影响？

程洁玲：这种肯定是会受影响的。根据现行《民法典》的规定，我们还是主张这种大额的债务，如果是夫妻的话，建议共债共签，这对债权人来说是最好的保护，如果不能做到共债共签的话，将来债权人也是要来证明这个责任的，共债共签的话举证责任是在出借人一方。

主持人：我们知道《民法典》是从 2021 年 1 月 1 日起开始实施的，那么从《民法典》开始实施之后，对于民间借贷纠纷的相关规定作了哪些调整和变化？您给我们说一说。

程洁玲：《民法典》中对于民间借贷最明确的规定，就是自然人之间的借款合同是自贷款人提供借款时成立，这个可能涉及的就是一个利息的起算问题，就是如果咱们俩签订了一个借款合同，约定的时间是2018年10月20日交付款项，但是实际上我是在2018年12月20日才向你交付款项，这个时候借款合同成立的时间应该是2018年12月20日，这个可能就会涉及后面的利息的起算时间以及借款的还款时间。

主持人：小波老师给我们具体说一说借贷关系中利息到底怎么来计算。

李小波：先看双方之间有无约定。我们说《民法典》有一个最大的特点，就是民事法律行为的基本原则叫当事人意思自治原则，所以在我们所有的民事法律行为中当事人有约定的，从其约定，没有约定的，我们才从法定。所以利率这一块要看当事人有没有约定。当然我们有一个法定的前提，也就是说你的利率不能过高，不能高于国家关于民间借贷利率的限制，只要在这以下，你随便约定。我们原来的民间借贷，根据《最高人民法院关于审理民间借贷案件适用法律若干问题的规定》，保护的最高值是年息的24%，如果说当事人之间的约定超过了年息的24%，而达到了年息的36%，但是当事人之间已经履行的法律不禁止，高于36%这一部分法律不保护，这是我们以前的规定。

现在民间借贷保护利率的规定，是按照同业银行之间的拆借一年期的基准利率来计算的，那么民间借贷的利率不能高于基准利率的4倍，按照我们现在银行间同业拆借的每个月公布的一年期贷款利率计算4倍的话是15.4%,[①] 这是我们现在民间借贷保护的最高利率。我们在《民法典》里边规定符合法律这个规定的利息，你随便约定，有约定的从其约定，如果没有约定，这里边又分为两种情况，一种是自然人与自然人之间的借款，如果说没有约定利率，那么就没有利息。

但是如果事后能达成协议的，我们说还按照当事人能达成的协议去计算。如果说借贷的双方有一方是法人或者非法人组织，另一方是自然人的，那么在这种情况下没有约定利率的，就是没有利息。但在约定了利率，却对利率约定不明的情况下，我们就会把自由裁量权交给法官，由法官按照市场的情况、以往的交易

---

① 节目录制时，依据中国人民银行《2021年5月20日全国银行间同业拆借中心受权公布贷款市场报价利率（LPR）公告》内容：2021年5月20日贷款市场报价利率（LPR）为：1年期LPR为3.85%，以上LPR在下一次发布LPR之前有效。嘉宾采用1年期LPR为3.85%作为基准，4倍即为15.4%。

习惯来确定要不要支付利息。

如果是自然人之间约定了，比如我跟小关约定，我从你这儿借10万元钱，然后我约定有利息，我说小关你借给我钱我给你利息，但是我们之间没有约定利息的数额计算方式，那么我们也视为没有利息，这是我们《民法典》中关于民间借贷利率的相关规定。

主持人：刚才说到了法律只保护15.4%左右的正常利率，如果说我们俩在借款的过程中，已经超过了法律允许和保护的利率，比如写到了利息是30%，明显超过了国家保护的利率范围，到底是算这笔借款没有利率，没有利息，还是只能保护在国家保护范围内的15.4%左右的利息。

程洁玲：在国家的司法保护上限以内的利率还是被认可的。不会被视为没有利息，而是说超出部分，没有法律依据就不予支持。

普法问答

问题1：夫妻之间是否能构成借贷关系？

主持人：夫妻之间是否成立这种借贷关系，比如妻子借给丈夫7万元，丈夫可能用这笔借款去赌博了，最后法院是否认可这笔钱的借贷关系？

程洁玲：首先夫妻之间肯定是可以成立民间借贷关系的，但是这种民间借贷关系，是否受保护，我们要根据具体的情况来判断。这里有一个假定的前提，就是夫妻对于他们平常的共同财产是如何处分的，有没有相关的协议，比如对于婚内财产有一个明确的约定，如果没有明确约定，像对于借款借条来说，可能就没有意义了。如果夫妻双方对于这种共有财产有一个明确协议的情况下，夫妻之间的财产就比较分明，在这种情况下借条是有可能成立的。

李小波：我们遇到一个案例，夫妻关系还不错，但这两个人是二婚夫妻，也就是说丈夫和前妻有一个孩子，在前妻那里抚养，然后孩子出国，他需要大量的费用，丈夫手里不够就找现在的妻子借，借的时候约定了说还，但是一直不还，找他要，他又说你看我自己儿子出国了，我又不好意思找前妻要，所以一拖再拖，这样便形成了夫妻之间的债务。

所以在我们日常的生活中，也就是说只有夫妻关系明确确定了是归属于一方财产的情况下，发生民间借贷的可能性才会比较大，如果说根本就不分这个财产，不是你的，也不是我的，是咱俩共同的，在这种情况下，我从你这儿借了也是用于共同的经营，挣的钱也是用于共同的生活，即使打了借条也不会得到支持。

问题2：未成年人之间的借贷行为是否受到法律认可？

案例：小刚在12岁的时候把自己的50元压岁钱借给了同学小强，小强当时还非常认真的出具了借条，这个借条有两份，一份在小刚手里，另一份在小强手里。多年之后两个孩子都成年了，小刚在一次小学同学的聚会上遇见了小强，把钱还给了小强，未成年人这种借贷是否还算数？

主持人：这个案例有一定的特殊性，它涉及未成年人之间的民间借贷是否受法律保护，还涉及诉讼时效的问题。

程洁玲：根据现行的法律规定，限制民事行为能力人处置自己权利的时候，若是在一定的范围内，它是受法律保护的，所以说限制民事行为能力人的这种借贷行为并不一定无效，它也是有处置权利的。

关于诉讼时效，在当事人不提出抗辩的情况下自动履行了，时效的问题也就不存在了，自动履行法院也是不持异议的。

李小波：限制民事行为能力人之间如果有大额的借贷发生，在这种情况下我们在法律上就会让它处在一个效力待定的状态，什么叫效力待定？就是说你发生了这样的一个法律关系，生不生效再说。什么情况下生效，就是它的法定代理人的追认行为。

比如我儿子今年12岁，他从同学那里借了5000元钱，说要买一台电脑，这样的一个行为，如果说我知道了，我对于这样的行为予以认可，我同意他这么做，那在这种情况下我们说这5000元钱交易的行为对于我儿子来讲，是有效的，但是如果对方是他的同学也只有12岁，那么出借的行为有没有效，我们要看对方的家长是否追认。

如果说两方的家长都认可这 5000 元钱的借贷关系，那么这就是一个有效的行为，但是如果说我们两方家长都不认可这个借贷关系，这就是一个无效的行为。无效就像刚才陈法官说的，不是说行为无效，这个钱就没了，无效了也要进行返还，如果他把这钱花了还不了，我做家长的作为监护人，是有义务返还的，这是一个问题。

还有另外一个问题，也就是这两个孩子还签了两份借条，对于小孩来讲他可能不太明白，但是在我们成年人的世界里，如果打了两份一模一样的借条，是非常危险的一个行为。如果说小关我从你那里借了 10 万元钱，我打了一个借条，你签字我签字，则我们之间签订了一份这样的借条，如果是借款合同一人一份没有问题，但如果是一模一样的借条就有问题了，这个问题出在哪儿呢？如果我不还钱了，你拿着你手上那份借条来找我要钱的时候，我说对不起，你的钱我已经还了，为什么？你看我手上有我当时给你打的这张借条，在这种情况下，实际上就会给我们的债务不履行找一个借口。

以典判案 18

虚拟财产，切实保护

热点聚焦

1. 什么算是虚拟财产？
2. 当虚拟财产受到侵害时如何维权？
3. 买卖继承、公证虚拟财产是否具有特殊性？

要点提示

本篇要点：第一，根据《民法典》第一百二十七条的规定，法律对数据、网络虚拟财产的保护有规定的，依照其规定。虚拟财产同样受到《民法典》保护。第二，虚拟财产可以到公证处进行公证。

以案说典

本期嘉宾：

郭岳萍：北京市长安公证处业务部主任

杨延超：中国社会科学院法学所研究员，科技与法研究中心主任

案例 1 《民法典》施行后，更注重保护虚拟财产

江苏省无锡市惠山区人民法院开庭审理了自《民法典》实施之后的首例虚拟财产纠纷案。据了解，玩家蒋某游戏账号内购置的装备无端消失，与游戏平台沟通后，对方却表示无法帮助蒋某恢复，这就意味着蒋某在游戏中所花的钱全部丢失。气愤之下，蒋某将该平台告上法院。经审理，法院认为，根据《民法典》的规定，网络服务提供者知道或者应当知道网络用户利用网络服务侵害他人民事

权益，未采取必要措施的与该网络用户承担连带责任。最终一审判决游戏运营商恢复游戏玩家的游戏数据。

【嘉宾点评与解读】

杨延超：这是我们《民法典》实施后的第一例涉及虚拟财产的案件。网络游戏，游戏的玩家对这个案件可能会更有感情，因为长期以来游戏中的一些装备，包括一些能量石都涉及一些法律纠纷，因为它们会让游戏中的人物变得更加强大，但有的时候会出现盗窃的情况，包括本案这种纠纷，而且很多玩游戏的人会花很多钱来买这些装备。在这种情况下一旦发生纠纷，像这些虚拟财产在法律上算不算财产，应不应该保护，如何保护，这都是一直以来社会各界关注的问题。这次《民法典》的颁布，我觉得对这样的一些问题给予了回答，尤其是第一百二十七条和第一千一百九十七条这两个条文在这次判例当中也被法官援引了，它很重要也很有意义。

主持人：以前可能没有明确虚拟财产的法律地位和如何去保护，现在不仅明确地位，还告诉你如何去保护，都有什么样的措施，这应该说是一个很大的跨越。我想问问郭主任，平时您在工作中，有没有人说我要对我的虚拟财产进行一下公证或进行一下明示？

郭岳萍：几年前办过一个案例，我给一位女士办了一个遗嘱公证，这位女士立下遗嘱，除了在遗嘱中处分一般咱们想象得到的财产，如房产还有存款之外，还特别指明把她微博微信还有博客上面的一些文字和图片留给当时还未成年的儿子继承。这就是我接触到的现实中的案例，但现在出现了越来越多的这种案例，比如刚才杨老师说的这些案例，促使我们去关注虚拟财产这个话题。

主持人：接下来咱们通过街头采访去看看大家伙是怎么看待虚拟财产的，大家认为哪些是自己的虚拟财产？

路人采访：1. 比特币也算是一种，我觉得它和基金股票差不多；

2. 余额不算，但是我觉得微信里的钱应该算；

3. 不是实物，是网上虚拟的数字货币，比如比特币，还有基金；

4. 就不是真实的，假的，我不太用。

主持人： 我们看到在街头采访中，大家还是认为游戏中的虚拟币，还有这些装备都是自己的虚拟财产。

杨延超： 比较典型的虚拟财产，第一类是大家刚才讨论的游戏类的虚拟财产，包括我们的游戏币、装备，也包括那些能够让游戏玩家起死回生的能量石、天赋石，这些能够让你得到很好的游戏体验的事物都可以成为虚拟财产。目前我们司法实践当中争议较多的案例，就是游戏类的。第二类是比较典型的虚拟财产，就是关于电商类虚拟财产。夫妻两人开了一个淘宝网店，实践中就发生了这种案例，离婚的时候要分割财产，其中发现最重要的一个财产，也是争得最厉害的财产就是两个人开的店铺，因为它已经经营了很多年，有很好的商誉，还是钻石店。在这种情况下，它有很强烈的经济价值在里面，所以这就是我把它称为电商类虚拟财产的原因。第三类虚拟财产叫自媒体类的虚拟财产。公众号、微博、微信、抖音都算。前不久发生的一起案例，我们称为首起微信公众号的争议案例，这个公众号经营没几年，就已经被评估到400多万元的价值，它发布了一些关于美食类的文章，影响力也很大，几个人合伙，最后有一个人想把它占为己有，其他人就起诉了，所以这种案例，它也属于我们认为的典型虚拟财产。除此之外，随着科技的发展，还有很多等待我们去发掘的虚拟财产，包括我们现在热议的比特币，那比特币算什么？算不算虚拟财产？法律应不应当保护？这都是特别值得研究的问题。①

主持人： 既然杨老师抛出了这个问题，我想问问郭主任，您觉得像比特币这样所谓的虚拟货币，包括像我们国家已经发行的电子货币，它们是同一种东西吗？它们算不算我们的虚拟财产？

郭岳萍： 您提问的比特币，还有咱们央行发行的数字货币，现在主流观点认为这两种都是虚拟财产，但它们并不是一种，也并不相同。除此之外我们的支付

① 根据2013年12月中国人民银行、工业和信息化部、中国银行业监督管理委员会、中国证券监督管理委员会、中国保险监督管理委员会联合印发的《关于防范比特币风险的通知》，比特币不是由货币当局发行，不具有法偿性与强制性等货币属性，并不是真正意义的货币。从性质上看，比特币是一种特定的虚拟商品，不具有与货币等同的法律地位，不能且不应作为货币在市场上流通使用。

宝支付，还有微信支付，它是电子支付的一种比特币，是最典型的虚拟货币。央行的数字货币，对它是否属于虚拟财产还是有争议的，但是主流观点像一些法学家他们都认为这还是虚拟财产的范围，而且咱们央行发行的数字货币和电子支付还是有一些区别的，因为你花的央行的数字货币，实际上是数字化的人民币，它和花现金是一样的，但是你的电子支付，比如支付宝支付，还有微信支付，你实际花的是你银行卡里的余额或者是刷的信用卡，所以说还是有所不同的。关于数字货币我做个简单的补充，央行的数字货币与比特币都叫数字货币，但是这两者有本质上的区别。

杨延超：本质就在于央行的数字货币是我们国家背书的，它属于法定货币，它具有法偿性，但是比特币没有任何一个国家给它背书，而且至今我们说比特币的发行人是谁，没人知道他是谁，这样一种没有任何机构给它背书的数字货币，竟然可以得到全球那么多人的认可，所以它是一种以区块链技术为运行技术底层的数字货币，因此这两种数字货币截然不同。那么我们从法律属性来讨论虚拟财产，它算不算虚拟财产？国家发行的央行的数字货币，我个人更倾向于把它当作货币，它不是虚拟的，它是真的货币，跟货币具有同等的地位。我国的《银行法》正在修改，修改之后就是为了迎接我们数字货币的到来，以后的货币有两种，一种是实物的，另一种是数字的，所以它是真的货币，我不建议把它划到虚拟财产的范围，把它划到货币的范畴是不是更准确。另外一类就是我们说的比特币，大家热议的比特币到底是什么？算不算财产，能不能得到法律的保护？法律上是有争议的。

主持人：我们聊了这么多都是关于虚拟财产的，接下来大家一定会问一个问题，如果说我们的虚拟财产受到了侵害或者是被盗了，我们该怎么办？

案例 2 游戏账号被盗，玩家报警维权

【案情简介】

李先生从 2016 年开始在手机上玩一款叫倩女幽魂的游戏，为了追求高端装

备，陆续进行了高额充值。李先生说充值15万元的账号，很多装备已经是顶级。李先生想出售账号，于是在游戏的公共广播里发布了信息。当时是在游戏里面喊了一下账号要促销，很快就有游戏玩家和李先生联系，对方表示要用李先生的手机号码来验证游戏账号的真实性，李先生没有多想就把信息告诉了对方，没过多久李先生就发现账号被盗了。对方盗号后，李先生无法登录，于是马上和游戏运营商联系，希望能追回被盗的账号，但李先生向游戏运营商申诉后，却没有成功追回账号。李先生说他能提供2020年到2021年的游戏充值记录，但游戏运营商希望他提供更长时间的充值记录，目前李先生已向当地派出所报案，警方受理了此案。

【嘉宾点评与解读】

主持人：首先请问一下郭主任，刚刚杨老师所提到的《民法典》中最新的关于虚拟财产的两条规定，能不能适用于这个案件，李先生的财产能不能追回呢?

郭岳萍：对虚拟财产的法律保护，它是有一个变化的过程的，最早被作为财产提及需要保护是源于2017年10月1日起施行的《民法总则》，《民法总则》施行之前法院对相关争议的判例，比如转让网店这种争议，它会列入合同纠纷的范畴，保护的是合同权益。但是《民法总则》施行之后对相关争议的判例，一般来说就会把虚拟财产直接认定为同现实财产具有同样的法律地位。包括在我国台湾地区，也会把虚拟财产作为动产来保护。如果涉及刑事案件的话，就以动产论，比如盗窃罪、诈欺罪这一类的罪名，相关的案例也显示出判决游戏账号的所有人对游戏的角色还有宝物资料是有处分权的，它可以进行转移，跟现实中的动产是一样的，没什么区别。

杨延超：我认为虚拟货币这类的案件，在诉讼当中可能最大的难点还是证据的问题。虚拟财产存在于虚拟世界，这类案件的证据往往也存在于虚拟世界，尤其是没有及时存证，那么后期发生纠纷的时候，往往找不到证据，所以相关权利就没有办法得到维护，这里面最重要的证据，我觉得不管是作为游戏玩家、大号的游戏玩家还是具有影响力的公众号，取证都要在诉讼之前，当然郭老师本身就是公证处的，我觉得公证作为一种取证的方式很重要，除此之外，我们还可以采用一些新型的技术手段来进行取证。

郭岳萍：刚才提到的那个案件里的李先生，他去法院立案的时候，可能要提供相关的证据，警方才能给他立案。那么提供证据的话，你就要保管好自己的手机，包括手机里一些能证明你是虚拟财产所有权人的记录，还有像刚才杨老师说的对话记录、转账记录，这些都要保存好，有必要的话可以到公证处办公证，或者用电子存证或区块链存证这种方式给它保存下来，以便自己今后无论是因为虚拟财产被盗，还是因为其他的纠纷，拿出这个证据就是有备无患的。

主持人：我们经常说每一个人都是自己生命财产安全的第一责任人，所以说财产肯定是不光包括有形的财产，还有我们的这些虚拟财产，大家一定要把这种保护做在前面。刚刚我们说的就是正常的虚拟财产如果遇到了纠纷或者被盗，我们应该怎么办。

案例 3　虚拟货币遭遇抢劫，法院判处抢劫罪

【案情简介】

2020 年 10 月，四川的梁某因欠债，萌生了抢劫朋友之妻骆某的想法，而他要抢的并不是实际的钱款，而是虚拟财产比特币。随后梁某邀约朋友袁某、王某共同作案，三人采取了暴力威胁等手段，迫使朋友妻子骆某将其名下的比特币和以太币转入梁某账户，共价值 600 万元。事发后，三人并无渠道出售如此大价值的虚拟货币，最终投案自首。法院认为抢劫虚拟财产也是抢劫罪，3 人分别被判处有期徒刑 7 年半至 10 年。

【嘉宾点评与解读】

主持人：这个案例其实更加真实地说明了现在虚拟财产已经跟我们的有形财产具有同等的地位，我们到底该怎么保护虚拟财产，其实刚刚杨老师给了一些比

较具体的建议，并且在这个节目的最开始已经提到了，我们保护虚拟财产的时候，除了我们个人之外，还有一个很重要的参与者就是平台，比如游戏的运营方，是不是在对虚拟财产保护的同时，也对运营方提出了更高的要求？

杨延超：因为虚拟财产很特殊，刚才主持人有一句话说，我们每个人都是自己财产的主人，这句话在现实世界中是尤为受用的，但是在虚拟财产的世界中，它有一个特殊性，就是这个财产你个人很难完全决定是你的虚拟财产。它的存储和使用乃至管理依赖于什么呢？虚拟财产要得到很好的保护，依赖于平台的共同努力。《民法典》对虚拟财产保护的条款是第一千一百九十七条，此条也特别提到了这个问题，那就是作为平台你要有管理的义务。

我认为平台当下有两点法定义务是不可或缺的，第一，对于虚拟财产你要时刻地进行管理，否则要承担连带责任；第二，不能采用格式合同来屏蔽消费者的基本权利。比如，我们看到很多这种虚拟财产的格式合同，作为游戏玩家也好，作为账号的管理者也好，你在注册的时候给你一份格式合同，合同里面所有的权利你都没有，都是管理者的，你只有义务，甚至说主要的经济权利你都没有，在这种情况下，通过一些判例，我们越来越确认这种消费者的主要权利都没有得到保障的格式合同，就算消费者点击同意，在法律上也是没有效的且是不平等的，所以在这种情况下我们要保护作为虚拟财产的基本权利，消费者在有生之年要保护他的虚拟财产，就算他去世了，作为平台依然有义务去捍卫这种虚拟财产不受侵犯。如果一个大的公众号的维护者去世了，他的继承者要继承虚拟财产的时候，作为平台的管理者，你要不要配合？要不要及时地给人家过户？这都是你的法定义务。在这种情况下，我们要强化平台责任，唯有如此，个人的虚拟财产才可能得到真正意义上的保护。

主持人：您刚刚提到了一个非常重要的概念，就是关于虚拟财产的继承，我觉得这个地方一定要请教一下郭主任，平时我们说公证处公证最多的可能是房产，还有遗嘱这样的公证，近年来您在处理业务中是否发现，例如公证遗嘱之类的有没有什么样的一种趋势化？

郭岳萍：确实是有这种趋势，虚拟财产的法律保护我认为是走过几个阶段的，最初人们遇到这类问题的话，可能就到公安部门去解决，然后进一步到法院去诉讼，慢慢地大家会主动到公证处来要求办理与虚拟财产相关的公证，比如遗嘱公证、继承权公证，还有合同协议类的公证就是刚刚杨老师所说的，我们把保护的意识提到报案之前，提到去法院进行诉讼之前。

普法问答

问题 1：游戏账号如何让我的子女继承？

郭岳萍：我认为如果从公证的角度来解决这个问题，咱们可以立一个遗嘱并且办理公证，或者说只立遗嘱也可以。《民法典》规定的几种形式的遗嘱不一，建议做公证。若做遗嘱公证，刚才我提到的要考虑您游戏皮肤和装备在您跟网络运营服务商签署的平台服务用户协议里面，对您转移这些东西有没有限制？确定好了就可以去进行遗嘱公证。

问题 2：虚拟账户里的信息，百年之后不想让家人知道，怎么办？

杨延超：彻底删除，其实在法律定义上类似于这种日记记录，它有双重属性，一个叫财产属性，另一个叫人格属性，作为财产属性，著作权法以及相关的法律规定是可以继承的。比如他的子女想出版、想赚钱，这是可以继承的，子女有这种权利，但是它有一个人格属性，是没有办法继承的。比如有一个人不想让这样的一个账号进行公开的话，他如果在日志中做了这样的记录，包括在电子文本中做了这样的记录，任何人都不能公开。而且这种人格属性一旦在作者去世之后被侵犯的话，因为作者已经去世了，谁来维权？在法律中经过多年的实践，会有相关的公共管理部门以侵犯公序良俗为由制止这种事情。所以如果说有的信息你不想公开，我觉得方法很多，最根本的方法就是把它删掉。

郭岳萍：在虚拟财产继承的办理过程中，我们发现有好多刚才您提到的问题，因为它有人格属性，它有很多特别温情的故事，包括我们收集的全国各地公证机构办理的公证，那些同行也给我们讲述过里面那些比较温馨的故事，因为人故去了，我再进入他的游戏账号，就觉得有一种怀念，还有一种寄托。如果不想把虚拟财产删除，就像杨老师说的彻底删除，是想在树洞里保管着自己的秘密，自己多年的一些东西，他也不想给自己的父母或者是将来的配偶，也不想让他们知道的话，有没有亲密的朋友可以通过遗嘱的方式留给他来继承，因为虚拟财产的继承有人格属性，所以一般来说继承范围和顺序与我们现实中的财产可以有所区别，可以按照亲密原则或者价值最大化的原则去确定这个范围，不一定是咱们传统的配偶优先，还有血缘优先的原则，可以不用太考虑。

杨延超：从技术的手段再加一条，就是把你的这些日记进行一个加密处理，然后上传到区块链上永远不可篡改，而且加密不能查看。

主持人：《民法典》是首个把虚拟财产列入保护对象的法典，民之法典来护卫人民的权益。

以典判案 ⑲

警惕“双十一”购物陷阱

热点聚焦

1. “双十一”来袭，多种玩法的背后有着怎样的法律风险？
2. 狂欢购物天价成交量的背后又存在怎样的交易骗局？

要点提示

本篇要点：第一，根据《民法典》第五百八十七条的规定，消费者在消费平台上支付的定金，如果消费者不支付尾款的话，定金不退，如果平台不履行相关的发货义务，定金双倍返还；第二，《民法典》第一百二十三条规定，商标是民事主体依法享有的知识产权，不容侵犯；第三，除特殊的产品外，消费者购买的产品理应享有 7 天无理由退款。

以案说典

本期嘉宾：

杨岱君：北京市海淀区人民检察院检察官

朱巍：中国政法大学副教授，中国政法大学传播法研究中心副主任，硕士生导师

旁白表述：说起“双十一”购物狂欢节，相信我们每一个人都不陌生，您知道吗？其实这样一个概念，充斥在我们的生活中已有近 10 年的时间，从最初某一个电商平台对这一概念的推广，到现在几乎是全网全社会都在参与的购物狂欢节。“双十一”已经具有全民属性，那么“双十一”这三个字是否和商标一样具有归属权呢？

主持人：“双十一”到底属于谁？

朱巍：“双十一”我觉得谈商标好像很难吧，注册的商标必须具有显著性，易于与其他商标相区别。另外，我有个想法，如果“双十一”用美术字体表现出来，也许是可以通过商标注册的，各种的艺术字体是可以的，但如果“双十一”本身这个“节日”把它注册成一个商标了，可能这种商标具有排他性，如果具有排他性的话，你能用别人用不了，也不太适合作为商标。

主持人：如果说某个单位或者某一个平台真的拿“双十一”去注册了，我们的工商部门会不会受理？

杨岱君：其实这里边涉及一个商标的概念问题，什么是商标？商标主要指的是商品和服务的一个标志，主要的作用是区分商品和服务的来源，商标必须要具有显著性。我们看到这个商标就知道它代表的产品是什么，这样的话才有利于商标的推广。

杨岱君：“双十一”从字面上理解的话，可以理解为11月11日，它其实是一个特定的节日，由于商家的不断推广，“双十一”更像是一个购物节，把它作为商标无法体现商标的显著性。根据《商标法》第十一条第三项的规定，如果缺乏显著性是不能作为商标进行注册的，所以说“双十一”也就是说11月11日是很难作为商标进行注册的。在实践中也能看到，近两年有关机关对于“双十一”“618”这些数字作为注册商标的申请都是予以驳回的。

主持人：为什么这些数字的注册被驳回，难道只是因为它是“双十一”和“618”吗？如果拿其他的数字来组成一个排列的话，会不会被工商部门驳回？

朱巍：我觉得还是可以注册的，比如某款著名的食用油，1∶1∶1是一个商标，所以它的显著性和数字之间的关联，可能真得找一个专家来判断一下，比如“双十一”，如果我就设计一个美术字体或者一个样式，它本身不是数字，数字只是它的根本，它外表的情况可能是一种特殊设计，我觉得也是可以试试的。

主持人：我们说“双十一”“618”这种网购狂欢节之所以被越来越多的人关注和参与，就是因为在这个过程当中，有巨大的优惠和便利。但是在这个过程中，我们也发现了一些特殊的词汇，进入了我们大家的关注范围之内，比如预收定金和尾款。

旁白表述：随着各类购物狂欢节的火爆，各类新的购物方式也是层出不穷。最近几年，预收定金的概念逐步被推广，即在购物狂欢节之前对心仪的产品缴纳一定数额的定金进行预定，等到购物节当天再支付剩余尾款。在此过程中，如果消费者反悔，不想缴纳尾款的话，定金一律不退。

主持人：杨老师，您有没有在生活中听到过预收定金和尾款的概念，给我们来解读一下。

杨岱君：对凡是参与过“双十一”购物的，可能在一些大的购物平台上都会涉及定金和尾款这种问题。其实我们法律上讲的定金，经常提到的是两个词语，一个是确定的“定”，还有一个是订票的“订”。双十一当中涉及的定金主要指的是第一种“定”。定金是指合同的双方当事人，为了促进交易，根据法律的规定或者是双方约定，由给付货款义务的这一方，按照合同约定的一些比例的价格，先行支付给商家一定的数额，展现出双方想促成交易的这么一种意识。所以说在这个过程中，定金在民法上有一个特殊的概念叫定金法则。根据《民法典》第五百八十七条的规定，给付货款的一方如果不履行相关的债务，例如在平台上想买一个商品，并且给付了这个商家一定的定金，双方约定好“双十一”的时候消费者支付尾款，然后商家安排发货了，但是在这过程中，消费者不喜欢这个商品了，他不想买了，这个就属于消费者一方的单方违约行为，在这种情况下，法律是不支持消费者要求商家退还定金的。如果消费者能够与商家进行协商一致的话也是可以退回的，但是如果商家拒绝把定金退给你，那么消费者只能支付相应的尾款，然后再寻求退货退款，退货退款中再退的钱，不仅包括之前的定金，也包括后边的尾款。需要向大家特别强调的一点是，退货退款必须有一定的条件，第一，必须是要在收到货物 7 日之内进行退货退款。第二，退货退款所指向的商品也必须是《消费者权益保护法》规定的 7 天无理由退货退款的这么一种商品。假如说像生鲜类的产品，或者是消费者根据自己的特征定制的商品，是不能够享受 7 天无理由退货退款的定金法则的，它其实是一个双向的约定，它既对消费者有一个约束，也对商家有一个约束。如果消费者提交了定金，那么商家不发货或者是发的货物跟双方约定的不一样，在这种情况下，相当于商家是要承担一个违约责任，是需要双倍返还定金的。

主持人：我们说到在购物的过程中，一定要看清楚商品的包装，避免因为商品包装引发纠纷。

案例 相似包装、假冒伪劣，侵犯了商家哪些权利？

【案情简介】

2021年3月29日，某派出所接到群众蔡女士报警称，自己在某网络店铺上购买的一台戴森牌吹风机，疑似是假货。据蔡女士讲，这个吹风机买来没多久，就经常出现开关不灵敏及断电的现象，再加上那家网店也不是官方旗舰店，因此她怀疑自己买到的不是正品。警方立即立案侦查，通过对该网店店主身份信息、银行卡、资金流水等进行综合研判，办案民警发现大量资金流向了同一个银行账户。经过查询，发现账户的开户行是在广东省某地，持卡人是一个孔姓男子。经过20多天的蹲守及跟踪调查，办案民警断定，这个大厦应该就是孔某的包装发货地，而就在距离大厦不远处的另一座大楼里，民警发现了孔某制造假冒戴森吹风机的生产流水线，最终民警将孔某等制假团伙一网打尽。

【嘉宾点评与解读】

主持人：这样的一个造假行为对于原品牌来说是不是属于一种侵权的行为？

杨岱君：商家擅自使用知名厂家的品牌包装或者是仿制的包装，很容易造成产品的混淆，然后让消费者误以为其购买的是知名的商品，在这种情况下，根据《反不正当竞争法》的有关规定，商家的行为其实构成了不正当竞争。按照法律的规定，除了要求停止违法行为，没收侵权产品以及进行罚款以外，如果情节特别严重的话，那么知名品牌的商家还有权对这个假冒商家进行惩罚性的追偿。根据我国《刑法》的规定，未经注册商标所有权人的许可，在同一种商品上使用与其注册商标相同的商标，进而生产商品的，在这种情况下是可能构成假冒注册商标罪的。需要特别提醒大家的是，在2020年的时候，全国人大常委会通过了《刑法修正案（十一）》，并于2021年3月1日正式实施，其中对于打击侵犯商标类的犯罪，提供了更加严格的追责，主要体现在两个方面，一方面是删除了管制拘役这些相对较轻的主刑，如果一旦被认定为构成犯罪，可能一入刑就是以有期徒刑为起点了；另一方面法定的最高刑也有所提高，以前商标类的犯罪最高刑是7年，现在如果情节严重，可以最多判处有期徒刑10年，所以说这也体现出咱们国家从严从快打击侵犯知识产权犯罪，从立法上对于知识产权严格保护的这么一个精神。

主持人：我们发现在市面上有一些商品，它的包装、商标都和某一个知名品牌极为相似，包括称谓也是有点擦边球的意思。这种情况对于原品牌是不是一个极大的侵害？

朱巍：我有一次去爬山买了一罐红牛，都喝完了，突然仔细一看发现不是红牛，很像，把我都给骗了，而且当时买的价格就是红牛的价格，从这个角度来说，对于消费者权利的损害那是很大的了，对红牛这么多年来积累下来的商誉来说也是一个极大的损害，因此，按照《民法典》的规定，它侵害知识产权必须有惩罚性赔偿。

主持人：价格圈套都有哪些，为什么说“双十一”很吸引人？那是因为商家说了在“双十一”当天购买一定是最低价，如果发现了有比这个价格更低的，会不会退差价？

朱巍：我是真遇见过退差价的情况，我本人在某平台订了一个房间，当时我记得那个房间的价格和我实地到店的时候问的价格差200元钱，一般我们认为在互联网上订应该更便宜才对，所以我当时就跟这个平台客服联系了，我说这种情况怎么办？他让我拍张照片，然后把差价退到了我的零钱里面，有证据证明钱就就退给你了，是因为之前平台有这样的承诺，我们按照承诺去履行，所以我们有相关的权利。比如，面膜、保健品，一些中国没有代理商的产品，这些产品以前是被微商玩剩下的东西，今天全都涌进了“双十一”。还要特别注意一下盲盒，在“双十一”那天交一部分的钱，盲盒9块9包邮，这里面可能有999元的东西，但是也有可能什么都没有。很多消费者就拼命地去买盲盒，在“双十一”的时候，盲盒基本上是一个法律监管的误区。

主持人：作为商家推出保价的措施，能不能算是消费者的一种权益，能这么理解吗？

杨岱君：从某种意义上来讲确实可以这么理解，其实是相当于商家的一种单方面的承诺，他一旦做出承诺，对于商家来说就是有约束力的。所以说作为消费者，一定要看清楚保价“双十一”条款的具体内容，如果商家在确定保价“双十一”条款的时候，就已经明确表示，我是要排除掉刚才提到的秒杀价的。在这种情况下，如果秒杀价确实比之前的价格要低，是没有办法要求商家退还差价的。

但如果商家没有明确说明其保价的“双十一”有什么附加条件，消费者也向相关的客服人员进行过咨询，也没有说要有相关的排除条件，在这种情况下，商家再以秒杀价是特殊的价格，不享受保价“双十一”服务的话，其实相当于是商家违约，消费者可以通过正当的途径维护自己的权益。

消费者遇到这种情况，可以第一时间和商家进行协商，如果协商不成的话，可以请求消费者协会调解，然后向相关的行政监管部门进行投诉，甚至最后可以选择通过向人民法院提起诉讼的方式来保护自己的权益。

主持人：我们看到商家有时候会推出一些秒杀价，作为优惠措施。“秒杀价”三个字有时候还被标的很大，非常容易引起我们的关注。

短片1：您觉得“双十一”的东西真的便宜了吗？

采访1：我感觉没便宜，虽然“双十一”有时是挺便宜的，但是有时买完了，那东西跟“双十一”价格还是一样的，没有多大幅度。

采访2：感觉就是噱头。

杨岱君：像很多秒杀价、惊爆价或者是限时抢购，其实是一个商家的正常促销活动。消费者看到这个价格之后，会以为这个价格已经到了一个相对的低点，然后消费者也是奔着优惠价格去进行购买的，但如果商家仅仅是用特价来做幌子误导消费者，实际上它所谓的特价或者秒杀价跟平时的售价并没有区别，甚至比平时的售价还要高。这种情况就属于发改委禁止价格欺诈行为规定中的一些虚构原价或者虚构优惠折价的情况，商家相当于构成了价格欺诈，是需要承担相应的法律责任的，消费者也完全可以按照《消费者权益保护法》的规定，享受退一赔三的赔偿权利。

我们对于网络购物提出八个小提醒，第一就是看信誉，要尽量选择正规的平台和信誉比较好的商家；第二是要留心眼，对于那种价格明显偏低的商品，咱们消费者是要留个心眼的；第三是比价格，大家多在不同的平台看一看，逛一逛，总是能选到自己比较心仪的商品的；第四是要看商品的评论，提前了解这个商品的实际情况；第五是看评论的同时，还要防止水军，对于一个商品，下边有大量重复性的好评，这个时候咱们消费者要多注意了；第六是慎打款，我们尽量选择货到付款，或者是有第三方平台这么一个保障支付功能的方式去购买相关的产品；第七是要留存相关的证据，在咱们购物的时候要把购买的记录发票，还有和商家之间的聊天记录保存好；第八是敢维权，当咱们的合法权益受到侵害的时候，要勇敢拿起法律武器来保护自己的权利。

朱巍：给大家提几个建议，第一，在单一的平台上进行交易的时候，千万不要跳转到第三方的平台，跳转的话90%是骗子；第二，在交易的过程中，永远不要点别人发给你的链接，点进去之后你的身家性命就没有了，很奇怪的微信传过来链接让你点，说这次优惠的力度更大，你点进去之后发现是一个克隆的网站，输入账号密码之后你的钱就马上被转空了。一旦遇到这种问题，比如在直播间里被骗了被坑了，按照《消费者权益保护法》的规定可以获取赔偿。

普法问答

问题1：双十一宣传最低价，过后发现价格又降了怎么办？

朱巍：说史上最低价格，本身是违反《广告法》的，史上最低价格，你信吗？这句话本身就是个违法的宣传；另外，如果真的是它后面有更低的价格的话，那就属于欺诈了，我可以要求补差价，同时我这东西不要了，我要求你以欺诈赔我，退一赔三，不足500元的按500元算，消费者可以自由选择。

问题 2：购买的产品和宣传的产品不同，怎么办？

杨岱君：第一，如果消费者对于产品不满意的话，是完全可以按照《消费者权益保护法》第二十五条的规定，享受 7 天无理由退货的。第二，如果消费者不想退货，实际上它挂出来的是一个贵的商品，然后收到的是一个比较便宜的商品，这个就属于商家的一种欺诈行为，那么消费者是有权获得赔偿的。第三，如果这个属于“挂羊头卖狗肉”，卖的商品不仅是便宜的而且是伪劣的，在这种情况下，商家有可能会构成生产销售伪劣产品，是要追究刑事责任的。所以我们希望大家在消费的过程中，尽量理智一点，选择正规合规的商家进行购物。

以典判案 20

丢了东西如何讨，捡了东西如何还？

热点聚焦

1. 出租车上遗落物品找不回来怎么办？

2. 拾金不昧该不该要报酬？

3. 捡到物品有损坏，是否需要担责？

要点提示

本篇我们主要讲述了我国《民法典》第三百一十四条、第三百一十六条以及第一千一百九十一条，拾金不昧是我国的传统美德，应当大力倡导。拾得人有妥善保管义务、返还义务或送交公安机关的义务，同时也有请求失主支付保管费用及履行悬赏承诺的权利。对于拾得的物品，除非是失主自认放弃或认定为无主物的，否则拾得人都不能取得所有权，千万不可因一时贪念而使自己成为违法者。

以案说典

本期嘉宾：

刘丽媛：北京市石景山区人民法院法官

王兴尧：北京律师协会律师

案例 1　消失的行李箱究竟去哪了？

【案情简介】

2021 年 5 月 28 日，席女士从外地参加完活动后回家，在火车站出租车调度站，席女士将自己的银色行李箱放进了蒋某驾驶的出租车后备厢后，乘车回家，下车没走多远，席女士才想起来自己的行李箱还在车上。从胡同跑出来时，席女士看到蒋某已经驾驶出租车远远离去。从调取的视频中能非常明显地看出席女士的银色行李箱就在车的后备厢，事后席女士通过支付平台联系到司机却得到回复，称没有捡到自己遗失的物品。席女士说行李箱里都是一些自己的大牌化妆品和美妆工具，这些东西都是她海淘或是从免税店购买的，价值高达3万元。席女士认为这些都应该由出租车公司和司机蒋某赔偿。一气之下席女士一纸诉状将其告到了法院。

法庭上司机蒋某承认，自己之前说没看到行李箱是撒了谎，撒谎是有原因的，因为行李箱丢了。出租汽车公司表示其对司机如何处理乘客遗落物品有明确的规定，发现遗失物之后，第一，报告公司。第二，就近送往派出所或者妥善保管后交回公司。第三，如果能联系上乘客给乘客送回。当庭法官给双方播放了席女士下车的公共视频，对自己在视频中的表现，司机蒋某说，自己一直在等席女士打开后备厢，可是她走了。经审理，法院对于出租车公司提出行李的丢失，与公司无关的辩解不予认可。法院认为，被告出租车公司可依据公司内部规章制度，另行向司机主张权利。2021年9月30日，法院对此案作出一审判决，由被告出租车公司赔偿原告席女士财产损失3万元。

【嘉宾点评与解读】

主持人：刘法官能不能给我们讲讲这个案件背后的一些细节？

刘丽媛：席女士下车后走了一段路就返回来了，回来后发现司机刚刚把车开走，然后席女士就尝试给司机打电话，但是都没有接听，再之后席女士又通过网络平台跟司机联系，并承诺向司机支付500元的红包，但司机否认拾到了行李箱而且拒绝提供联系方式。后来席女士通过出租车公司和派出所都没有找到自己的行李箱。

主持人：席女士其实跟这个司机是有过一定沟通的，看得出她是无奈之下才去起诉的，可能更多是心理上有一种无奈和不平的情绪，最后这个行李箱到底去哪了呢？

刘丽媛：从视频监控来看，乘客上车的时候把行李箱放在了后备厢，下车后司机拉走了，司机在网络平台回复并没有拾到乘客的行李箱，但是在庭审答辩时又说行李箱捡到后被其他乘客拿走了。

主持人：有个问题想要请教一下王律师，我们看到还有一个网络平台是吧？比如在这个案件当中网络平台有没有什么责任？

王兴尧：在这个案件中，作为网络平台，它是有义务来协助乘客与司机联系的，并提供与该行程相关的信息，如果说司机把乘客送到目的地之后，又拉了别的乘客，后一位乘客把前一位乘客遗失的物品拿走了，那么平台应通过车载的录音录像设备获得相关的线索，提供给有关部门，协助失主寻找失物。如果平台拒绝提供线索，或者能够提供而不提供，那么这个平台是有过错的，应当承担相应的责任。

主持人：我们看到由出租汽车公司来赔偿席女士3万元钱，而非司机本人，那么司机本人还有一定的责任吗？

刘丽媛：《民法典》第一千一百九十一条规定了公司对职员职务侵权的替代责任，同时赋予了公司对职员进行内部追偿的权利。具体到本案中，司机载客的过程中，没有妥善保管乘客的行李，侵权责任是由公司承担的。司机的责任由公司依据公司的规章制度或者《民法典》的相关规定进行追偿。

主持人：我们是不是还可以理解成，比如我们在工作时间，在工作场所可能引起了一些纠纷，其实在很大程度上工作单位也是要担责的。

刘丽媛：公司承担替代责任的前提是职员侵权的时候是在履行职务行为，关于职务行为的认定，在我国《民法典》第一百七十条中进行了相关的规定，这个规定我们去解释它可能需要四个构成要件，第一就是这个行为人和公司之间有用工关系，必须是你的职员，不能说来了一个人把这个公司车开走了，公司就要来承担替代责任，这不行。第二就是他要在工作的场所和工作时间，如果说出租车司机是中间下车以后，去商场里自己买东西了，在这里面发生了一个侵权，可能这个公司是不担责的。第三就是它要以公司的名义去运营，比如他开的是哪个公司的车，大家一看就能看出来。第四就是他所做出的行为和他的工作职责有内在联系，或者属于他的工作职责范围之内的，在这种情况下公司才能去担责。

主持人：我想请教一下王律师，您觉得它判决的意义是什么？它又释放了哪些信息呢？

王兴尧：通过刚才这个案例，我们可以看到这里面有两个法律问题。一是司机的责任问题，司机在运营的过程中，有保障乘客人身和财产安全的义务。对于乘客遗失的大型物品，比如本案中的行李箱，是有谨慎注意义务的，在乘客下车时应提示拿好物品，没有查看也没有提示乘客，就是未尽到注意义务。同时，司机还有妥善保管的义务，他在证词里讲到，我看到了，但是我没拿，是被后面的乘客拿走了，他这个行为就是没有尽到妥善保管的义务。二是出租车公司或平台公司的责任。大家可能会觉得，是出租车司机收了打车费，为什么最后让出租汽车公司来承担责任？刚才刘法官也说了，因为司机是一个职务行为，所以公司这方承担的是一个替代的赔偿责任。平台公司或者出租车公司承担完赔偿责任后，有权利向司机或者向工作人员追偿，但是这个追偿并不是说公司损失了多少，就让劳动者个人承担多少，而是有一定的限额和比例，这个在与劳动相关的法律里面有规定，这是为了保护劳动者的权益。在这个案例中，作为司机，他没有尽到谨慎注意和妥善保管义务，是出租汽车公司、平台公司承担责任的最主要的原因。

主持人：好的，其实我们看到《民法典》中规定，我们捡拾到物品一定要归还，这里边又有一个延伸的问题，就是在保管遗失物的这段时间，如果遗失物损坏了或者再次丢失了，这个责任又该怎么算？

案例 2 男子捡到手机后，负气扔掉

【案情简介】

王某回家路上不慎丢失了新手机，恰巧被赵某捡到，于是王某请多位朋友帮忙联系捡拾者赵某归还手机。赵某说他捡了手机，但对方不仅没有感激，还说了很不客气的话，于是就把手机扔了。最后王某把赵某告上了法院。法院认为民事

主体的物权及财产权受法律保护，本案中赵某捡到手机后与王某发生了争执，未履行保管返还义务，致使手机下落不明，王某因此遭受了财产损失，赵某应当承担相应的损害赔偿责任，最后综合考虑判决赵某赔偿王某财产损失 4000 元。

【嘉宾点评与解读】

主持人：如果说遗失物在捡拾者手里被损坏了，那么还可以对他进行索赔吗？

王兴尧：在生活中我们常常遇到这样的问题，很多人有一个观点就是这个东西是我捡的，不是我偷的，也不是我抢的，有用就占为己有，没用就扔了。其实这是错误的，你作为拾得人，临时占有他人的遗失物，就有一个妥善保管的义务。如果因为故意或者重大过失造成了遗失物的毁损或者灭失，或者又丢弃或丢失了，在这种情况下你是要承担赔偿责任的。

主持人：刘法官，请问在《民法典》中对这一条有什么相应的规定吗？

刘丽媛：根据《民法典》第三百一十六条的规定，拾得人对于拾得的遗失物有妥善保管的义务，如果说因为他自己的过错或者重大过失导致遗失物毁损灭失的，他要对这个权利人承担一个赔偿责任。

主持人：接下来还想请教王律师，我刚刚还有一个问题，就是说如果别人捡到了我的东西，我想请求别人归还我，他可以向我索要报酬吗？

王兴尧：可以。但是这里它不是报酬。根据《民法典》的规定，权利人领取遗失物时，应当向拾得人或者有关部门支付保管遗失物等支出的必要费用。比如，有的遗失物体积比较大，拾得人可能需要专门找一个保管的地方，支付必要的保管费用。如果遗失物是宠物，还需要购买饲料或专业护理，为此也会产生一些费用。

但是，还有另外一种情形，失主发现东西丢了，很着急，觉得这个东西价值很高，或者里面是重要的物品或文件，或者有重要纪念意义的一些物品，他就发一个悬赏公告，拾得者返还原物，给予一定数额的奖励。刚才刘法官也讲到了，说这个失主对司机说了，如果你把这东西还给我，我可以给你 500 元钱。悬赏的意思表示是清楚的，如果拾得人把拾得物交还给你的时候，你就应当兑现在悬赏中作出的承诺。

主持人：接下来要请刘法官进一步回答，如果说我拒不支付我已经意思表示了的悬赏的费用，那么我有责任吗？

刘丽媛：《民法典》第三百一十七条第二款规定了权利人悬赏寻找遗失物的，领取遗失物时应当按照承诺履行义务，如果说拒不兑现的话，拾得人就可以依据这条法律规定主张遗失人去兑现它。

主持人：从这个案例中我们可以看到尽管这是一件小事，但是经常发生在我们身边，比如我们有的时候在大马路上捡到了别人的遗失物，那么我们捡的这个东西算不算是非法地占有了别人的财物，还有如果说我们捡拾到了别人的东西，我们可不可以管别人要报酬？

案例 3 男子捡到车钥匙，偷走租赁车

【案情简介】

2020 年 7 月的一天，乔某在经过村西口附近时在路边捡到一把汽车钥匙，试了试刚好能打开路边停放的一辆小轿车，于是乔某偷偷开走了车。根据车辆的 GPS 显示的行驶轨迹，可以看出从案发的地点到车辆启动之后就是一个持续行驶的状态，然后一直行驶到了乔某女婿所在的物业管理小区的地下停车场内。该车实际上是张某租赁的，案发前几天张某不慎遗失车钥匙，就通过出租公司又配了一把。案发当天张某准备开车时发现车丢了，租车公司通过 GPS 定位发现此车被乔某开走，于是报了警。租车公司又派了其他的人跟租赁人张某一起找，然后在地下停车场一个角落里找到了这辆车，找到时这个车已经没有车牌了。而乔某发现车不见了，也不敢声张。直到 7 月 21 日民警通知他到派出所。

虽然之前在公安机关和检察机关乔某都拒不认罪，但是在庭审过程中通过出示大量的证据，还有播放现场的录像，乔某最终承认了自己的犯罪事实。经鉴定，被盗车辆价值 41000 元，最终法院以犯盗窃罪判处乔某有期徒刑 2 年 4 个

月，并处罚金3万元。

【嘉宾点评与解读】

主持人：请两位给大家来梳理一下，什么情况下我们是捡，什么情况下我们有可能涉及偷？

刘丽媛：本案涉及的这种情况，是一个遗失物的问题，属于物权编里的一个特殊的规定，由不特定的人捡拾到这个东西才能称为遗失物，至于对于遗失物怎样才能认定拾得人，是偷还是盗窃侵占，它要符合刑事法律的相关规定。

主持人：王律师对此有什么见解？

王兴尧：到底是偷还是捡，我们很多人可能会有一个误解，觉得捡到了一个东西，不是偷的，不是抢的，谁捡了归谁。但是按照《民法典》的规定，拾得遗失物，应当返还权利人。也就是说你拾得了遗失物，只是临时保管，不能够据为已有，应当及时通知权利人领取，或者送交公安等有关部门。但还有另外一种情况，就是失主已经通过线索查找到了拾得人，比如手机丢了，通过定位功能找到是谁拾得了手机，向他索要的时候，他仍然拒不返还，那么这个时候就已经不仅仅是“捡到”的问题了，还会涉及一个侵占的问题。此外还有一种情况，有人捡到了这个东西，为了防止别人找到，比如手机，把它做了初始化设置，让失主无法通过定位查找，这就有可能会涉及一个“偷”的问题，捡拾本身没有错，但是如果捡拾之后处理不当，那就有可能构成行政违法，甚至是刑事犯罪，同时还会被追偿。由此可见，法律对遗失物的相关规定是比较详细的。

您刚才讲的一种情况，就是我在马路边捡到一个东西，没有办法识别他是谁的，也没办法通知失主，我们应该怎么办？根据《民法典》的规定，应送交公安等有关部门，这个有关部门并不特指公安机关，也包括公交公司、地铁站，就近的社区街道工作站或安保部门等有能力接收和保管遗失物的部门，这是作为拾得人应尽的一个义务。

刘丽媛：我国立法采信遗失物之不能取得所有权主义，与几千年来中华文化所倡导的“拾金不昧”“路不拾遗”的道德精神是相辅相成的，法律对拾得遗失物的法律后果的规定，符合我国国情，也有利于和谐社会建设。另外，权利人支付一定的费用，符合公平原则，既有利于保管人妥善保管和尽快归还遗失物，又有利于减少这类纠纷的发生。

王兴尧：在我们的生活中，大家或多或少都会有过剧中人物这样的经历，不管你是拾得人还是遗失人。《民法典》的规定和我们中华民族的拾金不昧的传统美德是相辅相成的，它把我们拾金不昧的这种民族内核变成了法律的规定。

作为拾得人，我们有一个及时返还的义务，如果我们无法通知失主并及时返还，应当把这个遗失物交到有关部门，由有关部门来发布招领公告。不要产生错误的想法，将遗失物据为己有，或随意处置。在没有交还失主或者没有交到有关部门之前，你有妥善保管的义务，不要有任意处置的错误做法，如果处理不当，造成遗失物毁损、灭失或者拒不退还，不仅会承担相应的民事责任，甚至还会承担行政和刑事责任。

作为遗失人，你应当向拾得人支付必要的保管费用，如果你为此做了悬赏公告，那么你就应当兑现你的承诺。这也是构建诚信社会、和谐社会的一个基本要求。

主持人：当我们捡到遗失的物品之后，想要去找还这个物品，甚至可能最后像最开始这个案件，可能有些无奈情况要诉诸法院，我们都需要准备哪些一定要有的证明或者是文件呢?

刘丽媛：首先也就是最重要的，要证明遗失物遗失并有拾得人拾得的事实，及时留取监控；其次要证明遗失物的价值、票据、购买记录等。拾得人首先要妥善保管，如果拾得时拾得物品就损坏的，要及时拍照录像，尽快送交公安部门由公安部门联系权利人，减少保管上的费用和风险。

王兴尧：我还有一点补充，在丢失物品的情况下，其实遗失人自身是有过错的，也是有责任的。首先，我们要提醒观众朋友们，当我们外出或出行的时候，一定要妥善保管自己的物品，在离开的时候要检查自己的物品是不是带齐全了。其次，像剧中案件的出租汽车公司、平台公司和司机要做好提示，并做好必要的检查。在社会生活中，航空公司、高铁、餐厅这些服务单位，大都会在乘客离开时作出提示，请检查您的手机，检查您的行李，检查您的随身携带物品等。最后，一旦发现有东西遗失，应当快速地回忆查找有效的线索，并及时向有关部门进行查询。越早发现线索，越早固定证据，越早采取相关措施，对于你失而复得是非常有帮助的。

普法问答

问题1：未按时交付遗失物，还能获得悬赏金吗？

王兴尧：这个问题涉及拾得人的返还义务，《民法典》中并没有规定应当在多长时间内予以返还，有可能是隔了两天，也可能隔了很长时间，要根据具体情况具体分析，在合理的时间内返还。如果说失主发了悬赏公告，你看到了信息去返还的时候，他就应当按照承诺履行义务，但是《民法典》也规定，拾得人侵占遗失物的，无权请求保管遗失物等支出的费用，也无权请求权利人按照承诺履行义务。另外，如果要求的费用过高，还有可能会构成侵占或敲诈勒索。

刘丽媛：当失主已经发现遗失物在哪儿了，遗失物已经丧失了遗失的特征，然后悬赏可能也就失去了它激励的作用，如果说这个时候你仍然不归还的话，权利人就可以依据法律的相关规定主张你返还。

问题2：捡到别人家的狗咬伤人，这个责任谁来负？

刘丽媛：《民法典》第一千二百四十五条、第一千二百四十六条规定了饲养动物致人损害的责任认定方式，走失的动物，拾得人在占有期间有妥善管理的义务，作为事实上的占有管理人，需要承担管理责任，如果不能证明是因被侵权人的故意招惹、挑逗或其他重大过失行为造成的侵权，那么这个管理人是要承担侵权责任的。

王兴尧：之前也看到过这样一个案例，有一个大妈，她特别有爱心，经常给小区的流浪狗投喂食物，后来有一只流浪狗把居民给咬伤了，到底找谁负责？后来受伤者就找到了她，说你定期给它投喂食物，结果造成了越来越多的流浪狗在小区聚集，你就是一个临时管理人。在这种情况下，如果你管理不当，造成他人损伤，是要承担侵权责任的。

总结：捡到遗失物如果操作不当，可能还要因此遭受损失，拾得人侵占遗失物，背离了拾金不昧的美德，所以要依据《民法典》的规定履行返还遗失物的义务。同时如果失主通过悬赏方式寻得遗失物，应当按照承诺向拾得人支付承诺的报酬。诚实守信同样也是社会大众的行为准则。

以典判案 21

熊孩子的充值打赏行为算数吗?

热点聚焦

1. 未成年人的网络打赏行为是否有效?
2. 《民法典》如何约束未成年人的打赏行为?

要点提示

本篇我们主要讲述了《民法典》第十九条、第二十条的规定，民法典限制了未成年人实施行为的范围，未成年人只能实施与自己智力精神状况相适应的行为，对于超出自己智力精神状况的行为，应当由其监护人实施。根据此项规定，未成年人充值打赏可视情况予以返还，除了法律层面的完善之外，平台也需做出更有效的管理，出台相应的验证和管理措施。此外，家长作为未成年人的监护人，更应该加强教育引导，引导未成年人理性消费，并妥善保管好自己的账号、支付密码，防患于未然。

以案说典

本期嘉宾:

刘洋: 北京市第二中级人民法院法官

朱巍: 中国政法大学副教授，中国政法大学传播法研究中心副主任，硕士生导师

案例 男孩充值游戏 6 万元

【案情简介】

范女士由于平时工作繁忙，10 岁的儿子就让姥姥照看，在姥姥不留意的情

况下，孩子竟在姥姥手机游戏里进行了150多笔充值，将近6万元，其中有数十笔仅用了几分钟，每笔都是648元。范女士的儿子说不知道点券直接与钱挂钩，所以就在游戏里一直用点券抽奖，因为抽奖可以获得游戏道具和人物皮肤。事后范女士和游戏公司的客服人员取得了联系，尝试申请退款。

【嘉宾点评与解读】

主持人：未成年人打赏行为是一种什么行为？在法律上怎么界定它？

刘洋：未成年人的打赏行为在法律上可能会有以下几种认识，第一种认识认为未成年人做出的打赏行为是基于他自己的意思表示，而不是基于一个完全民事行为能力人的意思表示，所以在法律上除非他的法定代理人进行追认，或者是同意，否则他的打赏行为可能是无效的。另外一种情况，比如他打赏的这种财产的价值非常小，或者说本身并没有使用过多的虚拟财产以及其他真正的实质性的物质财产，在这种情况下也有可能会认为这种打赏行为是一种娱乐性的消费行为。在此种情况下，如果没有违反法律规定，这些轻微的打赏行为可能会被认定为有效。

主持人：刘法官，未成年人的打赏行为在《民法典》中是怎么规定的？

刘洋：《民法典》规定关于做出打赏行为的主体：如果是未成年人，特别是8周岁以下的，为无民事行为能力人；如果是刚满8周岁的，那就是限制民事行为能力人，在这两种情况下，他做出的民事行为有可能法定代理人不追认，也就是他的法定代理人如他的父亲母亲不同意他做出这样的挥霍财产的行为，在这种情况下就有可能构成无效的行为。

朱巍：法律怎么规定其实跟家长能不能退回来钱是两回事。比如说法律明文规定了8周岁以下的小朋友是不能够处分比较大的金额的，刚才刘洋法官也讲了，但是核心在于你怎么证明是小朋友打的赏，这是一个核心问题，如果你的注册信息就是一个小孩的话，一般来说是可以认定的，推定这个赏就是小朋友打的，但是很多小朋友大额打赏都不是用的自己的号，都是爸妈的。如果你可以证明当时父母是看着孩子打的，并且都拍下来了，那你当时为什么不制止孩子的这种行为？你当时没有制止就意味着你同意，所以这是一个很难两全的问题，到今天为止法律规定这么明确，绝大部分的家长依然不能把钱退回来，核心原因就在于举证责任。

主持人：根据《民法典》第十九条、第二十条的规定，8 周岁以上的未成年人为限制民事行为能力人，实施民事法律行为由其法定代理人代理或者经其法定代理人同意、追认。不满 8 周岁的未成年人为无民事行为能力人，由其法定代理人代理实施民事法律行为。同时第一百四十四条规定，无民事行为能力人实施的民事法律行为无效。这些条款的设立保护了未成年人合法权益，同时也使得家庭避免因孩子的不当行为遭受不必要的损失。那么如何证明充值打赏人是未成年人呢？其实在这一条法律规定中，孩子的年龄有一个变化，以前规定是 10 周岁，现在变成了 8 周岁，您怎么看待这种改变？

朱巍：这么下调意味着什么？实际保护的不是家长的监护权，而是整个市场交易的这种安全和保证市场经济往前发展。到了这个阶段，孩子年龄自然要下调，是这么一个发展过程，绝对不是单纯保护家长，作为家长更应该履行自己的监护职责。

刘洋：我们把 8 周岁划定为限制民事行为能力的一个起点，就意味着我们全社会都应该更加关注画线之下的这些小孩子，关注他们对于这种电子产品的使用，以及对于网络信息的应用。同时我们也应该更加关注，8 周岁以上到他成年之前这个阶段，网络对于这部分孩子的吸引力以及他对于网络的依赖可能会逐渐增强，在这种情况下，对于他们的保护不应该是减弱的，反而应该更加增强。

主持人：您觉得类似案件的难点是不是像刚才朱老师所说的，它最重要的就是举证责任难？

刘洋：对于涉及未成年人的案件来说，它更多的难度确实像朱老师所说的，在举证责任方面，我个人觉得不管是作为法官还是作为立法者，关于举证责任的分配以及举证责任的相关制度规则的适用，还是应该考虑特殊的年龄群体。对于成年人的案件，特别是刚才提到的一些包括老年人在内的，对于虚拟财产的自主处分自由行为的这种情况下，我们也要考虑到他是否具有更加完备的举证能力，以及是不是应该赋予他更加充分的举证责任。

主持人：如果刚刚我们说的这个案件中未成年人的行为是无效的，那么钱到底能不能退回来？

刘洋：我觉得首先从最高人民法院发布的相关指导意见的角度来说，我们进行解读适用的话，在司法实践中就不能搞“一刀切”，可能个案还是有自己不同的情况。另外在处理的过程中，刚才您也提到了关于举证方面，不管是从老百姓的角度，还是从法官审理的角度，可能都会碰到这样的难题，就是如何来界定事实，我们需要更多的证据。那么证据从哪里来？比如在家里没有其他第三者在场的情况下发生，这个时候我们依赖更多的是信息化的设备，能够提供给我们的一些痕迹，一些电子证据，其他的比如在家，如果有安装监控摄像设备的，那么在这个过程中他可以通过提取录像的过程，证明当时是孩子自己完成的行为。还有我们很多人用的是电脑设备、手机以及其他的一些电子化的设备，在这种设备应用之前可能会涉及一些生物信息的识别，比如我们的人脸识别或者指纹等，在这个时候我们可以通过它的时间，它的关联以及空间的关联和生物特征来鉴别当时打赏或者说是充值的主体，判断做出这种行为的主体到底是孩子还是大人。

主持人：我觉得您给大家提了个醒，就是说亡羊补牢，不如未雨绸缪。我想问问朱老师，您作为家长，在这里边会担心什么呢？

朱巍：孩子就不应该玩游戏，世界卫生组织已经将游戏成瘾列为精神疾病。其实我想到一个问题，为什么那么多孩子喜欢玩游戏？我觉得无非有几个原因，一个就是家长陪伴比较少，另一个也很重要的就是家长本身就玩游戏，我认识几个孩子，他们放假的时候真的是爸爸妈妈带俩孩子在一起组队玩游戏，我说这不叫温情，他说没事我们就周末玩，我说你是周末玩，但是你知道你不玩的时候，孩子脑子中还在想着这个游戏，所以我觉得不应当让未成年人接触到游戏和直播。要特别提到，如果小朋友就是爱玩，而且确实自制力很好，也不是七八岁、八九岁的小孩了，长大了怎么办？不要忘了，要让你的孩子用青少年模式，要用他自己的身份信息去注册游戏账号，同时要有一个家长守护系统建立起来。

主持人：我们看到现在净网行动，不管是从国家层面，还是从相关的这种机构的层面，都在进行这种净网行动。刘法官您从法律工作者的角度，觉得这样做的目的是什么？意义在哪？

刘洋：我觉得首先我们要给这些未成年人，我们要保护的对象——祖国的未来，提供一个非常安全的网络环境、生存环境和生活环境。我们在实际的审判实践中也发现，对未成年人的侵害，甚至包括但不限于未成年人对他们的侵害，很可能通过这些网络，通过一些平台，通过一些线上的空间已经有魔爪伸向了他们，比如通过网络发生了性侵，发生了性骚扰等这些真正对未成年人身心健康直接构成侵害和影响的这种问题。

主持人：朱老师您觉得在这个里面平台责任是什么？家长责任又是什么？

朱巍：第一点是要让孩子知道你虽然很小，但是你有上网的权利，在网上没人知道你是个孩子，你要有底线，如果你违反了这个底线，你本人也要承担责任，有可能你相当长的时间没有办法上网，也有可能承担刑事责任。第二点是我们不能天天喊口号，现在《未成年人保护法》中加了一块，就是我们新买的手机的移动端，必须要有相关的保护孩子的这么一个绿色工具，如果没有的话应该告诉家长必须要安装，中国可以说是世界第一的大网国了，现在我们其实应该牺牲一定的效率来保证安全，特别是孩子的安全。

主持人：在这里不知道两位有没有什么建议，对于未成年人涉足网络有没有给家长或者全社会的一些建议？

刘洋：在这个方面我们首先要尊重我们所生存的环境，数字经济的发展确实给我们的生活带来了极大的便利，但它也衍生了很多其他的问题，比如我们说到的打赏以及说到的充值等挥霍财产的行为，或者说泄露个人隐私，泄露个人信息的这种情况，在这个背后其实还是有一些利益驱动是要关注的，这些利益驱动也可能是以成年人甚至包括未成年人的个人信息安全为等价交换的目标。这既侵害了我们未成年人的合法权益，又侵害了整个社会的公共安全，甚至还妨碍了社会发展的公共秩序。在这种情况下，我个人是觉得应该把对这些问题的认识，对这些问题的风险的防范提到更高的高度上来。

朱巍：互联网发展到今天应该反思了，今天咱们的话题主要是孩子，孩子永远只能是目的，而不能成为手段，孩子永远不应当成为商业利益的目标，更不能在游戏里面没有底线对不对？比如网课里面掺杂着游戏广告，作为家长来说，作为资深网民来讲，有的时候都防不胜防。你无法想象家长的愤怒，其实这个时候我们反思一下，他们这么做的目的就是把孩子当成赚钱的工具，如果这个时代反思效率和安全哪个应优先考虑的话，一定是安全，所以家长要做好自己孩子的守护人。

普法问答

问题 1：打赏内容与观看内容不符，可以退款吗？

刘洋：作为成年人在观看过程中，如果他观看的内容是之前和直播的平台或者直播的主体有过明确约定的，这个问题其实就很好来鉴别了，这涉及你们双方之间合同是否有效履行的问题。如果对方有这种违约的情况，没有达到之前约定的情况，在这个情况下就可以主张返还你打赏的，不管是虚拟财产，还是我们付出的真正的资产。

问题 2：网络平台不设置未成年人模式，担责吗？

刘洋：我个人觉得在这方面比较常见的责任形式有两种，第一种如果确实因为平台传播了一些不良的内容，给未成年人的权益保护带来了不利的影响，甚至对未成年人的权益造成了侵害，比如刚才所提到的一些情形，那么在这种情况下他有可能承担刑事或民事责任。同时从另外一个角度来说，因为它这个平台是面对公众来传播内容的，它传播的内容在很多情况下都是要经过行政机关审批的，以及它取得这种传播的资质也是经过特许的，所以在这种情况下它也有可能会承担相应的行政责任。如果确实违反了法律以及行政法规等，它承担责任的形式就不仅仅限于民事责任。

朱巍：这个问题 2021 年 6 月 1 日以前提还比较难，2021 年 6 月 1 日以后，《未成年人保护法》明确规定必须要设立刚才你说的这些渠道，如果没有设立的话，任何人任何组织任何机构都可以依法举报，当地的检察机关也可以提起公益诉讼。

总结：据统计，目前我国网民达 9.4 亿人，其中有 2 亿多是青少年学生，占比超过 20%[①]，而短视频和直播平台又是青少年网民高频使用的软件，规范

---

① 参见中国互联网络信息中心发布的第 46 次《中国互联网络发展状况统计报告》。截至 2020 年 6 月，我国网民规模达 9.40 亿，http：//www.gov.cn/xinwen/2020-09/29/content_5548175.htm，最后访问时间：2022 年 6 月 3 日。

短视频和直播平台的运营，加强未成年人保护，为未成年人营造一个绿色健康的网络环境，不仅关系行业的长远发展，也关系青少年的身心健康。2020 年 11 月，国家广电总局发通知，加强网络秀场直播和电商直播管理，要求未实名制注册的用户不能打赏，注册的未成年用户不能打赏。2021 年年初国家网信办等七部门联合发布关于加强网络直播规范管理工作的指导意见，重点规范网络打赏行为，其中明确应当向未成年用户提供青少年模式，防范未成年人沉迷网络直播，屏蔽不利于未成年人健康成长的网络直播内容，不得向未成年人提供充值打赏服务。

2022 年 5 月 7 日，中央文明办、文化和旅游部、国家广播电视总局、国家互联网信息办公室联合发布《关于规范网络直播打赏 加强未成年人保护的意见》（以下简称《意见》）。《意见》坚持以社会主义核心价值观为引领，聚焦未成年人保护，主要提出七个方面的具体工作措施。一是要求严格落实网络实名制，禁止为未成年人提供各类打赏服务。二是加强主播账号注册审核管理，不得为未满 16 周岁的未成年人提供网络主播服务，为 16 至 18 周岁的未成年人提供网络主播服务的，应当征得监护人同意。三是进一步优化升级网站平台"青少年模式"，增加适合未成年人的内容供给。四是网站平台应建立未成年人专属客服团队，优先受理、及时处置未成年人相关投诉和纠纷。五是严格规范榜单、"礼物"等重点功能应用，全面取消各类打赏榜单。六是对未成年人上网高峰时段提出更加严格、明确的管理要求。七是加强网络素养教育，培育未成年人网络安全意识、文明素养、行为习惯和防护技能。

第五章

侵权责任

以典判案 22

“吃人”的井盖

热点聚焦

遭遇“井盖吃人”，责任该由谁来承担?

要点提示

《民法典》第一千二百五十八条第二款规定，窨井等地下设施造成他人损害，管理人不能证明尽到管理职责的，应当承担侵权责任。这里的管理人指的是负责对地下设施进行管理维护的单位或个人，窨井等地下设施的管理人应当认真履行职责，确保窨井等地下设施的安全，保护公众的合法权益。

以案说典

本期嘉宾：

孙豫萍：北京市昌平区人民法院回龙观法庭法官

朱巍：中国政法大学副教授，中国政法大学传播法研究中心副主任，硕士生导师

案例 1 陪娃玩球，父亲掉污水井摔断脚

【案情简介】

周先生带着孩子在家附近的广场上玩球，一个不注意球飞到了旁边的绿化带里，周先生赶紧去找球，突然意外发生了，就在一刹那，周先生就掉到井里去了。广场上的摄像头正好拍到周先生掉到井里的画面，在一片绿化带中，周先生突然消失在画面中。周先生说自己是垂直地下落到井里去的，下落时，他下意识

地把两个胳膊架在井盖边缘，被卡住了，等他爬上来一看，不觉惊出一身冷汗，井盖下面有几个尖柱子，如果直接落到井底被柱子戳到的话，可能会受伤更严重。当时周先生8岁的儿子就跟在身后，好在不是孩子去捡的球。周先生一瘸一拐地走回家，这次的意外导致他的脚骨折了。

【嘉宾点评与解读】

主持人：周先生为了给孩子捡球，踩到了一个没有盖好的井口上，导致他的脚骨折了。这起案件的审理法官正好是我们的孙豫萍法官，我们想了解一下周先生受伤之后现在的情况如何，后续又发生了什么事情？

孙豫萍：周先生的家属去物业公司看了事发时的监控，然后跟物业公司协商，要求物业公司对他进行赔偿，但是物业公司认为周先生的落井是由他自身导致的，不同意赔偿。双方协商未果，周先生在伤愈后起诉至法院，要求物业公司赔偿他的医疗费、护理费、营养费、交通费以及误工费，共计3万元左右。

主持人：我们知道因为井盖缺失或者没盖好而造成的人身伤亡事件非常多，从我们日常的司法审判来看，责任到底是由受害者承担，还是由物业或相关部门承担？

朱巍：按照《民法典》的规定，像窨井等地下设施，如果管理者没有尽到相关的管理责任，并且不能证明自己已经尽到管理责任的，都要承担相关的侵权责任。在现实生活中，井盖的缺失是有很多原因的，有些时候它的管理者和所有权人是分开的，也可能是因为一些人搞破坏而造成的，还有好多案件，其实都是人为地偷井盖造成的。

主持人：有些时候井盖的缺失可能是因为井盖一夜之间被偷走，有些则是因为自然的损坏，那有没有出现过踢皮球的现象？比如说物业公司踢到了主管部门，主管部门又踢回物业公司甚至是受害者那里。

朱巍：其实我想问问孙法官，按照《民法典》物权编的规定，小区里面所有的公共设施归所有业主共同共有，对不对？既然这样的话，井盖属于相关的公共设施，那么共有权的主体应该是所有的业主，但是被起诉的那一方却是物业公司，对不对？而且井盖的实际作用可能是遮盖化粪池，也可能是遮盖排水管道，实际上的使用权人和所有权人可能是另外一个主体。所以我想听听孙法官在处理这种案子的时候，找到真正的责任主体并且这个人还能愿意赔偿，到底是怎么做到的呢？

孙豫萍：我们判断责任主体一般是从三个维度，就是所有人、使用人和管理人。虽然小区里面的这些公用设施，它的所有主体是全体业主，但是通过《物业管理条例》以及《物业服务合同》的规定，其实业主已经把公共设施的管理、维修、养护都交托给了物业服务公司。所以在这类案件中，物业服务公司首先要证明他们是否尽到了物业服务的相关规定。

主持人：如果这个窨井不在小区附近呢？比如说在某一条公共道路上？

孙豫萍：如果在公共道路上，那就要区分窨井的使用单位是哪一方了。有的窨井是用于污水处理，那这些都应该属于市政的水利部门，还有一些是用于网络的、信息的，那这些都应该由相关的通信部门来负责。他们既然使用这些窨井，就应当承担维护和管理的义务。

主持人：我们经常会看到这种掉进井里的事件，所以我平常走路的时候，都得看一看这井盖是不是有裂痕，井盖盖口是不是有缺失。然后就发现井盖盖口上会有不同的标注，有的写着水，有的写着雨，有的写着污，朱老师能不能给我们解释解释，这上面的字都代表了什么？

朱巍：这个字是一个标识，比如说写着水的话那一定是和水利相关的，如果写着污的话可能是用于工业污水的排放，还有写着电的话，那下面可能就是电气的管道。除了你看到的那个字之外，其实井盖上还有一些相关的联系方式，这是必须要有的。当井盖出了问题的时候，任何人都可以提示这里出现问题了，所以它要有一个相关的标识。有的井盖也会出现在公路上面，按照咱们一般的规定，除了刚才法官讲到的这些管理部门之外，实际上交管部门也是有管理权限的，这是很复杂的，因为井盖附近的地方不属于井盖应该放置的地方，来回走的行人谁来管，交警部门还要管。管理单位多了，权属多了，一旦发生问题，确实很难找到责任方。你说应该找谁？

主持人：如果我找到了相关的负责部门，能不能找他理论，让他赔偿？

孙豫萍：可以的。这种窨井在建设施工的过程中，是应当由建设单位来承担管理责任的。但它一旦移交到使用管理部门，使用管理部门就有责任也有义务对它进行日常的维护和检修。如果发现存在危险情况或者损坏事实，是一定要及时维修或者作出相关的提示的。如果我们的当事人因此受到了损害，是可以提出赔偿诉讼的。

主持人：孙法官和朱老师都对井盖的负责单位和维护单位的权利与义务进行了一个梳理，那我们回到本案当中，再看看周先生起诉的物业公司是否承认自己存在过失，又需要承担哪些责任呢？

旁白表述：法庭上被告物业公司说，周先生进入的绿化隔离带不是供行人行走的，而是属于封闭范围，周先生擅自进入本身存在过错。前不久法官孙豫萍来到事发现场进行勘察发现，最宽的地方有60厘米，最窄的地方有将近30厘米。

主持人：能不能给我们介绍一下您当时勘察的情况如何，有哪些疑点？

孙豫萍：疑点是这个事发的区域到底是不是一个封闭的区域。我们到了现场以后发现，它位于一个商业中心下沉广场的旁边，中间只隔着一条人车都可以通行的内部道路，所以绿化带是有正常的出入口的，进入窨井所在区域，一共要经过两个出入口，第一个出入口就是道路直接经过的出入口，它是一个通往绿化带内散步步道的出入口，我们在现场进行了测量，它大概是有60厘米宽；第二个出入口就直接进入了窨井所在的区域，它是一个倒梯形的，上宽下窄，上面的宽度大概也是60厘米，下面的宽度大概是30厘米，所以这两个出入口的外观差距其实并不是很大，一个成年人是可以正常通行的。而且我们在现场也问了物业公司的人员，他说第一个入口是允许我们进入的，因为它可以通往健身步道。第二个入口我们是不允许进入的，但是它没有任何的阻挡，也没有任何的警示标志。

朱巍：我们衡量物业公司有没有责任，主要就是看物业公司有没有过错，有没有尽到自己应尽的义务。拦一个栏杆可能100元都不到，而且捡个球都能掉进去，我觉得只要有人经过，掉进去的可能性就非常大。你想想在这个事件中，物业公司花很少的成本就能解决一个大问题，但是并没有这样做，它100%是要承担责任的。

主持人：物业公司作为井盖的管理单位，是不是对井盖有巡查和维护的义务？一旦出现事故，责任也应该由物业公司来承担？能这么理解吗？

朱巍：物业公司必须有巡查的义务。从某种程度来讲，巡查是你应当尽到的义务。但据我调查，在有些城市，辖区里所有的井盖，只要是有管理责任的主体，对所有的井盖必须在24小时内巡查一遍，有没有破损、有没有人进入、有没有人掉进去，是每天都要看一遍的。但是对物业公司来讲，其规章制度有没有要求对这些管道等地下设备24小时或48小时巡查一遍，有没有这样的规定呢？可能没有。按照常理来推断的话，物业公司没有做好巡查，它没有做这种栅栏并把它扎好，允许别人随便进出造成了损害，一定是没有尽到安全保障义务的。

主持人：但是，我们看到物业方在法庭上一直说，这起事故是由周先生自身造成的，他们不应该承担相应的责任，二位嘉宾怎么看？

孙豫萍：《民法典》第一千一百七十三条规定，被侵权人对同一损害的发生或者扩大有过错的，可以减轻侵权人的责任。所以我在审理这个案件的过程中也要审查原告，也就是周先生他自身到底有没有过错。

物业公司提出了两点，第一点就是捡球。物业公司说我们在下沉广场中标识了禁止踢球的标志，你在这里踢球本身就违反了我们的管理规定，所以物业公司认为周先生存在过错。对于这个问题我们是这么考虑的，就是周先生踢球的行为和地点确实违反了公共场所的管理规定，但是他的错误行为并不能直接导致他掉到井里造成损害，我们根据法理学上所说的因果关系，并不能认定他这个行为和损害的后果之间存在因果关系。

物业公司提出的第二点是周先生进入的区域是绿化带，是不允许进入的。那我们就要审查周先生在这一点上到底有没有过错。这个时候评判的标准叫作他有没有尽到合理的注意义务，就是从我们普通人的角度来说，我们能不能意识到这个地方我不能去，这就是我要去勘验现场情况的原因，首先它是一个公共区域，另外它有出入口，而且这两个出入口差别不大，并且没有任何警示标志，也没有任何人告诉我这里有危险，不允许我进入。所以从一个普通人的角度来说，我很难预料到我进入场地会产生危险，所以我们综合判定周先生不存在过错。

朱巍：我认为井盖实际上就是被人踩的。有井盖你不能过去踩，那是老人迷信，在正常情况下，有井盖摆在那个地方，踩过去的话是不应该出现问题的。

主持人：刚才两位嘉宾也发表了对这起案件的看法，目前一审判决已经有了结果，我们来听听孙法官最终是怎样判决的。

孙豫萍：物业公司全额赔偿了周先生的损失，他所有的医疗费，包括他在住院期间产生的护理费、营养费，进行治疗产生的交通费，以及因为治病治伤过程中不能上班导致的收入损失、误工费我们都支持了。这个判决作出以后，原被告双方也都没有提起上诉，判决生效以后，物业公司也自动履行了。

主持人：如果捡球的不是周先生，而是他 8 岁孩子的话，后果真是不堪设想。我们也希望这个案件能够给物业公司敲响警钟，今后好好去巡查检修小区中的一些危险区域，千万不要再发生类似周先生这样的惨剧。

案例 2 痛心，孕妇下车，坠井身亡

【案情简介】

一名怀有 7 个月身孕的孕妇，在下车时不慎踩空坠入小区窨井。紧随其后跳井救妻的丈夫被众人拉了上来，但是等消防员将孕妇救上来的时候，孕妇以及她腹中的胎儿却已经不幸身亡了。

据了解，出事窨井为化粪池，上面的井盖早已破损，却一直没有更换。小区物业称，此处属于绿化带不能停车，但经常有无车位的业主将车停在此处。井盖制造方称，他们公司生产的是花草盆，用于栽种花草，美化绿化带，根本经不起车辆碾轧和行人行走。事件发生后，当地相关部门作出通报称，涉事小区在建设时未按照设计要求配置化粪池井盖，同时小区物业存在对小区设施管养不到位、停车管理不到位的情况。

【嘉宾点评与解读】

主持人：在刚才这起事件中，井盖制造方称在井盖上铺设的是一个花草盆，

禁不住车辆碾轧和行人行走，小区物业的说辞，朱老师您怎么看？

朱巍：我无法理解。井盖是干吗的？井盖的主要目的当然是要把底下的东西挡住，更重要的是一定要能支撑起上面经过的行人，也得能支撑起可能经过的车辆，这是必须的，因为你无法判断这个地方到底会不会有车经过。从法律角度来说，它的管理人，包括它的使用权人，它的建设单位都没有尽到相关的责任，我不知道在这个事情之前是不是这里的井盖被偷了，在没有更换井盖之前暂时放了一个花草盆来替代。如果不是这样的话，那么我觉得，从施工单位到所属单位管理者都要承担连带责任。

主持人：即便井盖有损坏、有缺失，临时放了一个花草盆，我们也希望能在周边放置一些提示的护栏，能够警示大家，毕竟事关人命。

孙豫萍：听了这件事以后让人感觉特别痛心，从个人角度来说，我们当然是要注意自身安全的。从社会管理角度来说，建设方在建设初期就必须按照设计标准来建造符合产品质量的井盖，要符合它的抗压度、耐受力，并且要合适，并移交给相关的物业机构。物业机构不仅有定期检查、及时维修的义务，它还有一个提示义务，否则它就应当承担这种损害责任。

主持人：一方面，我们从行人角度来讲，现在的低头族都是走路的时候刷手机，根本不看前方道路有没有什么障碍物，或者会不会有什么井盖缺失的情况，这就很容易出现危险。另一方面，我们从井盖的维护单位或者负责单位来讲，也的确应该有一个巡查和检修的流程，经常去看一看，以免发生事故。两位能不能就此给一些提示？

朱巍：刚才那个案件就反映出一个问题，小心驶得万年船。我老家那边有个习惯，走路的时候不要踩井盖，现在看来，从安全角度来讲，确实要小心一点。我们以前还做过这样的节目，刮大风的时候不要在楼底下走，要警惕头顶上的安全，现在讲的就是警惕脚底下的安全。

孙豫萍：比如我们朱老师前面说过的，定期、定时、专人，然后用专业的方法去检测和维修，这样才能最大限度地避免损害的发生。

主持人：说到"井盖吃人"代价惨重，让我想起曾经有一个3岁女孩不慎掉入了一口直径为30厘米的机井里，而且这口废弃的机井还没有权属单位。3岁女孩坠井当晚，上百人前来营救，但是这口废弃机井的井口直径只有30厘米，经过测量，在场所有身材偏瘦的人中没有一人的肩宽在30厘米之内。就在这时，救援队的一名志愿者提出，让他的儿子小王来试试，小王的肩宽符合营救的安全范围，消防员立即对他进行紧急培训。小王倒立，身体沿着井口缓缓下降，但是先后下井4次都没能将小女孩救上来。在第六次下井之后，他终于下降到女孩所处位置，成功将绳子套在女孩身上，最后成功将小女孩拉了上来。少年小王也被网友称为少年英雄。如果本案当事人想去维权，该找谁呢？

朱巍：肯定是管理者的责任。这个井废弃了，没有人管了，那意味着什么？它意味着原来的所有权人和现在的管理人责任分离了，没有人接手，更不可能有什么巡查制度。原来的所有权人没有管，现在的管理人也不管，又没有人巡查，连井盖都没有了，才导致了事件的发生，好在结果还不错。

孙豫萍：它总有一个建造方，建造以后它应该要移交，如果真的是时间特别久远了，它的所有人、使用人、管理人都查不到的时候，那么就要考虑机井所在地域的管理方，比如类似于市政管委等单位。

既然在你的管辖地域里，你就应该排查地域里面可能存在的危险，这叫安全保障义务。它产生危险可能也不是一天两天了，你作为一个公开场所的管理单位，是有能力意识到这个危险存在的，你应当及时消除危险或者是及时给予提示。

普法问答

问题1：在小区倒车时差点儿陷入井里，责任谁承担？

朱巍：这个问题挺具有代表性的。在《民法典》物权编里面，“差点儿”也是可以维权的，要消除危险、排除妨害，这是物权维权的一个基本手段，所以“差点儿”按照《民法典》的规定也是可以主张权利的。我经常在这倒车，你必须把这个井盖给我弄好。你看咱们今天讲的所有的问题，其实都是出了事之后再亡羊补牢，甚至有的人还因此付出了生命的代价，所以要真正警惕脚下的危险，就是要防患于未然。

另外，我觉得提出这个问题的网友很厉害，他倒车之前下车看到原来这有个井，而且第二天他就到物业管理部门去主张维护自己的权利了。如果相关部门不给修的话，你既可以打 12345 到市政管理部门去报案，同时也可以到孙法官那里去起诉，要求物业公司必须承担维修井盖的费用。

问题 2：偷井盖的行为需承担什么法律后果？

孙豫萍：涉及窨井所产生的相关刑事犯罪有 20 多条罪名，以危险方法危害公共安全、故意损坏财物、破坏交通设施等，这些都是相关的罪名，而且这些罪名是严重到可以被判处死刑的。我认为咱们最终要处理好这个问题，第一，我们的公安部门要加大打击犯罪的力度；第二，我们还是要切实落实好安全责任，尤其是建设单位和管理部门的责任；第三，我们要提升社会参与度，这样多措并举，才能真正地维护好我们人民群众脚下的安全。

以典判案 23

制止城市上空的“杀手”

热点聚焦

1. 遭遇高空坠物砸车，谁来买单？

2. 高空抛物致人死亡，责任谁担？

3. 《民法典》中对高空抛物坠物行为如何进行约束？

要点提示

《民法典》关于高空抛物新增内容，不动产设施及其附属物脱落、坠落致害过错推定责任；高空抛物坠物责任。《民法典》第一千二百五十三条规定，建筑物、构筑物或者其他设施及其搁置物、悬挂物发生脱落、坠落造成他人损害，所有人、管理人或者使用人不能证明自己没有过错的，应当承担侵权责任。所有人、管理人或者使用人赔偿后，有其他责任人的，有权向其他责任人追偿。《民法典》第一千二百五十四条第二款、第三款规定，物业服务企业等建筑物管理人应当采取必要的安全保障措施防止前款规定情形的发生；未采取必要的安全保障措施的，应当依法承担未履行安全保障义务的侵权责任。发生本条第一款规定的情形的，公安等机关应当依法及时调查，查清责任人。《刑法修正案（十一）》对高空抛物罪规定，从建筑物或者其他高空投掷物品，情节严重的，处一年以下有期徒刑、拘役或者管制，并处或者单处罚金。

以案说典

本期嘉宾：

李桂华：北京市丰台区人民法院法官

朱巍：中国政法大学副教授，中国政法大学传播法研究中心副主任，硕士生导师

案例1 男子爱车，30天内两次被砸

【案情简介】

刘先生住的小区是1993年建成的，小区楼道里的窗户破旧不堪，好多层的玻璃看起来都是摇摇欲坠，这种情形实在令人担忧。据说楼道里的窗户从没换过玻璃，小区里的老人都说，从楼底下经过时都得护着小孩赶紧跑，为此大家都胆战心惊，生怕谁运气不好，被玻璃砸个正着。更可气的是，30天之内刘先生的爱车竟然两次被砸中。那么面对高空坠物，刘先生到底该怎么办？爱车被砸的责任又该由谁来负责呢？

【嘉宾点评与解读】

李桂华：这个案件是业主停放在小区停车位的车辆，30天之内连续两次被旁边高层建筑公共楼道窗户上坠落的玻璃砸到、受损。业主与物业管理公司进行协商，没有协商成功，遂将物业管理公司起诉到人民法院，物业管理公司在收到起诉材料之后，认为小区的停车管理公司是居委会引进，在施划车位的时候，没有经过物业公司的同意，而且车位的施划，与建筑物的距离也违反了相关的消防规范，认为应要求停车管理公司承担相应的法律责任。法院经审查认为，物业管理公司对公共楼道区域窗户的玻璃，没有进行及时的修缮维护，应当承担侵权责任，并予以判决。

主持人：我们看到这种高空坠物，比如说墙体的外墙脱落，还有玻璃的脱落，实际上都是我们日常生活中很有可能会遇到的。那么法官在审理这个案件的时候，双方争议的焦点问题是什么呢？

李桂华：双方争议的焦点问题是责任承担的主体应该是谁？是物业管理公司还是停车管理公司？

主持人：也就是说到底是窗户没修惹的事，还是停车位与建筑物划太近惹的事，对吗？朱老师觉得哪方责任更大？

朱巍：物业，毫无疑问是物业。本案是高空坠物，跟我们平时说的高空抛物还不一样，适用法律的话，是《民法典》第一千二百五十三条和第一千二百五十四条，这两个条文实际上关系是很密切的。今天讲的是玻璃，明天讲的是瓷砖，如果我在屋里往外扔瓷砖，也就是说瓷砖不是自然脱落的，而是人为扔出去的，或者这个玻璃是扔出去的，适用的条文就是《民法典》第一千二百五十四条了，还有可能承担刑事责任。

主持人：请李法官介绍审判思路是什么呢？

李桂华：当时我们进行了现场勘验，同时也经过了法庭调查，这个小区是一个老旧小区，涉案的高层建筑物建成于 1993 年，高层建筑物公共楼道的窗户玻璃，是房屋建成的时候就安装了，距离事故发生的时间已将近 30 年。有很多玻璃是破损的，用胶带粘着的，物业管理公司明知道玻璃年久失修需要更换，仍然不作为，怠于行使其职责，导致车主财物受损，物业管理公司应当承担侵权责任。停车管理公司的车位施划的问题，我觉得不能减轻物业管理公司的侵权责任。关于停车管理公司车位施划的问题，如果物业管理公司或者我们的业主认为它违反了相关的消防规范或者相关的规定，可以向相关的管理部门进行反馈。毕竟对于老旧小区来说，咱们知道停车难的问题也是我们面临的比较突出的一个问题。

主持人：请朱老师给大家解释一下，到底什么是高空坠物，怎么样去认定？

朱巍：其实可以这样理解，建筑物、构筑物，比如玻璃、瓷砖，非人力主动往外抛的，这种情况，建筑物、构筑物本身存在一部分的东西脱落，属于高空坠物，可以适用《民法典》第一千二百五十三条。如果是人力原因造成的坠物，比如我主动扔的东西，那么根据《民法典》第一千二百五十四条，就是高空抛物了，但有的时候不是我主动扔的。比如说我曾亲身经历一的件事儿，两年前我在回老家的路上，就在我前面三米左右的位置掉下一把冻鱼，东北那边气候比较冷，窗台上的一板冻鱼“咣当”砸到我面前，这个属于什么？其实它适用的是第一千二百五十四条的规定，它是人为放在那个地方掉下去的，如果真的砸到人了，找不到是谁的冻鱼的话，就是连带补偿责任，所以这两个条文之间的适用是不同的。第一千二百五十四条从严格意义上讲，它并不单纯属于民事责任，适用的前提是刑事责任没有抓到人，先刑后民。

李桂华：《民法典》第一千二百五十三条，其实和我们原来的《侵权责任法》第八十五条的规定内容是完全一样的，没有任何的变化。第一千二百五十四条变化比较大，对于原来的《侵权责任法》第八十七条进行了相当大的完善和补充，就像刚才朱老师所说的第一千二百五十三条和第一千二百五十四条，在适用的时候它实际上是有交叉的，因为在实践中很难判定掉落的物品，比如花盆、烟灰缸这些物品到底是抛掷物还是坠落物，有没有人为的因素在里面，很难有办法来判定。在这种情况下我们就需要运用第一千二百五十四条，公安机关经过调查，没有查清具体责任人，那么由可能加害人承担补偿责任，补偿责任承担完之后，再查清责任人的话，那么他有权利实行追偿权，追偿权也是我国《民法典》第一千二百五十四条相对于侵权责任法新增的一个内容。同时第一千二百五十四条也新增了物业服务企业的安全保障义务，还有公安机关的及时调查义务。其实公安机关的调查义务我觉得应该是前置的，应该在发生坠物还有抛物这个事件之后，首先我们要报警，警察要去查是否有人为因素，排除了这些刑事案件之后，我们民事案件才能进行相应的处理。

朱巍：2009 年写《侵权责任法》立法的时候，就想将高空抛物写到法律里面，当时有三种观点，第一种观点是重庆烟灰缸案，被烟灰缸砸到之后，找不到是谁怎么办？连带补偿。第二种观点是山东菜板案，上面掉下一个菜板把一个老奶奶给砸倒了，后来找不到是谁，到法院立案都立不上。第三种观点是深圳的一个案子，也找不到，但最后是物业承担责任了。这三种观点中选的是哪种，选了重庆的案例，如果不能证明是自己扔的，就要承担连带补偿责任。草案中对公安机关的责任原来没写，因为民事法律写公安的责任，其他法律没有规定，《民法典》是第一个把公安机关的责任加进去的。

如果遇到高空抛物怎么办？首先得分析它是高空抛物还是高空坠物？如果是

高空抛物的话，以前有过一个案子，楼上万一扔东西即便没有砸到人，按照2019年的司法解释的相关规定，这是一个以危险方法危害公共安全罪，但有一些可能是修玻璃修窗户，在上面装修的时候，把底下人砸倒了，怎么办？这是重大事故责任罪。在家里擦窗户的时候，东西掉到底下去了，把人砸死了怎么办？所以我认为高空抛物实际上首先定性它是一个刑事犯罪。刑事犯罪之后才是民事赔偿的问题。

主持人：第一步一定要先报警，如果您遇到或您看到的话，一定要先报警，请公安机关来甄别一下，到底当时的情形是怎样的，并且定好这个责任；第二步就是要拿起法律的武器维护自己合法正当的权益。

朱巍：还有一个案件也是高空抛物，三个小孩站在楼顶上往下扔砖头，其中一个砖头把人砸死了，但不知道到底是哪个小孩扔的，这就变成了一个共同危险行为。这是很复杂的行为，因为你没有办法来判断到底是谁干的这个事儿，法律就要找出解决的思路。

主持人：刚刚举了三个例子，第一个例子有明确的责任方，李法官认为怎么办？

李桂华：有明确的责任方的话就比较好说了，接下来就是责任的承担问题。《民法典》第一千二百五十三条，它规定的是所有人、管理人、使用人要承担相应的赔偿责任，赔偿责任在民事范畴内，就涉及财务的损失、人身的伤亡。财务的损失，就财产的价值进行相应的赔偿，比如说把人家墙给砸了怎么办，你是不是要恢复原状什么的，这就涉及一个恢复原状的问题；如果是人身伤亡，但是在不构成刑事的情况下，人身伤亡就要赔偿相应的费用，如医疗费、护理费、住院伙食补助费、伤残赔偿金、死亡赔偿金，侵权责任方就要按照《民法典》及相关的司法解释的规定来进行赔偿。

案例2 不明物体坠落，砸死施工男子

【案情简介】

案例1：2021年2月，某法院审理了一起不明物体坠落砸死楼下男子的案

件。死者张某的父母诉称，张某在小区干活时被不明物体砸中头部，经医院抢救无效5日后死亡。公安机关认定张某属于被不明物体砸中头部，导致颅脑损伤死亡，但至今尚未查清到底是被什么物体砸的。死者张某的父母将涉案楼栋的30多户以及物业公司全部告上法庭，索赔436万元。

案例2：四川一名不满1岁的婴儿，被一个从天而降的健身小铁球砸中，经抢救无效，不幸身亡。可身后整栋楼的居民无人认账，最终法院判决整栋楼的居民共同承担赔偿责任，每户赔偿3000元。

【嘉宾点评与解读】

主持人：难点来了，没有明确的责任方，不知道是谁，也不知道是什么原因，有可能是因为楼体年久失修，造成了高空坠物，而砸死人的，该怎么办？

李桂华：由相关的机关进行调查，如果经过调查没有查清具体责任人的，除能够证明自己不是侵权人的以外，可能加害的建筑物使用人都要给予补偿，如果最终又查清了侵权人，这些可能加害的建筑物使用人就可以追偿。我们也要看一下物业服务企业，它是否尽到了安全保障义务，有没有采取相应的安全保障措施，如果没有采取相应的安全保障措施的话，那么它应当承担未尽安全保障义务的侵权责任。

主持人：可能很多人会说了，我觉得我冤，不知道是谁扔的，跟我没有关系，我是个守法的好公民。

朱巍：十几年以前在讨论《侵权责任法》的时候，全社会都在争论这个问题，打比方99%的人都是冤的，所以我刚才讲重庆那个案子，当时就是按照今天《民法典》这个思路来判的，到今天为止，还有人没有把这个钱交上去，法院也没有办法，好多人他就不交。其实这个时候大家要想到一个问题，毕竟别人是从你的楼底下走过去的，从你那一亩三分地走过去的，对不对？你就想一个道义的问题，一个怜悯的问题，而且钱不会很多，它是补偿不叫赔偿，那么多户一起承担，而且你可以证明自己没在家，可以证明自己家里就没有烟灰缸，只要你能证明，也不是说你必须付这个钱，如果你证明不了的话，同时又是在你家楼下出的事儿，不管出于道义也好，还是出于法律也好，你都应该出这个钱。

主持人：楼层高的住房真的是要把自己家里的这些东西看管好，特别是在装修的过程中，一定要选择这种有施工资格和有高空作业资格的专业人员去进行高空作业。

朱巍：这个问题有点像连坐制度，要互相监督，若你扔东西把人砸了又跑了，其他人肯定要承担责任，所以要监管你。对这种问题一定要像过街老鼠人人喊打才行，让大家有更高的安全意识。

主持人：刚刚两位给大家明确地讲述了高空坠物有责任方和没有明确责任方的两种情形，接下来是更让人深恶痛绝的高空抛物。

案例 3 嫌楼下太吵扔东西，获刑

【案情简介】

案例 1：2021 年 1 月，在家中午睡的林某因嫌楼下小孩太吵，竟然从 5 楼阳台向下投掷了一块瓷砖，这块瓷砖长 15 厘米，宽 10 厘米，重量足有 400 克。林某声称没想砸人，就想吓唬一下。所幸，瓷砖并没有砸到楼下的孩子，但是林某的行为却构成了犯罪，法院经审理，以高空抛物罪判处被告人林某有期徒刑 7 个月，罚金人民币 3000 元。

案例 2：海淀区某小区的广场上几位老人正带着孩子们嬉戏玩耍，突然两声巨响袭来，这到底是什么声音？原来竟然有啤酒瓶从天而降，那么这啤酒瓶是从哪来的？原来彭某下午三四点在家睡觉时，被楼下老人和孩子们的说话玩闹声吵醒，为了泄愤，心情急躁的彭某先后从窗户扔出两个啤酒瓶，万幸的是酒瓶没有砸中人，无人受伤。

最终法院以危险方法危害公共安全罪，判处彭某有期徒刑 3 年，缓刑 3 年。

【嘉宾点评与解读】

李桂华：明知道楼下是生活广场有老人和小孩，仍然采取连续两次向楼下扔啤酒瓶这种物品，可能会导致楼下的人员及过往的人员伤亡或者是财物受到损坏，他明知道会产生这种危害，仍然采取这种行为，放任这种行为的发生，虽然没有造成严重的后果，也应当认定为以危险方法危害公共安全罪。

朱巍：以危险方法危害公共安全罪是刑法里面最严重的罪名之一，这个是没有辩解理由的。往下扔东西，有时扔的是啤酒瓶、垃圾，包括厨余垃圾，有时是易拉罐、烟头，什么东西都有。这种行为不属于道德范围，甚至可以说它不是一个民事法律调整的范围，它更多的是刑事犯罪，从你脱手的那一刻开始，不管底下的东西砸没砸到人，你本身就构成了刑事犯罪，只要能找到，一两年是起刑点，你想想在你啤酒瓶脱手这一刻，你的人生轨迹就改变了，不管砸没砸到人，如果砸到人，这个人可能不一定被判死刑，但是无期或 10 年以上是确定的。

主持人：跟两位分享一下，曾经有专家做过这样的实验，将一罐 350 克重的可乐，分别从 15 米、20 米还有 30 米的高度丢下，看看坠落的时候会对下面的木板造成多大的杀伤力？结果是将这个木板砸出一个大洞，所以高空抛物也被称作悬在城市上空的痛。其实在最后还是想请两位给大家做个提醒，做个总结，我们对于高空抛物和高空坠物在日常生活中应该做些什么能够加以防范？

李桂华：首先我们要充分认识到，高空抛物、高空坠物它的危害性，及肇事者可能要承担的法律责任。其次我们大家在日常生活中居住在一个社区里，要相互监督，相互提醒，如果我们平时能留存证据的话更好，同时我们高层建筑的管理人、使用人或者所有人，在日常生活中要定期检查阳台护栏、空调室外机、墙体的外立面，有没有高空坠物的这种隐患，如果有，我们要及时消除。对家里阳台护栏这些地方，不要违规去悬挂或者搁置相应的易坠物品。

朱巍：高空并非几层以上，《民法典》的规定是禁止从建筑物抛掷物品，一层仍然可以适用这一条，这是第一点。第二点是高空抛物，从你抛出手的那一刻开始，不单纯是《民法典》管着你，《刑法修正案（十一）》以及相关的司法解释都在管着你，你要说高空抛物，从你这东西撒手那一刻开始，你就已经一条腿踏入监狱里面去了，只不过你的罪名还有待于下面砸的是什么东西，有没有砸到人来区分，所以各位不要伸手，一伸手你就是要倒霉的。第三点我要说物业公司，绝对不要认为跟自己没有关系，是你们自己业主搞的。现在《民法典》特别新加了一部分的规定，既包括安全保障义务，同时还包括本来能找到是谁扔的东西，物业公司说对不起，这两天监控突然坏掉了，坏掉之后，你就是没有履行安全保障义务，你就是要承担责任，阳台上千万不能放东西，楼底下有人经过，即便没有人，砸到花花草草也是有责任的。

普法问答

问题 1：熊孩子“高空恶作剧”怎么办？

李桂华： 第一时间要麻烦警察同志，报警。同时我们也可以通知物业服务企业，物业服务企业可能在小区里设置了监控什么的，这些有助于我们查清到底是谁家的“熊孩子”给我们造成了相应的损失，由他们来具体查清。如果查不清，要根据具体的情况，可能只是我的西服湿了，或者就这一次，影响不是特别大，我们可以采取和解的方式，如果这个性质比较严重，我们可能要提起诉讼。

朱巍：“他还是个孩子”，是所有家长的一个抗辩事由，这句话不仅害了别人，其实也害了孩子本人，这个孩子将来能干出更出格的事情，毁了自己的一生。《民法典》这次把民事责任年龄下调到 8 岁了，《刑法》下调到 12 岁了，你说他是个孩子吗？孩子有了问题的话，家长是要承担责任的，所以问题不管出在谁身上，都要承担责任。《民法典》没有说因为是孩子，所以就是免责的，板子不仅要打到孩子本人身上，还要打到他的爸爸、妈妈、爷爷、奶奶等教育者的身上。

问题 2：乱扔垃圾影响环境怎么处理？

李桂华： 这种情况我觉得这位先生可以先观察一下，到底是从谁家扔出来的，如果观察到了自己又不好意思去找，可以反馈给相应的居委会、物业服务企业，让他们上门进行提醒。同时我们的居委会，还有物业服务企业，在老旧小区应当加大宣传教育，比如拉一些横幅，定期发一些传单，我觉得这样的话对于共同维护我们的环境更有帮助。

朱巍：勿以恶小而为之，今天扔瓜子皮，明天扔苹果核，所以我建议对于这种行为要用最严格的、最厉害的法律去约束他，不能因为他只是扔了东西，他还是个孩子，就不承担责任，这种问题我建议是不是应该至少是《治安管理处罚法》的范围？如果他扔的是桃子核的话，我觉得可以适用以危险方法危害公共安全罪，这种案子不用多，一两个媒体一宣传，就没有人再敢扔东西了，头顶上的事情就没有小事，就是因为大家对这种问题不断地纵容和宽容，总是站在坏人的角度去考虑问题，这个社会头顶上的安全才得不到保护，劝阻教育有用的话，还用《民法典》吗？该“亮剑”的时候必须对这些人“亮剑”。

主持人：其实就像两位嘉宾刚刚所说的那样，无论是从文明的角度，还是从《民法典》的法律的角度来说，我们都要避免高空坠物，要严厉禁止高空抛物，保护我们头顶上的安全，人人有责。

以典判案 24

野外探险不能太任性

热点聚焦

1. 驴友违规探险，救援花费谁买单？

2. 自甘风险原则是参与者、组织者的免死金牌吗？

要点提示

本篇我们主要讲述了《民法典》侵权责任编第一千一百七十六条的规定，自愿参加具有一定风险的文体活动，因其他参加者的行为受到损害的，受害人不得请求其他参加者承担侵权责任；但是，其他参加者对损害的发生有故意或者重大过失的除外。驴友户外探险追求的是自由和刺激，但这也是要受到约束和管制的，如果频频发生耗费公共资源营救被困驴友的现象，户外运动的本质就变味了。

以案说典

本期嘉宾：

程屹：北京市律师协会律师

王朝岫：北京市平谷区金海湖消防救援站站长

案例 1 驴友违规探险，危险重重

【案情简介】

案例 1：2020 年 10 月 2 日晚上 6 点多，在一处极为险峻的悬崖上，两名男大学生被困，下边是一个悬崖，上下坡也特别陡。

案例 2：2021 年 5 月 9 日，一名驴友在攀爬野山时，被一块 100 多斤的大石头砸中，情况十分危急。另外 11 名驴友迷失在山林之中。

案例 3：2021 年 5 月 30 日，某景区一名 62 岁驴友爬野山，导致腿部受伤骨折。

【嘉宾点评与解读】

旁白表述：近年来，越来越多的人开始尝试野外生存、野外探险等户外运动。以登山探险为例，2018 年中国登山协会发布登山户外运动事故分析报告显示，2018 年共发生 348 起事故，其中死亡事故 40 起，多数事故得到了及时救援，但仍然有部分事故的人员因伤情严重而死亡。随着参与这些户外运动的人群规模越来越庞大，更多的人会思考面对事故发生，参与者、组织者、同行者要承担什么样的责任呢？

主持人：您平时接触到的野外，像驴友结伴出游这种救援的情形多不多？通常都是一些什么样的情形？

王朝岫：此类救援还是挺多的，因为我所在的辖区是北京市平谷区金海湖镇，那个地方山清水秀，吸引了很多游客到那里游玩。其中有好多游客攀爬野山，或者是当地的村民去采蘑菇，这些都会导致他们自己有可能会摔倒被困这类的救援警情。

主持人：为什么会有这种案件？您觉得是由于大家对这种野外自由的渴望和向往，还是对这种野外路线的猎奇的心理造成的呢？

程屹：我总结了一下大概有三点，第一点，心理学上有一个叫心流的概念，说人全身心投入面对一件事情去解决困难，并且能够得到及时反馈的时候，内心就会出现高度的兴奋感。2021 年皮克斯的动画片里讲的《心灵奇旅》，里边也提到了这个事情。探险旅游加上一定的体育运动也是能够产生这种心理反应的，活动者能够获得强烈的满足感。

第二点，这是由运动本身带来的，运动之后体力会提升，体质会提高，大脑分泌多巴胺和内啡肽，让人感到愉悦，这也是生理学上能解释的。

第三点，我觉得未来这种现象会越来越普遍，原因可能在于，我们从自然界进化而来，但是生下来基本都在城市中，很少会看到自然界中特别壮阔、特别秀丽的景色，所以当我们一回到自然界中的时候，是不可避免地被那种景物所吸引的。当然还有一小部分人是跟风冒险，但是总体来说这种现象越来越普遍，数量越来越多，参加者从这种活动中能够感受到巨大的幸福感和愉悦感，我觉得跟这个是有关系的。

主持人：在您的救援当中发现的这些情形到底有多危险，能不能给我们简单描述一下？

王朝屾：咱们的攀爬者对这个山并不熟悉，很容易出现在攀爬过程中走到悬崖边上，有可能去的时候，他是通过拉着小树枝，蹲到地上一步一步滑下去的，但是到了悬崖边上的时候，他已经没有办法再回头了。没有退路了，他整个人就在悬崖边上，然后人在那种情况下会很紧张，就有可能会消耗掉他大量的体力，从而导致没有办法坚持到我们去救他，再加上野山的树木很多，我们要救他的话，有个先决条件是要找到他，那里的路况很复杂，这也是好多救援情形中面临的非常困难的一个点。

案例 2　驴友遇难，家属索赔 62 万余元

【案情简介】

小新和 6 名驴友徒步穿越天山，半途中小新不幸遇难。小新的父母将活动的组织者马某告上法院，索赔 62 万余元。

法院经审理后认为，马某召集驴友活动不是以营利为目的，而且在活动前对风险进行了提示，在活动中也尽到了必要的施救义务，据此，法院一审驳回了原告小新父母的诉讼请求。

【嘉宾点评与解读】

主持人：我们看到这些被困的驴友在发生需要救援的事故之后，除了身体上伴随的一些损伤之外，还会提起一些民事诉讼。程律师您能不能给我们分析一下

其中的法律问题。

程屹：驴友结伴发生损害，我们发现它涉及四组关系：

第一组，受害人自身，他肯定是首先进入了一个存在危险性的环境里，那么他自己在这里边是不是有责任？

第二组，他的同伴，通常我们去大山里游玩，很少是个人去的，一般都会结伴同行，三五个好友是很常见的情况，当然人多特殊的区域也常见，这些同伴和他之间到底构成了什么样的关系，对于损害有没有责任？

第三组，他和属地的行政机关，属地的行政机关要对这个区域进行一些管理，作出一些指示，他们是不是对这个事情的损害有责任？

第四组，这个活动是谁召集的，活动有的时候是有明确的组织方的，比如我提出一个目的地、一种游览的方式，并且给大家提供一些物质条件，还有一些组织方，就像群主群友或者提议者。

这四组关系在整个损害过程中都是讨论谁来承担损害结果的一些因素。

主持人：《民法典》中有没有对您刚才说的这四组关系进行一个较为明确的规定呢？

程屹：《民法典》给我们提供了一个框架，《民法典》之前由于没有这个框架，在出现这些问题的时候，通常是诉诸一些朴素的情感，所以我们会看到法院的判决有一些共性，就是容易两极化，第一种看法就是认为这是自作自受，既然你自己明知有危险，你还去，出现了危险，你就应该承担全部责任。第二种看法就是既然你们大家一起去，那么大家共担损失，每个人都要担一点损失，这是一种很朴素的情感，大家觉得把损失共同分担就可以了。但这种思考方法不是一种法律处理的方法，因为在法律上，损害结果的责任承担它是应该和一些更抽象的法理相结合的，应该有一个一般性的规律。《民法典》把它叫自甘风险，这是第一千一百七十六条的规定。

旁白表述：2021年1月1日起实施的《民法典》第一千一百七十六条规定，自愿参加具有一定风险的文体活动，因其他参加者的行为受到损害的，受害人不得请求其他参加者承担侵权责任；但是，其他参加者对损害的发生有故意或者重大过失的除外。

这条规定使自甘风险从法学理论术语变为法律规定的原则，体现了尊重个体自由，合理分配风险责任的理念，有利于促进全民理性健康文明积极地参加文体活动。

主持人：自甘风险这一条会不会被大家解读为我一旦自愿地想要去参加这种活动，我就不能够再向组织方或者是赛事方来进行起诉了？

程屹：其实不是的，因为《民法典》第一千一百七十六条首先分为两款，第一，它的第一款里面说的是造成你损害的一方如果没有故意或者重大过失则不承担责任，也就是说如果是故意或者存在重大过失还是要承担责任的；第二，它的第二款说的如果是有组织者，那么组织者是按照第一千一百九十八条，按照安全保障的责任标准来承担责任，所以说组织者也是要承担责任的，但其承担责任的标准首先是要尽到安全保障义务，没有尽到这项义务，可能就是要承担责任的。

主持人：那么您觉得它的意义是什么？包括说未来我们的安全到底应该由谁来负责？

程屹：《民法典》第一千一百七十六条第一个意义，就是在立法者和大多数人看来，它首先的一个作用是要让大家放开了参加体育活动，因为体育活动很少说是一个人去完成的，类似于跑步游泳，你一个人的训练还是很有限的，一旦要提升运动技能，就必须和别人比赛结伴，大家要共同参加活动，在这种情况下你就很容易和其他的参与者发生碰撞造成损害，所以我们这一条的规定首先就是说你要放开了参加活动，不要怕让别人受伤，因为就算他在和你对抗的过程中受伤了，只要你不是故意和重大过失，是不需要承担责任的。

第二个意义就是说刚开始就预知到，如果你从事的是有风险的运动，那么你可能要做好更齐全的准备，你如果不做好更齐全的准备，因此发生风险的话，你可能就要自己来承担损失了，就是说我们还是一个有条件的自作自受，如果你确实因为你的热爱和你对技能的向往投入一个有风险的活动，首先你应该把风险了解清楚，把自身的状况了解清楚后再参加，不然的话因为你自己的原因造成损害，那么你恐怕要自己承担大部分的损害结果。

主持人：以往您参与的救援案例中有没有比较让您印象深刻的或者说危险系数比较大的？

王朝屾：遇到一名60多岁的老人，他是当地的村民，在上山采蘑菇的时候，选择了一条近路，那条近路他以前也没有走过，对路也不是特别熟，也相当于一条陌生的路。被困的那座山的石头，全是那种松动的石头，就是一踩有可能就会滑下去好多石头的那种，山的坡度特别大，老人家也是当地出名的60多岁老人，身体还挺硬朗，他爬到了离地面垂直距离大概得有80米，脚下所能站的就两脚那么大的一个地方。他当时还要腾出一只手来打电话求助，就已经非常的危险。当时我到现场去看了，我也想了我不能走他的老路上去，我去了我救不了他，然后我还不能从他正上方下去，因为我在下去的途中可能会造成山石的滑落砸到他，我只能从侧上方找一个固定的点，我非常小心地挪过去，但是也不可避免地造成了一部分山石的滑落。虽然说我做好了个人的防护措施，但是这个石头砸在身上也挺疼的，我当时被砸了好几下。当然所幸的是老人家有惊无险。

主持人：我们看到这些爬野山的驴友，有的时候不仅是把自己推向了危险的境地，而且还会浪费大量的公共资源。

案例3 救援队断水，驴友却烧水泡茶

【案情简介】

2021年5月9日，某救援队用了18个小时，陆续将18名被困野山的驴友救出，可刚下山一名年轻驴友就从包里掏出两瓶水烧水泡起了茶。据队员们介绍，找到被困驴友时，他们十分缺水，救援队员便把随身带的水都送给了驴友，在18个小时的救援中，队员们根本没有水喝，处于断水状态，整个救援过程中队员们缺水，体力透支严重，他们也没想到有驴友藏了两瓶水来到山下煮茶，由于没有专人维护，也没有相关保护措施，游客攀爬这些未开发的野山和野长城十分危险。而为了营救这些因探险被困的驴友，当地消防部门往往要耗费巨大的人力

物力，而且在营救过程中，营救人员同样面临巨大危险。那么类似违规探险所造成的公共资源浪费又该由谁来买单呢？

【嘉宾点评与解读】

王朝岫：爬野山，第一，道路不熟，很容易一走就走到断头路上，走到悬崖边上。第二，山区的路况很复杂，看到的是一条结实的路，可能你一脚踩下去它是松软的，一不注意就会扭脚摔倒，没有行动能力，就很危险。第三，山区不比城区，虽然平时身体很健康，但是你一进到山里山风一吹，就有可能会突发疾病，没有带些相关的药物，就会影响返程时的安全。第四，可能自己平时有一些疾病，在日常生活中没有体现出来，但是一旦进行这种大量的体力运动，再加上爬山，可能就会诱发一些疾病，那也非常的危险。

主持人：在《民法典》中有没有对我们的救援人员进行保护的一些相关规定？

程屹：由于《民法典》规定的内容相对来说更抽象一些，所以说我们很难从里面看到救援是不是应该从《民法典》里找到规定，但实际上也是有成文法律规定的。在《旅游法》第八十二条中就提到，旅游者在他的目的地遇到人身危险和财产危险的时候，是有权利去要求救助的，但是救助之后发生的费用应该由他自己来承担，就是说救助的费用由旅游者个人去承担也是可以的。所以说我们一定要找到一个法律依据。

主持人：如果说救援人员因为救援某一个驴友而受到了伤害，那么他们能不能提出损害赔偿？

程屹：我觉得基于救援人员的身份情况，比如说他是公共组织中的成员，还是民间救援力量的成员，这个问题回答有所不同。如果是公共救援人员发生损害的话，因为他所在机构的关系，他和机构有一个雇佣关系，所以他的损害首先由雇主来承担，作为雇主，国家可能在一定的限定条件下才会向造成损失危险的这一方去追偿。但是在没有这种特定条件下，这就是国家和政府应该承担的义务，这个时候恐怕他就不能再向驴友提出损害赔偿。但是这种民间救援力量，他们在救助的过程中受到的一些损害，我觉得是可以向造成危险的这些所有的驴友去共同求偿的，因为他的救援本身是让陷于危险的人去受益，由于救援行为免予陷于危险的人在获得的利益的范围内应该承担相应的费用，那么对此造成的损失也应该承担一定的赔偿责任，应该共担因为救援这件事情所发生的费用。

案例 4 攀爬巨蟒峰，被判承担 600 万元环境资源损失

【案情简介】

伴随户外探险运动的不断升温，不仅是违规探险，驴友的一些不文明行为也被病诟。三清山巨蟒峰高 128 米，最细处直径不足 7 米，形如巨蟒，历经 3 亿多年，地质演化屹立不倒，不可再生，具有重要的科研价值和观赏价值。然而在 2017 年 4 月 15 日早上 7 点左右，三名驴友竟然要攀爬巨蟒峰。三名驴友中一名男子在前方探路，使用电钻在巨蟒峰岩体上钻孔，最终在巨蟒峰上打入岩钉 26 根，三人通过这种方式攀爬至巨蟒峰顶部。经现场勘察，专家论证，三人的行为对巨蟒峰地质遗迹点造成了严重损毁，最终法院认定三人犯故意损毁名胜古迹罪，其中两人获刑并处罚金。在涉及本案的环境民事公益诉讼案件中，法院判决三名被告连带赔偿环境资源损失共计人民币 600 万元，用于公共生态环境保护和修复。

【嘉宾点评与解读】

主持人：对于这种不文明的行为，一方面是对自己安全的无视，另一方面也是对生态的一种破坏。王站长您能不能给我们大概介绍一下这两方面的情况？

王朝屾：那座山有 100 多米，他们三个人通过打岩钉挂绳索这种方式，最终登顶，攀爬了 100 多米的高度，说实话这种行为是非常危险的。首先他们这一次是成功登顶了，但如果卡到半山腰，是不是又得需要咱们专业队伍去救他们，任何的救援措施都是事后补救，想要自己生命得到根本性的保障，就得摒弃这一些不文明的行为。在这里也奉劝广大驴友，生命只有一次，为了家人，为了自己，

请尊重生命。

程屹：如果我们确实要做这些活动的话，还是刚才说的那句话，提前做好功课，了解自己，了解目的地。

主持人：这种结伴出行的自助旅游方式，它的门槛实在是很低，叫上三五好友就可以出发了，如果真的是出现了突发事故，我们到底该怎么办？

王朝灿：第一，如果你有能力远离危险源，一定要第一时间远离它。如果丧失了行动能力，没有办法自行前往安全区域，这个时候一定要保持冷静，千万不要大喊大叫和过度紧张。

第二，一定要想尽一切办法和外界取得联系，将你现在所处的情况和具体位置尽可能地描述清楚。我们接到求助之后，会第一时间赶到现场去救援。

普法问答

问题1：拼团出游发生车祸谁负责？

程屹：首先要看车祸发生的原因，如果车祸发生的原因是对方的车辆造成的，并不是自己这方的责任，在这种情况下，我们这边的组织者是不需要承担责任的，由造成交通事故、具有全部责任的另一方来承担。

如果是在本方的驾驶人员有责任的情况下，这个时候才会进入我们发起活动的这一方是不是要承担责任的问题，这就要看组织者、发起人和车辆、司机的选任有没有关系。如果说这个车辆是组织者选的，司机也是组织者选的，造成事故不是由于车辆的原因，而是司机存在酒驾情况，尽管酒驾的情况可能在组织者选任的时候难以预见，但组织者仍有可能要对自己选用司机不当承担一定的责任，所以说我们发起旅游并不见得就一定要对所有的损害承担责任。

总结一下，首先要看损害产生的原因是什么，若损害的产生确实是由我们这一方造成的，我们再来分析造成这个原因，就是它发生的风险源是不是一个可控的因素，如果是不可控的因素，就不用承担责任，但如果是可控的因素，又是在我选择的这种情况下，我们的组织方承担责任的可能性就会比较大。

问题 2：费用平摊，是否能免责？

程屹：在我们看来很难说这种协议是有效的，费用的 AA 制并不代表责任的 AA 制。

在发生损害结果的时候，首先还是要考察损害发生的原因是什么，在损害发生之后，整个的团友是不是尽到了相应的救助义务，在此之后才会进入责任的衡量，所以说责任并不会和费用的 AA 制画等号。如果费用 AA 制责任也是 AA 制，那么我们《民法典》上规定的自甘风险过错原则就没有适用的余地了。

以典判案 25

踢球磕破头，责任谁来负？

热点聚焦

在运动中受伤，100%都要自甘风险吗？

要点提示

《民法典》侵权责任编第一千一百七十六条第一款规定，自愿参加具有一定风险的文体活动，因其他参加者的行为受到损害的，受害人不得请求其他参加者承担侵权责任；但是，其他参加者对损害的发生有故意或者重大过失的除外。《民法典》在侵权责任编第一千一百九十八条中规定，运动参与者在运动中受伤，是否100%自担其责，还要考量运动场所是否存在安全隐患，以及活动的组织方是否尽到了安全保障义务等诸多因素。

以案说典

本期嘉宾：

王磊：北京市昌平区人民法院回龙观法庭副庭长

庞珊珊：北京律师协会律师

案例 踢球磕破头，责任谁来负？

【案情简介】

2020年9月，辛先生和赵先生相约来到昌平区的一个室外足球场踢球，在激烈的对抗中他们之间发生了冲撞，辛先生被撞出了边线。赵先生当时垫付了17000多元的医疗费，辛先生康复后认为自己的工作和健康都受到了影响，要求赵先生另外支付 5000 元的误工费和 1000 元的营养费，遭到拒绝。随后辛先生向法院提起诉讼。

赵先生说双方是身体侧面相撞，而且这种冲撞完全是比赛过程中的合理冲撞，不存在恶意。同时赵先生当庭提出反诉，要求原告辛先生将他垫付的 17000 多元医疗费返还，并将责任指向球场。球场的经营方是本案的另一个被告。原告辛先生同样认为球场设施存在不足。辛先生说球场边线距离护网仅有一米，旁边有多根带有棱角的金属支柱，极易导致球员碰撞受伤。经营方表示，边线距离护网过近，是球场客观原因导致的，他们已经加装了带有弹性的金属护网，防止撞伤。球员在对抗性比赛中受伤，应该自负其责。法院经审理认为，不能认定赵先生对原告有故意伤害，故不承担侵权责任。判决原告和球场的经营方分别承担 30%和 70%的责任。

【嘉宾点评与解读】

主持人：想问一下王法官，通常来讲球门是有立柱的，为什么在边线之外还会有立柱？

王磊：因为这是一个在社区内的对外经营的营业性球场，它在四周设有金属制的围挡，主要是为了隔绝球场内外的人员，同时也防止球飞出的时候，对外界区域的人员造成伤害，但是围挡是由钢网制成的，同时支撑钢网的立柱，它也是一个金属制的立柱。

主持人：请问王法官，双方争议的焦点是什么？

王磊：双方主要争议焦点在于：谁应当对损害承担责任？当时原告认为是被告赵先生将他撞到球场外的，然后造成伤害，同时他是撞到球场的栏杆立柱上受伤的，因此认为赵先生跟球场经营者应该同时承担连带责任。但赵先生认为它是一个合理的冲撞，自己不应当承担责任。

主持人：您作为主审法官，当时的观点是什么呢？

王磊：因为当时没有提供任何监控录像，同时场地内也没有裁判员参与，双方各执一词，所以还是要对场地和当时的情况进行一个勘验调查，这样才能更清晰地反映这个案件的事实经过。经勘验调查，它的立柱是在围挡的内侧，和球场在同一侧，而且它的截面是长方形的，有棱边。棱角向着场内，缺乏一个软性材料的包裹。同时在这个场地内也没有足够的警示标志和人员的巡视。

主持人：基于以上的证据，还有现场的勘验，王磊法官您最后的一个判决结果是什么？

王磊：最后判决，不能认定赵先生对原告有故意的伤害，不承担侵权责任，但是球场经营方没有尽到一个良好的安全保障义务，所以应当承担对原告的侵权责任。同时原告作为一个成年人，他参与这种对抗性比较激烈的活动，应该有一个自我保护的意识，对这个场地应有一个充分的认识，在自己做活动的时候可以有一个充分的认知和保护，故原告也存在一些过错，所以最后是原告和球场的经营方分别承担了30%和70%的责任。判决三方都表示服判，然后自觉履行了判决。

主持人：我想问一下您是第一次去球场吗？

赵先生：以前也去过几次。

主持人：有没有注意到，其实球场是存在一定风险的。

赵先生：刚开始的时候还真没注意。

主持人：当时一块跟您踢球的人受伤了，而且是在跟您可能发生了一些肢体接触之后受伤，您第一反应觉得自己有责任吗？

赵先生：当时我没觉得自己有责任。

主持人：但是我们看到您仍然是第一时间陪着另外一位当事人去医院，而且还垫付了一万多元的费用是吧？为什么呢？

赵先生：当时就想着人受伤了，然后流血也挺多的，情况也比较紧急，就先想着救人。

主持人：一定要先救人。最后在法庭上听到了王磊法官当时的宣判结果您是什么心情？

赵先生：当时我觉得王磊法官挺公正的，为法律公平公正代言，我觉得做得挺好的。

主持人：今天王磊法官也来到了我们节目的现场，有没有什么想在法庭之外来跟王磊法官沟通和交流的？

赵先生：首先给王磊法官点个赞，《民法典》也是刚颁布，我们的事情等于就是跨越新旧阶段。王磊法官实时地用最新的审判依据使大家都比较信服，感谢。

主持人：我看刚刚在连线的过程中，庞律师一直在思考着什么，能不能跟我们分享一下您的思考。

庞珊珊：我刚才听赵先生说到，他要给王磊法官点赞，我也想给赵先生点赞，赵先生在第一时间没有想到太多个人利益的问题，而是想到救人为先，这也正说明了赵先生是在践行着这样一个法律的理念，他相信法律会给他一个公正的评价。

主持人：老百姓其实可以看到《民法典》中蕴含着很多具有人性关怀的立法精神，王磊法官您能不能也给我们讲一讲，除了两位当事人很满意之外，我们看到球场经营方实际上是担责了的。

王磊：在判决之后，特别是针对我们勘验的情况，我也特别向经营者进行了一项说明，希望他对球场有一个适当的改造。

主持人：实际上对于球场经营方来说，这本来是一个担责的事，是个坏事，但是我觉得通过王磊法官非常细致认真的工作，给他留了“作业”，这反而是变坏事为好事了。为什么？因为他在未来的经营当中实际上避免了很多可能会发生的潜在风险。我们一起去看看现在球场怎么样了，来进行一下实地回访。

记者高健：2021年6月3日，我们又一次来到了这个事发地足球场，现在虽然是清晨还没有人踢球，但是我们已经看到球场发生了一些变化，足球场的外围，一共有57根立柱，我们刚才数了一下，球场经营者对这57根立柱进行了软质包裹，采用的材料就是海绵垫子，这个垫子的厚度大概有3厘米，有1米9左右不到的一个高度。

那么这些海绵垫子有的绑在了护网上，也有的绑在了立柱上，通过这样的一个软质包裹，球场上的踢球人员和立柱碰撞受伤的这样一个安全隐患可以说基本上就消除了。据我们了解，在法院宣判后不久，球场的经营者就做了这样一个软质包裹的工作，到目前为止，球场经营者应该赔付给原告辛先生的相关费用也已经履行到位了。

主持人：可以看到球场确实做了一些非常实质性的改变，我们也看到这是一个很好的结果，同时也印证了我们之前的一个想法，也就是说这个案子和我们北京法院适用《民法典》宣判的自甘风险的第一案，其实是有所不同的。

庞珊珊：老人打羽毛球受伤的这个案件，它的场所跟我们这个场地不太一样，它是一个非经营性的羽毛球场地，而我们这个场地是一个经营性的，它是有经营者的。另外，老人当时其实是在运动过程中受伤的，没有一些其他的这种场地环境的因素，所以当时是适用了《民法典》第一千一百七十六条第一款，就是我们通常所说的自甘风险。本案与之不同，法院查明，本案是因为当时场地存在裸露的柱子，导致原告受伤，这就属于安全保障义务不到位，所以它适用的是《民法典》第一千一百九十八条第一款，这也是导致两个案件最后的结果不太一样的原因，这是我的一个观点。

主持人：我们之所以要搞清楚这两个法条的区别，或者说搞清楚这两个案件的区别，它的意义在哪儿？

庞珊珊：因为第一案的影响是比较大的，所以很多人可能会误解，是不是我自愿去从事一个文体活动，所有的损害责任都由我自己来承担。其实两个法条是做了不同的描述的，在《民法典》第一千一百七十六条的第一款中提到的自甘风险指的是在自愿的文体活动中，第三人损害了参加者，造成了一定的损害后果，所以才有一个自甘风险的责任在里面。而对于这个场所，尤其是这种经营性场所，它的经营者、管理者有一个比较重的安全保障义务，他有没有保证场地现场是安全适合的，在这个活动过程中他是否进行过提示，有没有巡查，做没做过这种排查，及时地处置等，这都是对经营者、管理者提出一个更高的安全保障义务，也就是刚才提到的适用于《民法典》第一千一百九十八条第一款的规定。

主持人：是不是所有的场地的这种经营者、管理者，或者说群众性活动的组织者都必须有安全保障义务？

王磊：对场地的经营者、管理者或者群众性活动组织者来说，他们首先对这个场地有强于他人的一个控制能力，所以对场地的设备设施的安全检查，保证设备设施的可靠耐用性，他们是最方便的，也是最经济的，因此法律在这方面赋予他们相应的义务。

主持人：在《民法典》中，对于安全保障义务这个词语有一个什么样的法治变化吗？

庞珊珊：安全保障义务其实很早就存在，只是说在《民法典》里面，根据刚才这个案件，咱们有更多的人来了解它重视它，早在《消费者权益保护法》及人身损害赔偿的司法解释，再到后面的《侵权责任法》，一直到《民法典》侵权责任编里面都有体现安全保障义务这样的法条。跟《民法典》来对比的话，最近的就是《侵权责任法》，安全保障义务是在《民法典》第一千一百九十八条中规定的，在《侵权责任法》第三十七条里规定的，这两个法条在对比的过程中，我们可以发现《民法典》其实是做了一个很大的改变，大概有以下三点：

第一点区别就是说从场所本身发生了变化，在《侵权责任法》时代主要是针对一个经营性的场所，比如酒店、商场、车站等。这样的场所，它强调经营性。但是在实践过程中，我们发现仅是这种经营性场所，还不能满足我们现实生活的需要，那么在《民法典》时代就加入了关于公共场所这样的一个场所要求。比如像刚才提到的这种球场，还有机场等这样的地方。

第二点区别就是如果在第三人导致损害发生以后，那么我们作为经营者、管理者可能先承担了一个安全保障义务，承担以后发现其实我只是一个次要的责任，在这个过程中，怎么去进行追偿，在《侵权责任法》里没有规定。但是在《民法典》里做了明确的规定，就是我作为安全保障义务人，我承担完责任以后，可以向第三人——真正的侵权人去追偿。

第三点区别就是扩大了安全保障义务的责任主体，以前只有管理者和组织者，《民法典》又增加了一个主体叫作经营者，就是这个场地有可能不是管理者负责，而是经营者负责，所以我们会看到在《民法典》时代，对安全保障义务进行了一个更广泛的更立体的规定。

普法问答

问题 1：刚刚我们看到在足球场上受伤案例中，球场确实有不足的地方，是否有这样的情况，就是说运动场所设施也没有什么问题，但发生了人员受伤之后，经营者还是承担了责任？

庞珊珊：确实是有，但是我觉得我们对于安全保障义务的理解，不能只局限于设施有没有问题，义务还是很宽泛的，包括有没有尽到一些提示，现场有没有一些巡视，有没有做到一些紧急的处置等。因为它是一个综合性的义务，还不能只理解为现场的设施没问题，它的安全保障义务就已经到位了。

在 2019 年 8 月的时候，发生过这样一个案例，一个 12 岁的小女孩丽丽（化名），她在一个蹦床公园玩的时候，在跳的过程中尝试做一些空翻，结果翻的时候就没有翻好，导致她的膝盖碰到了她的左眼，然后左眼就受伤了，鉴定以后还构成了伤残。丽丽的家人就提起了诉讼，要求蹦床公园的经营者来承担赔偿责任，大概 15 万元。蹦床公园的经营者进行了抗辩，他们认为自己已经做得非常到位了，也贴了安全须知，然后也有相应的监控录像，但是作为孩子的家长，你自愿让孩子来参加这样的活动，那么就自甘风险。最后在法院审理的过程中，法官也做了现场的勘测，在勘测的过程中法官有一个发现，在监控录像中没有看到相应的工作人员，比如他在做指导，或者是他要做劝阻，都没有，所以这个时候认定经营者还是要承担一定的责任的，这是因为安全保障义务没有做到位，所以最后法院的判决是：丽丽自己承担 80%的责任，蹦床公园的经营者承担 20%的责任。

王磊：在这个过程中因为面对的都是一些未成年人，他们本身的自制力就比较低，这就要求有更高的一个安全警示，他应该有相应的巡视人员对一些不规范的动作或者危险的动作有一个及时的制止，在这种情况下尽量去减少损害的发生。

问题2：马拉松比赛中发生意外属于自甘风险吗？

庞珊珊：对于这种活动，参加者其实是能意识到这个活动是有风险的，但是他在一定程度上可以接纳风险。尽管参赛者对马拉松比赛有风险意识，但如果遇到了一些极端天气的情况，作为参赛者，也没有办法去处置它，也不清楚到时候会是个什么样的状况。那么在这个时候可能对于主办方来讲，他的安全保障义务就要起到一个非常重要的作用。比如说他有没有办赛的经验，有没有对于突发情况的紧急预案，一旦真的出现了这种情况，他有没有及时地救助，这都直接关系到他的安全保障义务有没有去履行。

王磊：马拉松比赛，场地不是封闭的，作为组织方，他对这个场地要有一个提前的勘测预判，然后对赛事的天气情况应该有一定的预知，同时在开赛前应当将相关情况向参赛的人员进行一个通报。在这种情况下，参赛人员是不是能够继续参与比赛，他有一个自主选择性。马拉松比赛，往往会出现一些比较极端的情况，比如猝死。在这种情况下，就需要参与者对自身的身体情况有一个充分的了解，然后评估自己是不是适合参与这种比赛，是不是能够继续坚持。

主持人：运动跟我们每个人都是息息相关的，比如说我就是特别喜欢健身的人，就今天这个话题两位能不能给我们的观众朋友做一些提示？

王磊：在健身强国的时代，大家越来越注重自己的身体健康和体育锻炼，在相应的文体活动中，我们会得到很多愉悦，还有身心的锻炼，但同时我们应当对自身有一个充分的认识，对自己所从事的运动和周围的环境有一个充分的了解，充分地保障自己的权益。同时相应的经营者、管理者和组织者，应当充分尽到自己善良的注意义务。如果有纠纷发生，希望大家用法律的武器去维护自身的权益，不要用一些极端的办法，要理智地去处理问题。

庞珊珊：通过今天大家聊的这个话题，希望大家都能学习到一个特别重要的理念，就是每一个人都应当为自己的行为负责。这不仅包括自愿去参加文体活动的人，也包括法人和其他组织，尤其是这些组织者、经营者、管理者。

从两方面来说的话，作为参与者，我们应该清楚地认知自己的实际情况，对这个风险有一个判断，让我们的文体活动能真的强身健体，而不让我们的家人担忧，也不要造成自己或者他人的这种困惑。那么反过来，作为组织者、经营者、管理者，要尽到安全保障义务，不能说有自甘风险这样的法条了，就认为我们这样的组织就可以不用去负责任。像刚才提到的案例，如果面对的是未成年人，对于这些经营者、组织者、管理者，他可能要承担一个更重的义务，所以也希望大家能够更多地了解法律的规定，不要只了解一个法条，而要全面地理解我们的《民法典》，用好它。

以典判案 26

商场试穿试戴，要小心！

热点聚焦

1. 如何认定侵权？在什么情况下要承担侵权责任？

2. 遇到侵权行为时，《民法典》如何保障我们的权利？

要点提示

本篇我们主要讲述了《民法典》侵权责任编第一千一百六十五条，行为人因过错侵害他人民事权益造成损害的，应当承担侵权责任。依照法律规定推定行为人有过错，其不能证明自己没有过错的，应当承担侵权责任。《民法典》侵权责任编第一千一百七十三条规定，被侵权人对同一损害的发生或者扩大有过错的，可以减轻侵权人的责任。

以案说典

本期嘉宾：

张玉倩：北京市朝阳区人民法院法官

匡敦校：中国传媒大学文化产业管理学院法律系副教授

案例 1　试戴名表滑落被诉索赔

【案情简介】

2021 年 2 月 7 日，万女士陪同朋友来到某知名手表旗舰店，店员在接待万女士的朋友时，万女士自行拿起一枚手表进行试戴。手表店向法庭提供的视频显示，店员忙着招呼万女士的朋友而未对万女士进行任何提示或帮助，结果在万女士将手表搭在手腕的瞬间，腕表不小心滑落到地上，造成表盘受损。这是一只售价为 213500 元的名贵腕表，想要恢复原状，只能更换整个表盘。店铺的工作人员说维修费要 3 万元，而这个钱得由万女士出，于是店家就向万女士要求赔偿，但是协商未果，店家将万女士告上法庭，要求索赔 3 万元。

2021 年 7 月 8 日，法院开庭审理此案，根据原告提供的放大镜下拍摄的照片，腕表右下表盘有一道细细的裂痕，原告代理人也带了手表实物，不过由于裂痕极小，肉眼不易察觉，需离近打光才能看清。法院经审理认为，万女士对于试戴手表的过程中，可能发生手表滑落或损毁，应有正常预知能力，万女士主观上虽无损害的故意，但存有过失，应承担主要责任。同时在万女士拿起手表进行试戴的全程，店铺工作人员就在万女士的对面为万女士的朋友提供选购、试戴、指导等服务，未对万女士进行任何提示或阻止。根据《民法典》第一千一百七十三条过失相抵的原则，店铺应承担相应的注意义务，并提供与其所销售的高端产品相匹配的完善服务，应承担管理服务不当的次要责任。法院结合店内视频及双方当事人陈述的认定，对于手表损害的后果，被告万女士承担主要责任，原告店铺承担次要责任，判决被告赔偿原告手表维修费 17800 元。

【嘉宾点评与解读】

主持人：张法官能不能给我们回忆一下这起案件的来龙去脉是怎么回事？到底这位消费者该不该赔偿这 3 万元的损失？

张玉倩：在这个案件中万女士本来是陪同朋友到名表店选购手表，当时她的朋友向她征询建议，她就来到柜台旁，站在了原告店员的对面，原告店员正在为她的朋友提供试戴服务。万女士看到朋友身边有一块白色的手表，心生喜欢就想要试戴一下，在这个试戴过程中手表不小心滑落坠地，当手表从地上被捡起来时，商家发现手表右下角有一个细微的受损，所以向这位万女士索赔。

主持人：这位万女士其实是陪同朋友来试表的，但是看见手边的一个表不错，自己戴上了是没有征得售货员同意的，这个行为是不是也是我们关注的一个焦点？

匡敦校：本案中，消费者前往商场打算购买手表，由朋友万女士陪同。万女士在陪同朋友挑选过程中，忍不住也顺手拿起一块手表放到手腕上试戴，不料手表竟滑落在地受损。原本无意购表而只是应邀前来当“参谋”的万女士，反而阴差阳错地成了本案的主角。有一点值得注意，本案店家销售的商品是名贵手表，承袭着相对传统的经营模式，手表店的经营模式显然有别于日用品超市。基于相关事实，若就本案纠纷提起违约之诉，明显是站不住脚的。但既然有损害，就要有人来负责。本案中，滑落的手表虽然仅造成一丝不易觉察的裂纹，但毕竟是一块价值不菲的手表，再细小的瑕疵也必定会影响手表今后的销售。作为原告的手表店在案由的选择方面，大致有两个思路：一个思路是以侵权为由提起诉讼；另一个思路是以对方即万女士违反先合同义务为由请求法院判令对方承担缔约过失责任。

主持人：在这起诉讼案件的过程中，有没有进行庭前的调解，或者说在店里双方有没有针对赔偿的金额进行一个商定？

张玉倩：当时在店里，其实商家和被告都有一个初步的调解意向，但是双方的金额差距太大了，原告最后选择报警处理。警察到现场主持了调解，双方也没有达成一致意见，当时商家采取了一个很必要的措施，就是在有第三方见证的情况下，将手表封存，然后直到咱们开庭时才打开，保证了一个损坏结果的稳定性。

主持人：从某种意义上来讲，消费者会说了，我作为一个消费者，去试穿试戴，这在情理之中，你作为销售员，在销售柜台当中为我服务，你有提示的义务，比如我在试表的时候，你会告诉我：先生，请您小心一点，因为它们是贵重物品，在您试穿试戴的时候一定要多加留意小心，有尽到提示的义务，所以这方面也不能说明店家是有一定过错的。

张玉倩：原告和被告在诉讼之前没有达成一致，双方对于这一点存在分歧，到底是买家有义务去询问原告店铺的工作人员，还是说店铺的工作人员有义务主动提示消费者？

主持人：这起案件最终的判决结果，其中也涉及《民法典》当中的相关条款。

问一下张法官，具体运用到了《民法典》当中的哪一条，运用的原因又是什么？

张玉倩：这个案件中主要适用的是《民法典》第一千一百六十五条和第一千一百七十三条，《民法典》第一千一百六十五条主要规定的是侵权责任的归责原则，第一款就是过错责任原则，行为人因为他自己的过错行为给被侵权人造成损害的，要承担侵权责任。上述案件就是被告在试戴手表的过程中没有尽到一个谨慎的注意义务，造成手表损坏，所以他要承担赔偿责任，而商家这一方销售的是一个高达21万元的相当于奢侈品的名表，所以商家应该提供和销售产品相匹配的一个提示和服务义务。然而这个案件中原告的工作人员在实际销售产品的过程中，没有严格遵守店内一对一服务的原则，而且他在看到被告自行试戴手表时没有及时阻止和提示，基于这些原因，法院在判决时认为商家要承担次要责任，适用的是《民法典》第一千一百七十三条过失相抵原则。刚才也提到了商家有一个提示义务，同时应该按照他自己的操作规范一对一地提供服务，避免这样损害的发生。基于上述原因，判决商家承担次要责任。

旁白表述：在我们的身边物件损坏、交通事故、高空坠物、动物损害、学生伤害等典型的侵权行为几乎每天都在发生。随着时代的发展，这些侵权行为和损害后果的严重程度也在不断发生变化，侵权责任规范越发重要，那么权利受到侵害，如何要求侵害人承担侵权责任？

《民法典》的最后一编设置为侵权责任编，意味着我国《民法典》编纂的逻辑最后落脚到权利受到侵害之后的保护和救济。在侵权责任编的第一章中，规定了侵权责任规则的四大原则，即过错责任原则、过错推定原则、无过错原则以及公平原则，这为审判提供了清晰的法律遵循。

主持人：我们假设侵害行为已经发生了，那么在什么情况下需要承担侵权责任呢？

匡敦校：在认定侵权责任时，需要满足几个前提条件。近代之后，增加了一个重要条件，即需要考查加害人有无过错，只有在加害人存在过错的情况下，才需要承担侵权的法律责任。这与古代对民事侵权的认定有很大的不同。反观古代民法，世界各国都有一个共同点：对于侵权行为，遵循的是“结果责任”原则。

换句话说，古代民法看重结果，而不看行为人主观上有无可归责的事由。到了近代，侵权责任认定方面发生了重大变革，即推行“过错责任”原则，这是一个很大的进步。也就是说，对于一般侵权，在责任判断上，除了需要满足加害行为、损害、因果关系这三个要件之外，还增加了“行为人有过错”这个要件。这四个要件必须同时具备，才能够判定加害人承担民事责任。换句话说，只要不符合其中任何一个要件，就不能判定行为人承担责任。当上述要件全部具备时，亦即在行为人依法应承担侵权责任的情况下，假如受害人对损害的发生也有过错，可以根据具体情况相应地减轻加害人的责任。

张玉倩：就像主持人说的，咱们现在已经确定有损害后果了，接着我们要确认这个人是不是存在侵权行为，还需要另外三个要件，第一个要件就是说它有没有过错，过错区分故意和过失，故意又包括直接故意和间接故意，过失又包括疏忽大意的过失和过于自信的过失，这是其中的一个要件。第二个要件就是确认这个行为人的行为和损害后果之间是不是具有因果关系。咱们因果关系在生活中有的比较简单，就是一对一，我打你一拳你受伤了，这是很典型的一个因果关系，还有一些是法律上的因果关系，咱们在案件审理过程中，根据一些自然规则，还有通常自然人的一种判断，同时去确定的因果关系就是法律上的因果关系。第三个要件也是最关键的，侵权行为具有不法性。

案例 2　男子跌入化粪池溺亡

【案情简介】

2021 年法院审结了这样一起侵权责任纠纷，案件中 30 岁的小李和女友途经路边的一座公厕，女友进去方便时小李在门口等候，厕所外墙下就是化粪池，小李无意间踩到化粪池的盖板上，盖板瞬间断裂坍塌，小李掉进了化粪池。小李因在跌入化粪池时头部受到了撞击导致晕倒，再加上化粪池里面有毒气混合气体，最终导致小李中毒死亡。谁该为小李的死负责，小李的家属又该如何索赔？

经查这座公厕位于被告单位所属的土地权属范围内，法院经审理认为，事发的厕所并不是仅供被告单位使用的设施，而是一座对外开放的公厕，它具有公共服务属性，具有公共场地性质。根据《民法典》过错推定原则，被告单位不应对出现在自家土地上的公共服务设施视而不见，在无法确定公厕的建设者或所有者的情况下，被告公司应被视作对公厕负有管理和安全保障的义务。在建筑物、构筑物倒塌、塌陷导致损害的案件中，责任承担的主体多元而且复杂。对于受害者来说，证明谁存在过错，责任由谁来承担，则是一件非常专业而且困难的工作，从有利于受害者的角度出发，在小李跌入化粪池溺亡的案件中采用了过错推定原则。2021 年 1 月 4 日，法院作出一审判决，被告单位向小李的家属赔偿各项损失共计 124 万元。

【嘉宾点评与解读】

主持人：在生活中还有哪些情况会涉及刚才我们提到的过错推定原则和过失相抵原则？二位跟我们来分享一下。

张玉倩：在过错推定原则的框架下，举个例子，咱们幼儿园的小朋友在上学的时候被其他的小朋友推搡或者抓伤，咱们幼儿园要承担什么样的责任？法律有明确的规定，《民法典》第一千一百九十九条规定了幼儿园或其他教育培训机构要承担侵权责任，除非是幼儿园或者是教育培训机构能够证明自己尽到了管理和教育的义务，这个时候适用的就是过错推定原则。实践中如机动车在交通事故责任中，虽然法律规定对于机动车规定适用的是无过错责任，但同时它也能够适用过失相抵原则，如果是非机动车驾驶人或者行人自身有过错的话，也会减轻机动车的责任，这是生活中一个典型的适用过失相抵原则的例子。

旁白表述：《民法典》第一千一百七十三条规定的内容，即过失相抵原则，其立法本意在于公平分担责任，谁的过错谁买单，也是为了倡导和引导人们对自己负责任，对自己的行为负责任。

案例 3 高铁上打翻邻座热水也要后果自负

【案情简介】

2019 年 1 月，小陆乘坐高铁时，不慎打翻邻座置物板上的水杯，热水洒在自己脚上，造成右脚轻度烫伤。出院后小陆联系邻座的乘客小孙，希望获得赔偿，但邻座乘客小孙认为自身并没有过错，不同意赔偿。

法院经审理认为，小陆作为完全民事行为能力人，其起身脱衣服时没有注意到邻座置物板上的开水，导致碰翻水杯烫伤自己，对于烫伤自身存在一定过错。盛装开水的水杯是一种危险物，小孙将其放置在座位前的置物板上，对该危险物所做的保护措施明显不足，也未提醒邻座注意危险物，并最终造成小陆身体受损的结果发生，小孙对此亦有过错。综上对于小陆的损害结果，法院酌定由小陆自负 50% 的责任，由邻座乘客小孙承担 50% 的责任。

【嘉宾点评与解读】

主持人：看完了这个案例，跟两位嘉宾探讨一下，我个人的理解，在发生这种侵权案件的时候，双方的过错的责任比例在相当的时候就能适用过失相抵原则，不知道我的总结到不到位。

匡敦校：加害人的行为和受害人的行为，他们共同结合在一起，导致了结果的发生。假如说他倒了开水离开的时候拧上了盖子，那么哪怕旁边的乘客进来的时候，脱外衣或者蹭倒了，水杯也不会导致损害，不会有损害结果发生，两个人的过错行为共同结合，导致了这个结果的发生，过失相抵原则就是我们要看过错的大小，如果受害人也有过错，就根据过错的大小，来减轻加害人的责任。

主持人：听了匡教授给我们的介绍，是不是可以这样理解，并不是两个人的过错比例相当，而是说两个人其实都有责任，可能责任大或者责任小，其实也是可以相抵的？

张玉倩：过失相抵原则，它主要强调的是因为被侵权人个人的一个过错，去减轻侵权人的责任，它强调的是我们在确定减轻范围的时候，就要去分析侵权人和被侵权人他们之间各自的行为对于损害后果发生之间的原因力、因果关系的程度、关联性，然后根据具体的不同程度，去分担一个损害赔偿的责任，这是我们在审判案件实践中要考量的主要因素。

普法问答

问题 1：小朋友在幼儿园被抓伤责任谁担？

张玉倩：一般幼儿园的小朋友肯定就是无民事行为能力人，依据我国《民法典》第一千一百九十九条的规定，无民事行为能力人在幼儿园或者其他培训机构受到人身侵害的时候，幼儿园或者其他培训机构应该承担侵权责任，如果幼儿园等培训机构能证明自己尽到管理和教育义务的话，可以适当地减轻责任，所以在这种情况下一般都是由教育机构去承担赔偿责任。

问题 2：阳台上的物品坠落砸伤人谁负责？

张玉倩：近些年高空坠物事件时有发生，所以《民法典》在立法上有了新突破，对于高空坠物在第一千二百五十四条中有了特别规定，规定了几类主体的特殊义务，第一点，强调了高空住户不能向外抛掷任何物品，这是法律的明确规定，也是所有住户的义务。第二点，如果发生这种事件的时候，建筑物的使用权人要承担一个过错推定责任，也就是说这些住户如果没有证据证明自己对于这个事件发生没有过错的话，就要承担一个补偿责任。第三点，在这一条中也规定了物业公司的一个责任，如果物业公司作为建筑物所有人，可能承担的是直接侵权责任，如果物业公司作为一个管理人，他要承担的是一个安全保障义务的补充责任。第四点，法律还特别规定了，公安机关要配合，寻找直接侵权人的义务，这也让司法实践更具有可操作性。

主持人：有了这么多的法律保障，也希望大家在遇到这种高空抛物高空坠物的时候，能拿起法律的武器来保护自身的合法权益。

好的，谢谢两位嘉宾，两位嘉宾跟我们分别介绍了一下过错责任原则和过失相抵原则。我们每个人都是社会的主体，要从事很多的社会行为，在生活当中我们不仅要注意个人的安全，同时也要及时地规避和预防一些涉及我们人身和财产的安全隐患，这样既能确保安全，又能与人方便。

以典判案 27

维护好患者的知情同意权

热点聚焦

如何维护好患者的知情同意权？

要点提示

根据《民法典》第一千二百一十九条的规定，医务人员在诊疗活动中应当向患者说明病情和医疗措施。需要实施手术、特殊检查、特殊治疗的，医务人员应当及时向患者具体说明医疗风险、替代医疗方案等情况，并取得其明确同意；不能或者不宜向患者说明的，应当向患者的近亲属说明，并取得其明确同意。医务人员未尽到前款义务，造成患者损害的，医疗机构应当承担赔偿责任。

以案说典

本期嘉宾：

林涛：北京市西城区人民法院法官

刘鑫：中国政法大学证据科学研究院教授，硕士研究生导师

案例 1 误导患者做治疗，医院被判赔偿损失

【案情简介】

患者蒋先生的泌尿系统出现病症，2014 年 10 月蒋先生在一家民营医院网站上看到前列腺炎疾病的有效疗法，于是前往就诊。医院大夫向蒋先生推荐了所谓的高能超导技术，蒋先生就诊后感觉症状并没有缓解，反而恶化。

蒋先生从卫生行政主管部门了解到，该项技术根本没有经过备案审查，后来

蒋先生将该民营医院起诉至法院，法院委托相关鉴定机构对该民营医院的诊疗过程进行了鉴定，鉴定意见认为该医院的诊疗过程存在过错，该过错与患者治疗无效的后果存在主要因果关系，法院采纳了该鉴定意见，判决该民营医院退还治疗费并赔偿治疗期间的误工费、交通费以及精神损失费。

【嘉宾点评与解读】

主持人：请问林法官，这个案例中，这家民营医院之所以会败诉，是它的诊疗行为中出现了什么样的问题吗？

林涛：这家民营医院通过网络搜索高竞价排名，高竞价排名的意思就是我花一些钱，如果有患者通过搜索引擎，只要输入相关的病情，比如本案患者输入了排尿困难，有的患者输入白血病或者不孕不育、抑郁症或者焦虑症等，这家医院就会排到搜索最前边，对于一些对这种就医情况不太了解的患者来说，他们急于想找一家医院，看排名这么靠前，会认为它很权威，从而通过这些网上的客服进行进一步咨询，这些客服他们会有提前编好的一些套路的对话。像这个患者他说，我有前列腺炎，客服就跟他说，当你排尿困难时，你的膀胱就会阻流尿不出去，再往后你就会肾积水，最后肾萎缩，肾萎缩之后你就会肾坏死，说你赶紧过来治疗，患者就赶紧去医院，到医院后也没有通过正规的国家认可的治疗方式对他进行检查，就说你用我们这种相关的仪器，后来就我们查询，包括卫健委也进行了一个认定，综合认定发现这个仪器根本就不是国家允许使用的一些医疗器械。

主持人：我发现蒋先生就医的经历和很多人都很相似，大家通常都会说在搜索引擎上搜索一下某种病，马上就看到医院排名，但是没有想到排名靠前的医院有的竟是黑心医院。

林涛：只要你叫医院，只要你穿白大褂你就是大夫，作为大夫需要遵循一个原则，就是要有一定执业规范，另外大夫的所有操作都要符合国家的相关要求。首先所有治疗要有依据，无论是教科书上面规定的治疗途径，包括中华医学会和各个专科委员会制定的治疗指南，还是相关的专家共识，但绝不能自己编一套东西去欺骗患者，利用医患之间的这种医疗知识认知的差异，蒙骗患者，所以这个案件最后我们认为没有达到治疗效果，治疗方式不符合国家规范。

另外一个就是给患者造成更严重的精神焦虑，这个案件我们支持让医院给患者退费，包括支付相关的交通费，同时还要赔偿精神损害抚慰金，所以医院治疗要符合规范，采用的治疗方式要有适应症，没有适应症的治疗，对于患者来说实际上没有任何的帮助。

刘鑫：像刚才讲的案件，医院也在尽告知义务，只不过他的告知义务是虚假的、夸大的、不真实的告知，所以它这种告知实际上是对患者的一种误导，最后就被认定为侵权。

主持人：所以医生除了要医术高明和医德高尚之外，还要遵守相应的法律法规，遵守作为医生的行业规范和职业操守，只有这样才能够给患者治好病，这是一个必要前提。

案例 2　术中切除病变组织未提前告知，患者起诉医院被驳回

【案情简介】

2013 年 9 月患者刘女士因妇科疾病就诊，医生给她做了子宫切除术及右侧输卵管切除术、肠粘连松解术，但术前医生仅告知刘女士要做子宫切除，在手术过程中医生发现刘女士右侧输卵管因为慢性炎症已经水肿，就切除了输卵管。刘女士认为，该医院没有告知她就切除输卵管，侵害了她的知情权，要求赔偿。

法院对该案进行审理后认为输卵管是病变组织，不是正常组织，被切除后对原告身体机能没有影响，且起到了避免病情恶化的作用，因此驳回原告要求赔偿损失的请求。

【嘉宾点评与解读】

主持人：我们看到这个案例当中，医生在没有通知患者的情况下就把她的输卵管给切除了，但是最后我们看到法院的审理结果是没有支持患者的诉讼

请求。

林涛：简单说一下这个案件的过程，患者是因为感觉到子宫有病变，到医院做手术，一开始这个手术是医院选择用腹腔镜做了一个微创手术，但手术过程中发现出血比较多，大夫出来之后跟家属说明了相关的可能性，告知要改变手术方式，之前是做一个微创手术，但现在因控制不住出血，改做开腹。

开腹过程中大夫发现患者子宫输卵管已经水肿了，就把子宫切掉了，子宫本身是有病变的，就顺便把这输卵管给摘了。告知家属改变术式没问题，但是切除输卵管相关的边界组织没有向家属告知，患者也以为摘了子宫就可以了，结果她在出院之后，可能在复查的时候，她说我这输卵管为什么被摘掉了，就到法院来诉讼了。后来我们经过鉴定，法院审理发现这个案子确实比较奇特，医院确实没有告知家属切除输卵管手术的阔切的这部分组织的内容，大夫考虑的是反正你子宫也没有了，你输卵管本身已有病变了，留着可能以后会有更大的损伤，可能是出于对患者的考虑，我们给你切掉就可以了，大夫内心也是为了保护患者，所以在没有征得家属同意的情况下，就把输卵管切掉了。但是我们认为他在知情告知上面，确实把人体组织切除的行为跟他们术前跟患者交代的是不一样的，他们只交代了手术中的风险，但并没有说多切除组织，手术目的是切除一个病变的组织，并不是损害正常的健康机体。所以从手术目的来说，我们认为虽然他们没有尽到告知义务，但是并没有造成一个新的损害。

损害的意思在侵权案件里边，是指侵害一个人的健康权，对于病变的组织切除，我们认为虽然医院告知不足，但实际上并没有对患者增加新的损伤，所以这案件里边没有支持患者要求赔偿的诉讼请求。

主持人：林法官讲上述案情的时候说了一个词叫告知不足，医院的确是告知说明的义务没有完全尽到，但是如果没有完全尽到，是不是就意味着医院一定就违法，一定就赔偿呢？

刘鑫：这里面涉及我们《民法典》规定的侵权责任构成的问题，如果不去从法律规定上、理论上把侵权责任构成搞清楚，对这个案子我们要去把它说清楚，可能还是有点困难的。《民法典》第一千一百六十五条明确规定了行为人因过错侵害他人民事权益造成损害的，应当承担侵权责任，并且涉及医疗损害责任这一章还在第一千二百一十八条，专门规定了患者在诊疗活动中受到损害，医疗机构或其医务人员有过错的，由医疗机构承担赔偿责任。

这两条的规定实际上就说清楚了侵权责任构成应该具备4个要件，包括侵害行为、损害后果、侵害行为和损害后果之间有因果关系、行为人主观上要有过错，只有这4个构成要件同时具备，侵权责任才构成。

本案中很显然医疗机构医务人员在告知上是有瑕疵的，是不足的，也就是说他是有一定问题、一定过错的，但是毕竟没有损害后果，没有损害后果相当于我们讲的4个构成要件就缺了1个，所以最后侵权责任没有构成，当然就不涉及赔偿的问题。

当然有的时候我们在处理这种案件时，患者或者说公众他会提一个问题，说他没有告知我侵犯我的权利，那就白侵犯了，他不赔我怎么行，其实我们说的这种观点，从老百姓的道理上去理解是很容易的，但从法律上来说还真不支持。

实际上这涉及的是民事责任和行政责任的问题。如果医务人员没有尽到告知义务或者告知有缺陷，触犯了我们的法律，行政监管机关可以对医疗机构和医务人员作出行政处分、行政处罚，但是涉及赔偿还得回到《民法典》。

主持人：在诊疗的过程中，医生实际是在跟病魔和死神进行争分夺秒的较量，所以我们看到在手术过程中可能一旦有了新的情况，这个医生就要出来跟家属进行沟通了，但有的时候可能并没有时间能够让医生去沟通，这个时候是不是就医生做主了呢？

林涛：中国传统的大夫都有一种对患者的人文关怀，他们是有这种理念的。而且有些外科大夫特别有意思，他们就像家长一样，他说第一我为你好，第二我觉得跟你说你也听不懂，主要就是考虑这两个方面。

但是确实有时候周转手术过程中出来叫一下谁的家属，这家属心里就会特别紧张，我们考虑可能有这么三种情况，第一种情况是不出来跟你说。比如像咱们说的那种最简的单手术放个支架，你本身从外边看的确是有冠心病了，冠心病现在做造影，做完造影之后看已经堵了，我给你放着就可以了，因为术前就告诉你了，如果说堵得不厉害，你就出来吃药，如果说确实堵得比较厉害，那么我给你放一支架，但我再出来告知您，那就没有必要了。

第二种情况，比如说生孩子的时候，产妇等了都快一天了，孩子还是没有生出来，突然孩子胎心也下来了，这时候顺产就不太可能了，要改剖宫产，这实际上是一个急诊手术，需要家属签字，有些产妇说我生不下来，直接剖宫产省事，医生就说不行，剖宫产是一个急诊手术，需要家属签字同意。

第三种情况，也是最麻烦的，做手术的时候突然大出血了，或者突然一下心率下来了，或者有可能说这个肿瘤侵犯到其他组织了，需要家属再进一步签字告知，这时候需要医生出来跟家属告知，说做完手术了，病理是良性的，但如果是恶性，医生还得告知家属可能还要再扩切一部分，这是流程。

主持人：这是一个标准的流程，而且是每天都在医院真实发生的一幕幕的医疗诊疗的过程。刘教授您觉得衡量它的标准是什么？能不能及时告知或者说在这个过程中告知是不是要看这个病人当时的情况是怎么样的？

刘鑫：大夫在给患者看病做手术的过程中，法律是允许他有一定的自主权的，不能什么都听患者的，不然还要大夫干什么呢？之前我们听到过有一个很搞笑的投诉，患者家属找到院长说你给我换个医师，院长说这个大夫是我们医院最好的，为什么要换呢？患者家属说大夫水平不行，他什么事情都做不了主，什么事情都得问我们，他要问我们，我们还找他看病干吗呢？

虽然事实上是强调手术前医师要签手术同意书，同意书会把手术当中会出现的一些风险、并发症写清楚，但当手术中真出现了这些情况，就按照手术去操作，如果真有点变异，跟术前交代的情况不太一样的，医师也有自主决定权操作下去，但前提是跟术前的交代没有太大的出入。但是如果手术跟之前交代的情况不一样了，出入很大了，比如说术前我们对这个手术的理解，他的脏器没有粘连，或者说即使有粘连或者粘连不严重，但后来打开腹部来看，根本不是那么回事，手术很可能会发生穿孔破裂，甚至更严重的并发症，做还是不做呢？

所以我们得出去跟患者家属沟通是吧？你看发生了大的情况，医生他就不能做主了。第一种情况，虽然术前给患方说了，弄不好术中要切掉你的脏器，但是这种交代是一般的交代，等术中真要切了，比如说产妇大出血，现在没办法保子宫得切子宫，你要是切了很可能人家后边二孩三孩就没了，我们大夫对个事还真不敢随便切，要出去再交代一下。第二种情况，我们术前跟你说好了，这手术我们按什么方案做，术中有可能出现这样的情况，那样的情况，后来发现不是那么回事，这手术没法做了。这个时候我们可能都不跟你沟通了，因为没法做，比如说他腹腔的肿瘤转移已经一塌糊涂，做，也是白做，是吧？这个手术还真就直接终止了。

主持人：现在我们说知情同意权越来越重要了，对吗？

刘鑫：因为医学实际上是带有很强的人文色彩的这么一个学科，所以医学这个职业，对于职业者，有时候医务人员不是简单地单纯地要求他掌握医学知识、医学理论、医学技术就行了，还有很多人文社会科学的东西，他同样要掌握，而且医疗活动它本身风险很大，很多时候我们很难保证最后的结果。

所以在这个过程中，我们医务人员就得去遵循外在的强加给他的一些法律规范，这个行为准则，其中就包括我们讲的知情同意的这么一个规则，但知情同意权是指患者的权利。相反对于我们医务人员来说，那就是要尽到告知说明的义务，只有把这个义务尽到了，医务人员才真正能够让患者配合我们的医疗工作。

普法问答

问题：患者能否放弃知情同意权？

刘鑫：我们法律里边有这么一句话，权利是可以放弃的，义务是必须履行的。既然我们讲知情权、同意权是患者的权利，患者家属说我们放弃，当然没有什么非议，但是患者家属在明确放弃他的知情同意权之前，我们医务人员得告诉患者，放弃的后果是什么，实际上就意味着患者把处置权直接交给医师了，因此必须告诉患者放弃的后果，放弃才能够成立。

患方放弃知情同意权，有几点是需要我们注意的，第一个肯定是患方要明确签字，你得给我签字，明确签了我们放弃知情同意权，所有的医疗行为授权给医师，由医师根据患者的病情、根据诊疗规范来为患者实施相应的医疗措施。第二个需要我们注意的是即便患方放弃了，手术中若真出现了一些重大的情况，你还得告知，还得征求意见，比如像刚才我们讲到的术中大出血要切除器官，这个时候还得要交代，因为对患者的权利影响太大。第三个需要我们注意的就是患方放弃他的知情同意权，跟患方不愿意听医务人员告知说明，这是两回事。在现实当中我们确实看到有的患者家属说："你别跟我讲，我不听你讲话，也听不懂，你就按规定做，做出问题该承担责任，法律会让你承担的。"他这个做法不是放弃了知情同意权，他是不愿意接受我们的告知，所以这种情况我们认为应该属于什么？不能取得患方的意见，所以不是放弃，所以我们要做这么一个区分。

以典判案 28

吵架气死人与我有关吗？

热点聚焦

1. 一方在吵架后死亡，另一方要承担责任吗？

2. 吵架气死人与我有关吗？

要点提示

本篇主要讲述了《民法典》侵权责任编第一千一百六十五条，行为人因过错侵害他人民事权益造成损害的，应当承担侵权责任。依照法律规定推定行为人有过错，其不能证明自己没有过错的，应当承担侵权责任。侵权责任编一千一百七十三条规定，被侵权人对同一损害的发生或者扩大有过错的，可以减轻侵权人的责任。

该原则体现了法律的公平正义，责任人在其自身过错程度范围内承担赔偿责任，既不加重其义务，也不让受害人过分自由，不允许受害人将自己过错行为的风险全部转移给他人，通过这一规则提醒大家，对自己的人身财产等有合理注意义务，提高对身边危险的注意程度和防范意识，有助于提高社会整体的自我保护意识，维护公众安全。

以案说典

本期嘉宾：

李亚丽：北京市房山区人民法院法官

赵喜刚：国家二级心理咨询师

案例 1 邻里挪车起争执，一方猝死

【案情简介】

2020年8月初，王某将自己的车停到邻居于某的家门口，遭到了于某的反对，于某要求王某立即将车挪走，王某心生不满，两人随即发生争执，经过周围群众的劝解，于某回到自己家，但王某却没有善罢甘休，接二连三来到于某家门口争吵，且情绪十分激动，事发半小时后于某被发现在家中死亡，经诊断于某为呼吸心跳骤停，心源性猝死。于某的家属认为，王某不听从停车管理，将面包车停放到自己家门口，在于某劝说其挪车后，对于某进行辱骂滋事，导致了于某的死亡，应对于某死亡造成的损失进行赔偿。

庭审中王某表示拒绝赔偿，认为自己和于某并不相识，更无过节，没有侵害于某生命权的任何动机，更没有实施殴打等侵害于某生命权的行为，自己在整件事中不存在任何过错。法院综合考虑了现场围观群众的笔录、医院的鉴定等证据，认为于某十年前得过冠心病，王某虽然不知道于某患有心脏病，但应该认识到自身骂人行为明显不当，且在于某回家后多次折返进行吵架，所以王某的行为与于某的损害后果存在因果关系，最终法院判决被告王某承担5%的赔偿责任，赔偿死者家属死亡赔偿金、丧葬费等共计8.2万余元。

【嘉宾点评与解读】

主持人：李法官是这起案件的一个主审法官，能不能先给我们简单地介绍一下这个案情。

李亚丽：通过调取公安机关的监控录像我们看到，当时王某情绪非常激动，根据围观群众的证人证言，当时王某的言语也是非常激烈，甚至可能有一些谩骂的词语在里边。王某的这个行为持续了8分钟左右的时间，他的吵闹被周边群众劝解，劝解完了之后又回来，接二连三发生了4次，在这个过程中，于某是始终没有出来的，一直是在自己家中的。大概过了10分钟，于某的妻子从外面回来，进屋之后就发现于某发病了，紧接着10分钟左右120救护车就赶来了。最后医

院的诊断是心源性猝死，呼吸骤停，发生了这样一个死亡的后果。

主持人：我想问问赵老师，我们说这个挪车它不是件特别大的事，怎么会造成这么严重的一个后果呢？

赵喜刚：心理学有个概念叫吸引力法则，就是我认定某件事的时候，我会找各种证据证明这件事是真的一定会发生。王某他有一种错误认知，我停这没人管，就应该是合理合法的，你不应该说我，他想找这个证据证明，但是他忘了一件事情，当事人的身体状况他不知道，他为了证明自己是对的，就必须给自己调动情绪，找各种说法，结果他的情绪上来了，对方受不了了。也就是说其实王某没有很好地去梳理自己的情绪，一直在发泄，我们说有一种追着吵着就是要搅出三分理来，这实际上是对自己错误的掩饰，想证明自己没错。

主持人：李法官我有一个点想要请教您，就是说在于某离世之后，王某跟于某的家人之间有没有进行私下的调解，怎么就直接起诉到法院了？还有于某家人的诉讼请求，它到底是什么？双方争议的焦点又是什么呢？

李亚丽：这个事情发生之后，可以说于某的家属和王某之间没有进行一个相关的调解工作，因为在于某去世之后，王某就搬离了涉案的小区，已经回到他自己的老家去了，他是北京外区的一个人，所以说于某的家属根本就联系不到王某，最后联系到他也是起诉到法院，我们通过调取公安机关的相关材料，取得了王某的联系方式，才送达通知到王某。双方进入诉讼程序之后也没有过多地展开调解，因为双方的争议焦点非常大，原告也就是于某的家属，就是索要赔偿于某去世之后产生的死亡赔偿金、精神损害抚慰金等各种赔偿。对于王某来说，是根本不接受调解的，他认为自己没有过错，不需要承担任何责任，于某去世就是因为自身疾病，与他没有任何关系，他始终觉得自己只是跟他理论了几句，甚至连吵闹的这种程度他认为都达不到，所以说双方的调解工作很难展开。我们通过双方的意见分歧，也可以总结出来，本案的一个争议焦点就是说，王某的这种争吵行为与于某的死亡之间有没有因果关系？这也是我们案件审理的一个焦点。

主持人：李法官，您觉得这个案件这么判，它的意义是什么？

李亚丽：《民法典》施行前的法律事实引起的民事纠纷案件适用当时的法律，因为本案发生在《民法典》施行之前，所以我们这个案件还是援引《侵权责任法》中的规定来进行判决。《侵权责任法》第六条规定，行为人因过错侵害他人民事权益，应当承担侵权责任。《民法典》出台之后，第一千一百六十五条对于这个条文只是进行了一个文字性的修改，增加了“造成损害的”，这样几个字，其实精神是一脉相承的，并没有做过多的一个改变。

具体到这个案件当中，因为王某在争吵的时候情绪非常激动，言语也很激烈，并且是在于某回家之后，他多次折返到于某的房屋外进行吵闹，这个言行我们认为已经超出了一个必要的限度。再者说王某虽然不知晓于某曾经患有心脏病，但他应当认识到于某是一个已经年近50岁的中老年人，也应当预见到与该类人员发生争吵的时候，如果言行过激，那么就存在诱发其他疾病的一个风险。在此种情形下，王某仍然多次长时间在于某屋外吵闹，属于没有尽到一般人的一个审慎的注意义务，行为不当，并且存在过错。根据我们医疗机构的记载，于某死于心源性猝死，并且发病时间和争吵时间，间隔不到一个小时，可以确认就是因为王某的争吵行为直接导致本身患有心脏疾病的于某病情发作，情绪不稳导致这样一个死亡的结果，所以说王某争吵的行为与于某死亡之间是具有法律上的因果关系，所以最终判决由王某承担一定的赔偿责任。

赵喜刚：每个人对这个社会的认知都是不周全的，说简单点我们看待这个社会很多事情都是有错误的地方的，但我们觉得没有。回到本案，第一王某对对方的身体状况根本不了解，他觉得我吵是没事的；第二他不懂法律，我就吵架了，我又没弄死他，我又没伤害他，你凭什么判我，很抱歉，你不懂法，你不懂人的心理状态，从发生问题开始你就要承担相应责任。这么说，法律是一直存在的，对方身体状况也一直存在，你凭什么不多考虑？凭什么不多问问自己？等出事了能说我没责任？

旁白表述：众所周知，在四大名著《三国演义》中就有两处经典情节，描述了吵架致一方死亡的情形。一处是诸葛亮北伐时，王朗不顾76岁高龄与曹真等人迎战诸葛亮，在阵前与诸葛亮挑起舌战，然而被诸葛亮的言辞所驳倒，王朗一时气愤，自马背上摔落而死。另一处是诸葛亮三气周瑜，了解了他的短处，用这种方法达到消灭他的目的。那么这种肉体虐待和精神摧残是不是一定要承担责任呢？

主持人：我一没谩骂，二没推搡，为啥我还有责任？

李亚丽：这个问题我们在司法实践中，还是要围绕侵权责任的 4 个构成要件来考量。我们在司法研判的时候，首先要考量有没有损害事实发生，一般都是有了损害后果，比如受伤或者是死亡，才到法院，这个是显而易见的，不需要我们过多地去评判。其次就是说行为人有没有过错，这个过错还要考虑你是正常的一个争吵，还是说是带有情绪激动的谩骂，或者是多次长时间的一个言语性的攻击，要进行一个评判。再次就是说你的行为是不是具有违法性，我们说一般的争吵可能不会上升到法律的层面来评价，构成一个法律上的违法行为，但如果说你的这种争吵行为超过了必要限度，没有尽到一般人应尽的审慎义务，在这种情况下就可能构成一个违法行为。最后我们要评判你的违法行为和损害后果之间是不是具有因果关系，就是说他死亡是不是因为你前面的过激言行而导致的。我们需要把这些因素都考量清楚之后，才能判定他是不是应该承担侵权责任。

主持人：到底要怎么去看这个责任划分，包括要负多大责任，我想请李法官给大家介绍一下。

李亚丽：实践中因为情况比较复杂，会出现不一样的情形，我们还是需要区别对待的，如果说是一个正常的争吵行为，他的行为很适当，并没有超出必要限度，我们说可能只是遭受一个道德上的谴责，那么很难上升到法律上把它认定为是一个违法行为，这样的情形是不常见的。只有争吵行为超出了必要限度，应当预见到的事情你没有预见到，或者是你没有遵循一般人的一个审慎的注意义务，与这些因素结合起来，才可能会上升到我们法律上的违法行为，然后才有可能承担侵权责任。

主持人：赵老师您觉得从心理学的角度怎么看，吵架当中谁输谁赢？

赵喜刚：这个问题不好回答，为什么？因为吵架它也是沟通的一种，而沟通的最终目的是要解决问题，两口子吵架吵到最后说白了，我们应该把这事化解掉，使情感变得更好，朋友吵架最后应该变得没有矛盾。可是现在好多人吵架有个特点，首先是要分对错，是你错还是我错，是你对还是我对，然后吵着吵着就变成你人品有问题，你是坏人，我是好人，一旦涉及好人坏人这个设定的时候，只会越吵越凶，很难想着要去解决问题、商量出解决方案。而更要命的是一旦涉及人的好坏，人的情绪就会极端化，就会变得特别愤怒，你会看见人吵得面红耳赤，恨不得动手，这个时候吵架就变成纯粹的情绪发泄，无益于问题的解决，要么报警，要么起诉到法院，因为失去解决问题的能力了，可能身体、情绪都不受控制了，严重的还会动手，那就变成互殴了。

主持人：我们看之前也有这样的一个新闻，在电梯中劝对方不要抽烟之后，也有猝死这样的一个情况发生，我们再去回顾一下这个案件，看看两者之间有没有什么相似的地方。

案例 2 电梯劝烟，老人猝死，家人状告劝阻者

【案情简介】

2017 年 5 月 2 日，在某小区电梯里，医生杨某劝阻一位老人不要在公共场所吸烟，其后不久老人心脏病发作不治身亡，杨某被老人家属田某某诉至法院。法院一审判决杨某补偿老人家属 1.5 万元。经法院二审审理认为，杨某劝阻老人在电梯内吸烟的行为，未超出必要限度属于正当劝阻行为，一审判决适用法律错误，损害了社会公共利益，二审撤销一审判决，驳回原告的诉讼请求。这个判决向舆论释放出一个信号，劝阻不当行为应该得到法律的鼓励。

【嘉宾点评与解读】

赵喜刚：首先对法官我必须得点赞，法官判得非常好，为什么？因为这社会有一个很可怕的个别现象，叫我弱我有理，因为我是老年人，因为我身体有问题，我就可以无视规则、无视法律，现在大家知道有些时候封闭场所是不可以抽

烟的，像电梯甚至是某些特殊场所，比如说高铁上都是不可以抽烟的，你抽烟是属于违背规则或违背法律的人，别人劝你是进行一个很正当的劝阻，我不是无缘无故来找你的麻烦，也不是认为你老我要欺负你，然后你自己想不开，或者你自己身体出了问题，你来告我凭什么？这不就是因为我老、我身体不好，然后我犯了错，我想不开，我死了你得赔偿我。我弱我有理，那要法律干吗？我老我有病你们就该照顾我，你们就得让着我、就得不能管我，很抱歉，这样的认知是错误的，得把它纠正过来，要不然对每个人来说都很难受。

主持人：请问李法官，这起案件和您所审判的这些案件它有什么不同的地方呢？

李亚丽：确实电梯吸烟案的终审判决产生了非常好的一个社会效果，我在审理这个案件的时候，也跟电梯吸烟案的判决进行了一个对比，对它的审理思路也进行了学习。在学习的过程中，我发现两个案件的相同之处是，双方都没有肢体上的接触，却引发了死亡这样一个后果。不同之处是电梯吸烟案的被告方，他在实施行为的时候只是一个正当劝阻，在整个过程中他始终保持着一个平和理性的态度，并没有超过必要的限度。但是前案中的被告王某却是因为言行过激，所以才导致于某心脏病突发的这样一个后果，因此王某应该承担赔偿责任，这是两个案件当中的不同之处。

主持人：比如说猝死一方，他可能自己本身身体就存在慢性或长期的疾病，但是对方吵架时另一方却并不知道这一点，在不知情的情况下也要承担责任吗？

李亚丽：侵权责任构成要件之一，就是要求对方有过错，这个过错不仅包括故意，也就是说你明知对方有这个疾病，你还要去刺激他、去触犯他，还包括过失，也就是说你应当预见到你的行为对象是一个什么样年纪的人，是一个什么样的身体状态，但是你没有预见，你应该预见到你这样一个过激言行，可能会导致对方诱发自身的一些基础性疾病这样一个后果，你也没有预见到，因此可以说你是存在一定的过失的，在这种情况下也要承担我们民事上的一个责任。

主持人：俗话说，良言一句三冬暖，恶语伤人六月寒。弘扬社会主义核心价值观是我国《民法典》的重要立法目的之一，生活中免不了鸡毛蒜皮的摩擦，但如果我们能够用严于律己、宽以待人的胸襟与人相处，多说一句对不起，多说一句没关系，生活将会减少许多烦恼，增添更多幸福，这个社会才会更加和谐温暖。赵老师，我想请您给我们讲一些实际的操作方法，比如说真的就是生气了，两个人吵架，吵急眼了在气头上怎么办？有没有什么行之有效的措施能够让大家冷静下来？

赵喜刚：你说的这个时间点是已经到气头上了，有点难度，但实际上当发生争吵那一刻，我们可以想想办法。情绪在吵架过程中，其实是可以制止的，不是吗？刚开始争吵的时候就应该想办法制止，不能再吵架，因为吵架的时候有点刹不住车了。第一件事我来干吗来了，解决问题是我第一要义。第二件事交流过程发生争吵那刻开始，我得想清楚争吵对我的好处是什么，因为有人争吵是因为他理弱，就我没有道理，我想把他激怒，最好你给我来一下，我从没有道理变成我需要法律维护利益的人，抖音上有很多种现象，比如吵不过你，我让你生气，你打我一顿你赔我钱，有些人心思就不对，所以你想想后果，情绪就会平静一点点，但是最后到了吵得脸红脖子粗的那一刻，到这一刻你就别想了，亲朋好友你就往后拉拉，是吧？这时候往后拉拉，劝劝，因为那一刻很难走出来，但是前两条如果能想清楚，我解决的问题是什么，我的后果是什么，就会好办一点，最怕的是什么都不想，别人一挑就生气就动手，我惨我有理你得赔钱。

主持人：但是如果像赵老师说的这些方法都不能够解决，最终我们可能还是得诉求法律的途径是吗？

李亚丽：我们说法院是解决纠纷的最后一道防线，现实生活中还是希望公众能够以一个理性的态度去生活，通过宽容理解来营造一个和谐的社会交往方式，避免纠纷的产生，就像本案一样，其实就是挪车这样一件小事儿，双方可以去平和地沟通，完全没有必要引发矛盾。矛盾产生了，我们其实也应该合理控制自己的情绪，不要将矛盾升级，不要引发更大的一个损害后果。

普法问答

问题1：情侣分手自杀身亡，另一方需要担责吗？

赵喜刚：这分两种情况，第一种比如说这俩人谈到最后确实不合适，在一起以后可能会更不幸福，合理合法地分手，我没有坑你没有骗你，那么这样分手的话，另一方应该是不需要承担责任的。怕的是第二种情况，我从认识你那天开始就不怀好意，我侵占你的财产，消磨你的人格，甚至说你各种不好，然后想办法让你去自杀，我相信这一方肯定是要负法律责任的。所以大家要分清楚。

问题2：掰手腕一方受伤了，适用公平原则吗？

李亚丽：我们首先来理解一下法律规定的公平原则，法律是这样规定的，就是说双方对于损失的发生都没有过错，那么在这种情况下根据法律规定由双方分担损失，对于公平原则的适用，我们在司法实践中是非常慎重的，要具体问题具体分析。关于这个问题，我想是不是可以参考适用《民法典》第一千一百七十六条规定的自甘风险原则，这条也是我们《民法典》的一个新增条文，它是这样说的，自愿参加具有一定风险的文体活动，因其他参加者的行为受到损害的，受害人不得请求其他参加者承担侵权责任；但是，其他参加者对于损害的发生有故意或者重大过失的除外。那么在这种情况下可能就是发生一个除外情形，我们法律的这种规定也是基于一个考虑，就是说防止公众参加社会活动的时候，有一个戒惧心理太谨小慎微，担心跟别人去掰手腕，或者是去踢足球过程中，造成别人受伤了，从而要承担责任。公众参加社会活动的时候，如果存在太多的戒惧心理，不利于我们鼓励公众去参加社会活动，所以说我们对于这类情形还是要具体问题具体分析，不能一概而论。

以典判案 29

“摸金校尉”学不得

热点聚焦

现实版摸金校尉遇到检察公益诉讼，赔了夫人又折兵。

要点提示

本篇我们讲述的盗掘古文化遗址、古墓葬罪是指盗掘具有历史、艺术、科学价值的古文化遗址、古墓葬的行为。同时如果是国家财产、集体财产遭受损失的，人民检察院在提起公诉的时候，可以提起附带民事公益诉讼。

《民法典》第一千二百三十四条规定，违反国家规定造成生态环境损害，生态环境能够修复的，国家规定的机关或者法律规定的组织有权请求侵权人在合理期限内承担修复责任。侵权人在期限内未修复的，国家规定的机关或者法律规定的组织可以自行或者委托他人进行修复，所需费用由侵权人负担。

以案说典

本期嘉宾：

张云波：北京市石景山区检察院检察官

阿龙：北京广播电视台的节目主持人

案例 居民报警，山上惊现神秘盗洞

【案情简介】

2020年12月，北京某区附近居民，经常在深夜听到敲击声，影响了居民的休息，有人报了警。通过民警走访发现，山上饶余敏亲王园寝内有几处盗洞，其

中有一处比较新，显然是新挖的，民警意识到，这很可能是盗墓团伙所为。饶余敏亲王阿巴泰是太祖努尔哈赤的第七子，年少时随太祖征战沙场，立下赫赫战功。顺治元年，因战功晋升饶余郡王，康熙三年追封他为和硕饶余敏亲王，饶余敏亲王园寝以阿巴泰立祖，整个园寝以阿巴泰墓为中心，按招募之制左右排列，井然有序，这处家族墓也被誉为保存最完好的清代王爷家族园寝。如此完好的家族墓群，如果真的被人挖洞，盗取了里面的文物，那损失将不可估量。

专家现场勘查发现，这处盗洞有10多米深，洞的尽头已经被填回，因此墓室内的文物究竟还在不在不得而知。经过一段时间的蹲守，2021年2月26日，侦查员将以戴某为首的8人盗墓团伙一网打尽。2021年4月2日，戴某等8人因涉嫌盗掘古墓葬罪被检察院批准逮捕。后另一犯罪嫌疑人温某也被抓获并被批捕。经专家鉴定，戴某等人挖掘的盗洞，位于地表生长杂草的平地上，洞口为长方形，长约1米，宽约0.5米，深约16米。盗洞位于饶余敏亲王家族墓葬群范围内，该墓葬群建于清代，具有很高的历史价值，由于盗洞临近墓葬本体且深度较大，对园寝已造成一定破坏。

检察院认为，戴某等人盗掘具有历史艺术科学价值的古墓葬，其行为触犯了《刑法》的规定，应以盗掘古墓葬罪追究刑事责任。根据《民法典》和《文物保护法》的规定，8人的盗掘行为，破坏了古墓葬的完整性和文物安全，损害了国家利益和社会公共利益，均应承担相应的民事责任。2021年7月12日，检察院以戴某等人涉嫌盗掘古墓葬罪，向法院提起刑事附带民事公益诉讼。该案是北京市首例文物和文化遗产保护领域的刑事附带民事公益诉讼。最终，法院经审理认为，检察机关对8名被告人的指控罪名成立，对8名被告人分别判处有期徒刑8个月至一年不等的刑罚，并处3000元至1万元不等的罚金，同时承担赔偿盗洞修复费用的责任，并在省级以上媒体公开赔礼道歉。

【嘉宾点评与解读】

主持人：张检察官，这起案件在审理的过程中，给您留下了哪些印象，具体情况是怎样的？

张云波： 给我印象比较深刻的就是盗洞的特点，它洞口不大，长约 1 米，宽约 0.5 米，通常只够一个人通行，但是它的盗洞挖得比较深，达到 16 米多，如果盗洞太深的话，下到洞底很容易因缺氧而造成伤害，这是一个比较明显的特点。不同时代的古墓，它的建制规格、雕塑、壁画，可能都体现一定的时代特点，对我们认识古代文化是很有帮助的。

主持人： 一提到盗墓我们都感觉很神秘，尤其是近些年一些影视作品、小说等文学作品陆续面世，让大家觉得好神秘，这些盗墓者很勇敢、很机智，而且也出现了一个词叫摸金校尉。我们来问问阿龙，摸金校尉这个名称是如何得来的呢？

阿龙： 其实现在史学界没有一个正确或者公认的说法，只不过大家认为，是当年曹操为了筹集军饷，设立了一个职务叫摸金校尉，专门偷盗汉朝的古墓，然后补贴军饷，但是也有人持怀疑态度，为什么呢？因为说曹操设立摸金校尉的檄文是袁绍派陈琳写的，但袁绍是曹操的对头，换句话说很可能是袁绍给曹操扣锅。史学家认为，如果他真的设置了这么一个职位是盗墓贼的话，很难昭告天下，所以说只是传说。曹操设立的这么一种职务，专门盗墓，但是也确实盗了不少的墓，所以史学界的说法叫作“汉墓十室九空”，说明那个时候这些盗墓贼比较猖獗。可能因为汉朝的文景之治以后国家非常太平，百姓富足，皇室的东西也比较珍贵，让后期盗墓有的可偷，有的可盗。

主持人： 我们听到这个词都觉得很神奇，摸金校尉，谁要是冠以这个名字都觉得相当的威武。但实际上我们说对于盗墓者或者盗墓这个行为，是嗤之以鼻的，而且法律是会给予严惩的，为什么会有盗墓的现象？这些盗墓者到底是一个怎样的心理呢？

阿龙： 其实盗墓贼图的就是钱。盗墓贼不是文物收藏专家，文物收藏爱好者他不去盗墓，盗墓贼基本上也不搞收藏，但是两个联动在一起，形成了一个产业链，而且盗墓贼的专业知识非常强，甚至有时候开玩笑说，专业的考古人员也不得不佩服盗墓贼的专业知识，因为在二三百年前，不需要也没有任何的仪器，盗墓贼仅凭自己一双肉眼对于地形的查看，就大概知道什么地方会有古墓穴。影视剧里常说的洛阳铲是盗墓贼发明使用的工具，但现在考古队也用这种工具，因为不管是谁发明的，这东西确实好用。盗出东西来之后，再经过中介，即所谓牵线的人，卖给需要收藏的人，也许是中国人，也许是外国人，所以现在很多外国的博物馆、外国的收藏家收藏的中国文物中，有一部分是抢的，也有一部分是盗墓所得。所以盗墓贼的心里就是一个字——钱，他们不以为耻反以为荣。

张云波：在这个案件中，盗墓团伙一共是8个人，他们分工非常的明确，有的人只出钱不出力，为盗墓提供资金支持，企图在盗掘文物之后分一杯羹，还有的人负责招人、租房、购买盗墓工具，用他们的话说就是支灶的人，实际上就是组织者。在实际挖掘过程中，有人负责挖土，有人负责提土，有人负责倒土，有人负责望风，还有人负责开车运送这些盗墓人员，在出租屋和盗洞之间往返，分工非常明确，但是他们这些人在挖到16米深的时候，挖掘到非常坚硬的大石头，挖不动了，所以他们就暂时停工了，随后就被公安机关抓获，实际上什么东西都没有挖出来，其中提供资金支持的人给支灶的人前后打了有10多万元。

张云波：这个案件再确切点说，应该叫刑事附带民事公益诉讼。现在我们可以提起刑事附带民事公益诉讼，也是源于法律制度的完善。过去发生的盗墓案件，判决书一般只判处刑罚，很少涉及民事责任，这并不是说过去的盗墓对墓葬造成的损害，或者说文物损害就不需要修复，不需要承担民事责任，而是因为当时的法律没有明确规定究竟由谁来代表国家去提起诉讼，去主张这项权利。过去发生的盗墓案件无论是墓葬修复还是文物修复，它的费用通常是由公共财政来买单，也就是国家出资，但是当检察公益诉讼制度依法确立之后，法律明确检察机关可以代表国家提起诉讼，主张权益，这样检察机关在提起刑事公诉的同时，如果涉及民事赔偿，同时可以提出附带民事公益诉讼，要求损害公共利益的人同时承担民事上的赔偿或者修复责任，这是法律制度的完善。

主持人：结合《民法典》当中的条款，相对应的是哪一条？

张云波：《民法典》第一千二百三十四条规定的生态环境损害修复责任，它体现在生态环境公益诉讼中，修复优先的原则。也就是说，能修复的先修复，修复不了的再赔偿。还体现在第一千二百三十五条有关赔偿的法律规定中，扩大了赔偿的范围，包括对生态环境功能损失的赔偿，对调查、鉴定评估等费用的赔偿，体现了谁污染、谁破坏谁来治理，让违法者为恢复受损的公共利益买单的一种价值理念。

主持人：在《民法典》颁布实施之前，我们看到这些盗墓者只承担刑事责任，并没有民事赔偿，在《民法典》中有具体条款进行约束之后，开始有了法律依据，那么修复的钱款和标准怎么去认定呢？

张云波：确定被盗掘古墓的修复费用通常要进行鉴定。在本案中，我们委托了具有古墓葬修复资质的一家建筑企业，就本案盗洞修复进行了预算造价，修复费用一共是12558.1元。

旁白表述：随着小说盗墓笔记的流行，盗墓这个行当以及摸金校尉这个称呼，进入百姓的视野。据中国文物学会统计，除个人私藏外，目前流失在海外的中国文物共有1000万件左右，民间的摸金校尉成为文物流失和破坏的主要原因。文物传承国家、民族生生不息的基因密码，盗墓人为割裂我们与过往社会的联系，盗掘古墓葬的犯罪行为，不仅给珍贵的历史文化遗产造成巨大损失，也有损国家的形象。从古至今，盗墓贼都是执法部门严厉打击的对象，《民法典》实施后，对于盗掘古墓葬的行为，检察机关还可根据情形依法提起公益诉讼，让违法者付出刑罚代价的同时，也为恢复受损公益买单。

主持人：这起案件是发生在石景山地区，不由得也让我们有一些好奇疑问，为什么石景山地区频频出现盗墓贼盗墓的案件？据说那边有一个汉墓很受关注，是这样吗？

阿龙：此汉墓挖掘的时候，我当时上高中，我一个同学家正好在这汉墓对面，隔着一条马路，当时发掘的现场就在马路上做直播，我们通过望远镜还真的看过。工作之后，我的第一个节目《这里是北京》的制片人当年是参与整个直播过程的一个人，他是亲历者。当时这个汉墓被盗，是当地群众举报的，为什么？因为盗墓贼犯了一个致命性的错误——土没有回填，堆到外头了。当时是很大规模的盗掘，所以当地百姓就发现怎么多了好多坟头，其实就是以前坟里的土，堆在这个地方，他们觉得很可疑，于是便报警了。警方在进一步侦查的过程中，发现这是古墓里边的土，没有来得及运走，也没有回填，所以顺藤摸瓜，就破获了这起盗墓的案件。好在盗墓没有造成太大规模的破坏，所以当时文物部门，包括官方，赶紧介入开始进行发掘。我当时主持《这里是北京》，也听说过文物局有这样的规定，没有被盗掘的古墓，基本上就是原地保护，如果被盗掘了就抢救性发掘，还不能叫挖掘，必须叫发掘。

主持人：老山汉墓到底是谁的墓，当时有没有考证？

阿龙：当时我记得应该是西汉时期的王后墓，所以规模还不小，里边的文物也比较多。

主持人：刚才阿龙也提到了一个词，就是说不管对于墓穴是不是造成了影响和破坏，破坏到底有多严重，都已经触犯了《刑法》，是这样吗？张检察官。

张云波：是的，根据我国《刑法》第三百二十八条的规定，盗掘具有历史、艺术、科学价值的古墓葬的，处 3 年以上 10 年以下有期徒刑，并处罚金；如果情节较轻的，处 3 年以下有期徒刑、拘役或者管制并处罚金；如果情节较重的，处 10 年以上有期徒刑或者无期徒刑，并处罚金或者没收财产。也就是说，只要实施了盗掘古墓的行为，只要盗掘的是具有历史、艺术、科学价值的古墓葬，无论是否挖出物品，都构成犯罪。对于组织者、实施者，会根据他们在共同犯罪当中所起的作用，分别判处相应的刑罚。一般来说，主犯对全部犯罪负责，刑罚相对较重，从犯只对他参与或者实施的犯罪负责，刑罚相对较轻。在这个案件中，刚才提到有人为盗墓提供资金支持，他虽然没有参与挖掘一锹土，也没有来过盗墓地点，甚至连盗洞在哪儿他都不知道，但是他被认定为主犯，刑罚是最重的。

旁白表述：2021 年 3 月，在举世瞩目的三星堆遗址考古工作中，工作人员再次发现了多件稀世珍品。据了解，三星堆古遗址，分布面积为 12 平方公里，距今已有 3000~5000 年的历史，是迄今为止在中国西南地区发现的范围最大，延续时间最长，文化内涵最丰富的古城、古国、古蜀文化遗址。古墓葬是见证中华文明的实物证据，相关数据显示，盗墓已经成为中国文物流失最主要的原因，由于盗墓的成本低，利益诱惑驱使不少人铤而走险，再传奇的盗墓故事都是违法犯罪行为，凡是盗窃国家财产的窃贼，都必将受到法律的严惩。

阿龙：我们要了解，中国的历史文献记载和考古是并驾齐驱的。中国古代在没有发明纸之前，会写字的人很少，有文化的人更是凤毛麟角，而且古人写字言简意赅，因为他写得越多，越占地方，东西越沉。我们看清朝的一些史料，很多4个字、6个字是一句话。如果没有考古发掘出来，古代又没有照相、摄像技术，怎么理解这个事情呢？只能靠想象，甚至是很笼统的。但如果发掘出来之后，这个事情就可以确定在什么朝代就已经有了，包括很多古墓室里边的壁画，也可以阐释在当时那个年代人们是怎么生活的。对于考古来说，了解我们自己的历史非常有价值，但是盗墓贼关心的不是这些价值，他只关心这东西卖出去值多少钱，然后得到这个钱。

主持人：所以我们说没有买卖就没有伤害，这不光是在动物保护上，其实对于国家的文物、古墓葬来讲，也适用这句话。回到我们今天的主题，这些盗墓者的行为很可耻，应该受到惩罚，他们不光应该受到我们道德和舆论压力的惩治，也会承担相应的法律责任，而且在一些特殊的情况下，这些盗墓者还会有生命危险。在这我们也请两位嘉宾来给我们总结一下和做一些相关的提醒。

阿龙：在湖北有一古墓，当年在湖北电视台还做过一个专题片解释这个古墓，当考古人员发掘古墓的时候，发现里边有80多具尸体，但不是当年殉葬的尸体，是什么年代的尸体，什么人？80多个盗墓贼，盗洞已经有十几个了，所以专家分析应该是不同年代有十几拨人，每拨七八个人，来这盗墓全死在里边了，为什么？墓主人设置了重重机关，就是为了防范盗墓贼。可见从古到今，中国人对盗墓都是深恶痛绝的。

张云波：盗墓挖掘的盗洞一般不大，通常只够一个人通行，盗洞太深的话很可能因为缺氧而造成死亡。另外，盗洞也可能有坍塌的风险，如果坍塌了就会被埋在里边，同伴都来不及施救，所以盗墓非常得不偿失，奉劝那些跃跃欲试的人不要铤而走险。

普法问答

问题 1：祖宅挖出文物，如何处理？

张云波：我国《文物保护法》规定，我国境内地下、内水和领海中遗存的一切文物，属于国家所有，但是公民个人的祖传文物以及依法获得的其他文物，其所有权属于个人。如果在自己祖宅上挖出的文物，能被认定为祖传文物，那么所有权就属于个人，但是所有者同样要遵守我国有关文物保护的法律法规。比如，个人不得从事文物的商业经营活动，携带文物出境需要向海关进行申报，特定的文物国家是不允许买卖，也不允许携带出境的。

问题 2：被判修复古墓的金额如何确定？

张云波：如果只造成了古墓的破坏，没有挖出文物，那么行为人只需承担修复古墓葬的费用，同时就其盗掘行为承担公开赔礼道歉的责任。如果挖出了文物，则需要承担依法返还的义务；如果造成了文物流失，或者文物损害无法修复的，那么需要根据鉴定意见，承担文物价值的损失，同时也要承担对文物损害进行调查、鉴定、评估等的费用以及其他的合理费用。

以典判案 30

邻里之间那些事

热点聚焦

漏水纠纷，如何处理？

要点提示

因邻居漏水造成自家损失的，业主可依据《民法典》第二百八十七条的规定进行维权，业主对建设单位、物业服务企业或者其他管理人以及其他业主侵害自己合法权益的行为，有权请求其承担民事责任。

以案说典

本期嘉宾：

袁佳：北京市西城区人民法院综合审判庭副庭长

李泉利：北京市西城区新街口街道人民调解员

案例 1　管道堵塞殃及全楼，物业住户谁来担责？

【案情简介】

郑女士住在一个老旧小区的 4 楼，2019 年春节前，郑女士专门请家政人员做了保洁，之后便回外地老家过年了，可是春节假期还没有结束，远在外地的郑女士就接到了 2 楼邻居打来的电话，说 2 楼天花板出现了污水渗漏，3 楼天花板的污水渗漏更是严重，而 5 楼的住户春节期间一直在家，且家中没出现问题，他们怀疑是 4 楼的郑女士家地漏污水翻涌，进而流到了 3 楼和 2 楼。

接到这个电话之后，郑女士火速赶回了北京的家，打开房门一看，果不其然，污水横流一片汪洋，然后物业进行了一个紧急的抢修，抢修后污水是排出去了，但是清理出了大量的烟蒂、烟盒还有湿纸巾，4楼的郑女士判断，春节期间3楼和4楼都不在北京过年，然后6楼是一个独居的老人，大家都是老住户，知道污水的排污管道不是很畅通，所以大家这么多年来使用都非常的小心翼翼，唯独住在5楼的是一个年轻的租户，住户和物业公司经过跟5楼租户沟通后，5楼租户承认他有往马桶扔烟蒂的一个习惯，也愿意对郑女士的损失进行一定的赔偿，但是他不认可说烟盒、湿纸巾都是他扔的，所以他不同意赔偿全部的损失。双方协商无果，4楼的郑女士就将5楼的租户何先生起诉到了法院，要求赔偿她的全部损失。

【嘉宾点评与解读】

主持人：这种问题我们说在老旧小区还是比较常见的，是这样吗？

李泉利：因为这些楼房基本上都在15年到20年，甚至说时间还要更长一些，从而造成了管道的损坏、堵塞，还有就是居民使用不当造成的。

主持人：专业机构的调查数据，[①] 调查了全国20个重点城市楼龄在20年以上的老旧小区的房产数据，包括北、上、广、深，发现漏水是导致老旧小区邻里关系主要矛盾之一，因为老旧小区的数量占到了40%，这一起案件漏水的原因是什么？袁法官。

袁佳：是这样的，在起诉之初，郑女士认为，发生返水的一个原因就是5楼租户对于排污管道的不恰当使用。污水管道本来不应该投垃圾，但是你投了垃圾，所以她认为这是返水的一个原因，这也是她当时只起诉了5楼租户何先生的一个原因。但是在我们首次开庭当中，5楼的租户何先生拿出了几张照片，这个照片是在返水的事件发生以后，物业进行维护、维修的时候，从3楼到4楼之

① 参见2020年5月28日中国新闻网发布的，《贝壳研究院：旧改万亿蓝海破冰 重塑城市格局》，https：//baijiahao. baidu. com/s？ id = 1667927415607032383&wfr = spider&for = pc，最后访问时间：2022年6月3日。

间，更换下来的排污主管道的照片，这几张照片显示，原本直径大约10厘米的这样一个排污管道，经过常年的使用、污物的附着以及污物的化学反应，导致排污管道的内径，不足三四公分，所以它大概就是能过一个乒乓球或者一枚鸡蛋的这样一个排污渠道，故租户何先生就认为，造成此次返水的主要原因，是物业对主管道的维护、维修不到位，管道内径非常狭窄，所以他要求追加物业公司和他一起来承担损失的赔偿责任。

主持人：刚刚袁法官给大家说了，是因为管道内部通水、过水能力不强造成的这起事故，这也是当时5楼何先生的主要观点，那么为了使大家非常直观地感受一下，到底它的过水能力怎么样，我们节目的导演老师也去市场上专门买了一截管道，这个就是我们居民家中常用的排水管道，它的内径是十几厘米，过水能力是没有任何问题的，但是因为老旧小区楼龄都比较长，所以它会有一些污物的附着，我们就拿了一个纸板当作这些污物，我们把它放进去。大家可以看到这个被污物附着之后，管道大概的一个形态，我们看到中间可以过水的面积有多少直径，我们就用了4厘米。我们这有一个乒乓球，把它放进去，大家可以清晰地看到，真的就只能过一个乒乓球，大一点的鸡蛋都是过不去的。所以这样的一个过水能力，显然是不能够满足居民日常正常生活需求的。我想请教一下袁法官，这起案子最终审理的结果是什么样的呢？

袁佳：这起案件经过审理认定，郑女士因为此次返水造成财产损失的金额是24000余元，然后关于两个被告承担责任的情况，我们经审理认定，污水管道狭窄，排水不畅，是这次返水的一个主要原因。然后楼上租户不恰当的生活习惯，往排污管道里丢弃垃圾，也要承担一个次要责任，所以确定二者承担一个主次责任，确认物业公司承担65%的赔偿责任，租户承担35%的赔偿责任。这个判决作出之后，双方都没有上诉也已生效。

主持人：说明双方其实对这样的判决是非常认可的，我们看到最终物业公司也认为自己有一定的责任，而且在整个案件当中，物业公司是后来被追加进来的，也就是说找到漏水原因是非常关键的。

袁佳：在这个过程中，可能物业公司有物业公司的观点，楼上有楼上的观点，楼下有楼下的观点，各持己见的时候，可以说不用急于到法院诉讼，可以协商确定专业的鉴定机构，来确定漏水的原因，如果在这个问题上不能达成一致，必须走到诉讼这一步的话，在案件审理的过程中一般是通过司法鉴定来确定漏水原因。

这里要说一个问题，就是漏水原因的鉴定，它需要漏水的状态是正在持续的，这时候才可以进行鉴定，如果以前发生过漏水，现在已经不漏了，在这种情况下启动漏水原因的鉴定，就没有什么太大的意义了。漏水鉴定的费用一般是由申请鉴定的当事人来垫付，可能是原告申请鉴定，也可能是被告申请鉴定，最后垫付的费用由一般根据查明的漏水原因的责任一方来承担。

主持人：在漏水的第一时间，大家还是要拍一些图片的，也能帮助物业公司和专业的鉴定机构找到漏水事故的真正原因。

袁佳：依据《民法典》第二百八十七条的规定，业主对建设单位、物业服务企业或者其他管理人以及其他业主侵害自己合法权益的行为，有权请求其承担民事责任。当然经常还会发生就像我们刚刚介绍的那个案例，既有楼上的租户，又有一个物业公司，存在两方面责任交织在一起的情况，一般适用《民法典》第一千一百七十二条的规定，也就是二人以上分别实施侵权行为造成同一损害，能够确定责任大小的，各自承担相应的责任；难以确定责任大小的，平均承担责任。这里简要补充说明一下，如果物业维护管道不力，给业主造成损失的，我们的业主可以通过主张物业服务合同纠纷，来救济自己的权利，也可以选择侵权损害赔偿来进行维权。

主持人：这个案件结果还是比较圆满的，因为我们说双方当事人都均未上诉，大家都比较认可这样的结果。但是我们也看到，有一些新闻曾经报道过，因为楼上漏水，楼下脾气大的，最后不仅仅是一个邻里纠纷，还可能会上升到人身伤害的地步。

案例 2 漏水引发邻里矛盾

【案情简介】

案例 1：2019 年，张女士家顶棚漏水，他们与楼上的住户因漏水原因产生纠纷，双方在天台上发生争吵。

案例 2：2021 年年初，王先生家顶棚漏水，楼上住户则认为漏水与他家无关，拒绝配合检修。

案例 3：2019 年 5 月 7 日，陈某与被害人黄某因排水管道漏水引发纠纷，双方就赔偿事宜协商未果，陈某携带锤子击打黄某头部，导致黄某受伤。

【嘉宾点评与解读】

旁白表述：漏水原本是邻里之间的小纠纷，最后却演变成了大矛盾，那么面对这类纠纷，我们该如何处理呢？

李泉利：首先一点，我认为居民应该先理智冷静，情绪不要太激动了。

袁佳：一方面是快速沟通，因为漏水也好，返水也罢，它的损失是持续产生的，所以在这个问题发生之初，损失是相对小的，只要损失的金额小，怎么都好商量。而且漏水的问题，它不是一个故意侵权，很少有人说我故意淹你，它都是因为意外或者防护不当而产生，所以这种情况大家换位思考，积极沟通，才是问题的解决之道。另一方面是，我们建议居民朋友，如果遇到这个问题了，要有效地利用我们街道的调解组织，或者是居委会这样的一个调解的力量，因为这些组织，都在我们人民群众的身边，它能够第一时间了解到这个情况，介入调解当中，而且属地的这些机构，它对物业方方面面的情况，都会比较熟知，它能够有效地调动物业公司配合矛盾的解决。如果说这几方面的工作都做不通，我们还是建议人民群众，要积极地维权，及时诉讼救济的一大好处就是有利于快速地查明原因，而且防止损失的无限扩大。

主持人：我总结一下两位嘉宾的话就是，冲动是魔鬼，大家在遇到问题的时候，特别是这种邻里之间纠纷的时候，第一时间真的是要冷静，理智、快速、科学地去把损失控制在最小的范畴之内，这样的话无论是您还是您的邻居，无论是被漏水的一方，还是说不小心漏水的一方，其实都能够大事化小。我们也看到了上述案件里物业公司承担了65%的责任，他的责任还是比较大的。我也经常听说老旧小区的物业不好干，李老师能不能对我们的这些老旧小区进驻的物业提一些建议呢？

李泉利：对所有物业公司来说，他要有做好服务的意识，对于设备的基础、管理、维修和咱们的业主经常沟通，通过沟通，可以解决很多遗留的一些问题，你了解了问题才能继续地去做好，保障居民之间正常的生活问题。

袁佳：我们的建议是像物业公司这样的服务机构，一是要积极地回应业主的诉求，因为我们注意到，进入诉讼当中的漏水纠纷或者返水纠纷，很多已经不是第一次，往往是一而再再而三的，所以物业一定要积极回应这个诉求，在这个问题还比较小的时候，找准这个症结予以解决，以免今后的损失扩大之后不得不闹上法庭。二是就像李老师说的，要加强一个日常的维护和防患于未然。三是我们也注意到，其实有的时候物业不是不积极履责，而是因为自上而下的这样的管道也好，公共设施也好，它有赖于其他业主的一个配合。在这种情况下，如果我们物业公司遇到了阻挠，我们也建议物业公司，能够有效地保存这样的一个证据，万一今后诉讼到法院，也能够有力地还原事实，有利于人民法院判定各方的责任。

主持人：我们在日常生活当中，不管是住自己的房子，还是租别人的房子，都要小心去维护房子里所有的设施，特别是这种关系到整栋楼居民生活的公共设施。但是，我们看到现实生活中也有一些案件，就是漏水了，楼下去找楼上，楼上说我不赔，我不管。

袁佳：我给大家介绍这样一个真实的案件。张女士住在一个老旧小区，她发现有一天自家卫生间的吊顶，还有墙壁上出现了污水的渗漏，所以她就找到了楼上的李女士家进行查看，李女士简单查看之后没有发现问题，但是他们还是共同去找了物业，经过物业的检查确认，应该是李女士家卫生间的主排污管道上出现了渗漏，需要进行维修，但是因为李女士在入住之初，对整个房间进行了全面的装修，特别是在卫生间的主排污管道的外面砌了轻体砖，然后贴瓷砖，进行了这样一个包裹的装修施工，如果要进行检修的话，就需要把在外面的瓷砖、墙体拆除，因为卫生间有保持瓷砖一致性的，有这样的一个美观上的需求，所以在这种情况下，李女士就不同意说得先谈一谈，我外面包装材料拆除之后的损失，你物业要赔我，但是物业公司认为，你这样的一个装修行为，是你的个人行为，你有义务配合我们维修管道，所以物业公司不同意赔偿，李女士也就此不予配合。所以这个案件，一直拖了好几年，楼下张女士的损失越来越大，而且她安定的生活也很受影响，在这种情况下，李女士才配合进行了维修，修完以后，因为经过这么长年累月的浸泡，楼下张女士已经产生了一些损失，而且她觉得这件事情耽误了这么长时间，她必须就这个问题，好好说道说道，论论理，是谁的责任，把它划定清楚，但是李女士和物业都不同意赔偿，无奈之下，张女士就把李女士和物业公司都起诉到法院。这个案件经过审理，我们认为物业公司，负有对主排污管道进行维修、维护的一个义务，你应该修，但是楼上的李女士，也依法负有配合的一个责任。在这种情况下，因为你这种不配合的行为，导致张女士的屋内被长久浸泡产生的损失，就应该由李女士来承担。这一块损失经过鉴定，确定只有3000多元，但是鉴定费用有8000多元。在这种情况下，两块损失都判定由楼上的李女士来承担。

主持人：我们看到这个案件当中有几个关键点，第一个就是李女士，她一直都没有配合物业去维修；第二个就是我们看到，最后鉴定的费用要比实际损失的费用高；第三个就是楼下张女士，长期饱受这种漏水的困扰，我想可能很重要的一个原因，就是楼上李女士不配合，那么她必须配合维修，对吗？在法律上有相应的规定吗？

袁佳：李女士必须配合维修。因为根据我们《民法典》第二百九十条第一款的规定，不动产权利人应当为相邻权利人用水、排水提供必要的便利。第二百九十二条也规定了不动产权利人因建造、修缮建筑物以及铺设电线、电缆、水管、暖气和燃气管道等必须利用相邻土地、建筑物的，该土地、建筑物的权利人应当提供必要的便利。

我们注意到排污管道，它自上而下是有很多的检修口的，是今后容易出现问题的地方，是要经常予以检修、进行日常维护的管道，所以在装修之初如果你没有对它留检修口，今后出现了问题，就要进行施工、进行拆除，造成这样的责任后果，其实是由于我们的业主最初的一个不恰当的装修造成的。所以在出现像本案这种情况的时候，我们楼上的业主就不能以我已经装修完了，没办法配合你这样的一个主张作为借口。

普法问答

问题1：因漏水而受损，索赔数额如何确定？

袁佳：一般在这种漏水纠纷当中，我们常见的损失有两大块，一块是装修，另一块是家具，但是也不是所有过了水的都要全部更换重做，它是根据民事上的一个赔偿原则，就是能修先修，如果无法修复，再重新制作或者重新购买。如果是重做或者重新购买的情况，还会在当下市场价值的基础上，考虑一个适当的折旧问题。

主持人：能不能去申请所谓的精神损害赔偿？

袁佳：精神损害赔偿在以前的司法解释当中有一个简单的条款，此次在《民法典》第一千一百八十三条第二款规定了，因故意或者重大过失侵害自然人具有人身意义的特定物造成严重精神损害的，被侵权人有权请求精神损害赔偿。在漏水损害当中，比如说是比较珍贵的照片被损坏了，而且无法修复，在这种情况下受害一方可以主张精神损害赔偿。

问题2：因漏水不得已在外租房，房租可以主张赔偿吗？

袁佳：这个问题其实需要具体情况具体分析，因为每个人对于能不能居住的阈值是不一样的，所以我们需要用大众、比较普遍的观念来判断，然后分析漏水事件发生以后，对楼下的影响，是不是还能够居住，如果损失不严重，只是局部的一小块区域的修复，根本不需要去外面租房。在这种情况下即便你租了房，损失也没有办法得到支持，相反如果漏水的情况比较严重，涉及的范围比较广泛，确实正常人一般都没有办法在此居住了，这个期间你的租房损失，应该得到判决支持。

另外就是在修复的时候，若因为大面积受损，造成操作面、施工面和灰尘都会非常大的情况下，确实正常人都不能居住，这个期间的租房损失也会得到支持。关于租房损失计算时间、判断标准，我们需要结合具体案件影响的范围，还要参照一个正常的标准来确定。

后 记

《民法典通解通读》栏目自2021年5月28日创办至今已经有一年的时间，受到广大电视观众的欢迎，在新媒体平台同样获得了网络用户的关注。考虑到电视观众和网络用户的多样化需求，栏目组编辑们精心整理了一年来的节目内容，结集成书，既是节目精品内容通过文字的再次展现，丰富节目内容的再次传播，也借此答谢广大电视观众和网络用户的关心和厚爱。

此书内容涵盖了栏目组编辑们一年来拍摄的最典型实用的案例，以及经常使用的法律条款，书中内容经过了参与节目录制的法学界专家学者、法律界法官、检察官、律师、心理专家等嘉宾逐字逐句认真地校对，书中文字的改写也尽量保持了节目原有的简明叙事风格、通俗易懂的语言特色，力求能够以典判案、以典说法，能够为人民群众的生活实践提供帮助。

在本书编辑的过程中，我们得到了北京市委宣传部、北京市委政法委的指导，得到了中国法学会民法学研究会、北京市司法局、北京市法学会、北京市高级人民法院、北京市人民检察院、北京市律师协会等单位，以及中国人民大学、中国政法大学、清华大学、北京大学等高校的大力支持。与此同时，本书的编辑和出版更是得到了中国法制出版社的鼎力相助，在此一并表示衷心的感谢！

随着司法实践中依据《中华人民共和国民法典》审判的典型案例不断积累，随着节目视频内容播出量的不断增加，《民法典通解通读》栏目组除了为广大人民群众奉献一部通解通读的民法典视频版、音频版之外，也将致力于为大家打造一系列图文版的普法丛书，让大家有更多的选择！同时也希望广大读者对于本书中不妥和疏漏之处，请予以批评指正！

北京广播电视台
科教频道中心《民法典通解通读》栏目

图书在版编目（CIP）数据

民法典通解通读：以典判案 / 北京广播电视台《民法典通解通读》栏目编著；余俊生主编；边建，严崴副主编．—北京：中国法制出版社，2022.6

（民法典通解通读系列）

ISBN 978-7-5216-2671-1

Ⅰ．①民…　Ⅱ．①北…　②余…　③边…　④严…　Ⅲ．①民法-法典-法律解释-中国②民法-法典-案例-中国　Ⅳ．①D923.05

中国版本图书馆CIP数据核字（2022）第073904号

策划编辑/责任编辑：黄会丽　　　　封面设计：周黎明

民法典通解通读：以典判案

MINFADIAN TONGJIE TONGDU：YI DIAN PAN'AN

编著/北京广播电视台《民法典通解通读》栏目

经销/新华书店

印刷/三河市国英印务有限公司

开本/710毫米×1000毫米　16开　　　印张/16.25　字数/200千

版次/2022年6月第1版　　　2022年6月第1次印刷

中国法制出版社出版

书号 ISBN 978-7-5216-2671-1　　　定价：50.00元

北京市西城区西便门西里甲16号西便门办公区

邮政编码：100053　　　传真：010-63141600

网址：http：//www.zgfzs.com　　　**编辑部电话：010-63141785**

市场营销部电话：010-63141612　　　**印务部电话：010-63141606**

（如有印装质量问题，请与本社印务部联系。）